한국농어촌공사

7급 신입사원(채용형인턴)

제1회 모의고사

성명		생년월일	
문제 수(배점)	50문항	풀이시간	/ 50분
영역	직업기초능력평가		
비고	객관식 5지선다형		

KB205272

＊ 유의사항 ＊

- 문제지 및 답안지의 해당란에 문제유형, 성명, 응시번호를 정확히 기재하세요.
- 모든 기재 및 표기사항은 "컴퓨터용 흑색 수성 사인펜"만 사용합니다.
- 예비 마킹은 중복 답안으로 판독될 수 있습니다.

제1회 7급 신입사원(채용형인턴) 모의고사

1. 다음 글을 읽고 이 글에 대한 이해로 가장 적절한 것은?

법의 본질에 대해서는 많은 논의들이 있어 왔다. 그 오래된 것들 가운데 하나가 사회에 형성된 관습에서 그 본질을 파악하려는 견해이다. 관습이론에서는 이런 관습을 확인하고 제천명하는 것이 법이 된다고 본다. 곧 법이란 제도화된 관습이라고 보는 것이다. 관습을 제천명하는 역할은 원시 사회라면 족장 같은 권위자가, 현대 법체계에서는 사법기관이 수행할 수 있다. 입법기관에서 이루어지는 제정법 또한 관습을 확인한 결과이다. 예를 들면 민법의 중혼 금지 조항은 일부일처제의 사회적 관습에서 유래하였다고 설명한다. 나아가 사회의 문화와 관습에 어긋나는 법은 성문화되어도 법으로서의 효력이 없으며, 관습을 강화하는 법이어야 제대로 작동할 수 있다고 주장한다. 성문법이 관습을 변화시킬 수 없다는 입장을 취하는 것이다.

법을 사회구조의 한 요소로 보고 그 속에서 작용하는 기능에서 법의 본질을 찾으려는 구조이론이 있다. 이 이론에서는 관습이론이 법을 단순히 관습이나 문화라는 사회적 사실에서 유래한다고 보는데 대해 규범을 정의하는 개념으로 규범을 설명하는 오류라 지적한다. 구조이론에서는 교환의 유형, 권력의 상호관계, 생산과 분배의 방식, 조직의 원리들이 모두 법의 모습을 결정하는 인자가 된다. 이처럼 법은 구조화의 결과물이며, 이 구조를 유지하고 운영할 수 있는 합리적 방책이 필요하기에 도입한 것이다. 따라서 구조이론에서는 상이한 법 현상을 사회 구조의 차이에 따른 것으로 설명한다. 1921년 팔레스타인 지역에 세워진 모샤브 형태의 정착촌 A와 키부츠 형태의 정착촌 B는 초지와 인구의 규모가 비슷한 데다, 토지 공유를 바탕으로 동종의 작물을 경작하였고, 정치적 성향도 같았다. 그런데도 법의 모습은 서로 판이했다. A에서는 공동체 규칙을 강제하는 사법위원회가 성문화된 절차에 따라 분쟁을 처리하고 제재를 결정하였지만, B에는 이러한 기구도, 성문화된 규칙이나 절차도 없었다. 구조이론은 그 차이를 이렇게 분석한다. B에서는 공동 작업으로 생산된 작물을 공동 소유하는 형태를 지니고 있어서 구성원들 사이의 친밀성이 높고 집단 규범의 위반자를 곧바로 직접 제재할 수 있었다. 하지만 작물의 사적 소유가 인정되는 A에서는 구성원이 독립적인 생활 방식을 바탕으로 살아가기 때문에 비공식적인 규율로는 충분하지 않고 공식적인 절차와 기구가 필요했다.

법의 존재 이유가 사회 전체의 필요라는 구조이론의 전제에 의문을 제기하면서, 법과 제도로 유지되고 심화되는 불평등에 주목하여야 한다는 갈등이론도 등장한다. 갈등이론에서 법은 사회적 통합을 위한 합의의 산물이 아니라, 지배 집단의 억압 구조를 유지·강화하여 자신들의 이익을 영위하려는 하나의 수단이라고 주장한다. 19세기 말 미국에서는 아동의 노동을 금지하는 아동 노동 보호법을 만들려고 노력하여 20세기 초에 제정을 보았다. 이것은 문맹, 건강 악화, 도덕적 타락을 야기하는 아동 노동에 대한 개혁 운동이 수십 년간 지속된 결과이다. 이에 대해 관습이론에서는 아동과 가족생활을 보호하여야 한다는 미국의 전통적 관습을 재확인하는 움직임이라고 해석할 것이다. 구조이론에서는 이러한 법 제정을 사회구조가 균형을 이루는 과정으로 설명하려 할 것이다 하지만 갈등이론에서는 법 제정으로 말미암아 값싼 노동력에 근거하여 생존하는 소규모 기업이 대거 실종되었다는 점, 개혁 운동의 많은 지도자들이 대기업 사장의 부인들이었고 운동 기금도 대기업의 기부에 많이 의존하였다는 점을 지적한다.

이론 상호 간의 비판도 만만찮다. 관습이론은 비합리적이거나 억압적인 사회·문화적 관행을 합리화해 준다는 공격을 받는다. 구조이론은 법의 존재 이유가 사회적 필요에서 나온다는 단순한 가정을 받아들이는 것일 뿐이고, 갈등이론은 편향적 시각으로 흐를 수 있을 것이라고 비판받는다.

① 관습이론은 지배계급의 이익을 위한 억업적 체계를 합리화한다는 비판을 받는다.

② 구조이론은 법이 그런 모습을 띠는 이유보다는 법이 발생하는 기원을 알려 주려 한다.

③ 구조이론은 규범을 정의하는 개념으로 규범을 설명하기 때문에 논리적 문제가 있다고 공격을 받는다.

④ 갈등이론은 사회관계에서의 대립을 해소하는 역할에서 법의 기원을 찾는다.

⑤ 갈등이론은 법 현상에 대한 비판적 접근을 통해 전체로서의 사회적 이익을 유지하는 기능적 체계를 설명한다.

2. **다음 제시된 글의 내용과 일치하는 것을 모두 고른 것은?**

유물(遺物)을 등록하기 위해서는 명칭을 붙인다. 이 때 유물의 전반적인 내용을 알 수 있도록 하는 것이 바람직하다. 따라서 명칭에는 그 유물의 재료나 물질, 제작기법, 문양, 형태가 나타난다. 예를 들어 도자기에 청자상감운학문매병(青瓷象嵌雲鶴文梅瓶)이라는 명칭이 붙여졌다면, '청자'는 재료를, '상감'은 제작기법은, '운학문'은 문양을, '매병'은 그 형태를 각각 나타낸 것이다. 이러한 방식으로 다른 유물에 대해서도 명칭을 붙이게 된다.

유물의 수량은 점(點)으로 계산한다. 작은 화살촉도 한 점이고 커다란 철불(鐵佛)도 한 점으로 처리한다. 유물의 파편이 여럿인 경우에는 일괄(一括)이라 이름 붙여 한 점으로 계산하면 된다. 귀걸이와 같이 쌍(雙)으로 된 것은 한 쌍으로 하고, 하나인 경우에는 한 짝으로 하여 한 점으로 계산한다. 귀걸이 한 쌍은, 먼저 그 유물번호를 적고 그 뒤에 각각 (2-1), (2-2)로 적는다. 뚜껑이 있는 도자기나 토기도 한 점으로 계산하되, 번호를 매길 때는 귀걸이의 예와 같이 하면 된다.

유물을 등록할 때는 그 상태를 잘 기록해 둔다. 보존상태가 완전한 경우도 많지만, 일부가 손상된 유물도 많다. 예를 들어 유물의 어느 부분이 부서지거나 깨졌지만 그 파편이 남아 있는 상태를 파손(破損)이라고 하고, 파편이 없는 경우를 결손(缺損)이라고 표기한다. 그리고 파손된 것을 붙이거나 해서 손질했을 때 이를 수리(修理)라 하고, 결손된 부분을 모조해 원상태로 재현했을 때는 복원(復原)이라는 용어를 사용한다.

㉠ 도자기 뚜껑의 일부가 손상되어 파편이 떨어진 유물의 경우, 뚜껑은 파편과 일괄하여 한 점이지만 도자기 몸체와는 별개이므로 전체가 두 점으로 계산된다.

㉡ 조선시대 방패의 한 귀퉁이가 부서져나가 그 파편을 찾을 수 없다면, 수리가 아닌 복원의 대상이 된다.

㉢ 위 자료에 근거해 볼 때, 청자화훼당초문접시(青瓷花卉唐草文皿)는 그 명칭에 비추어 청자상감운학문매병과 동일한 재료 및 문양을 사용하였으나, 그 제작기법과 형태에 있어서 서로 다른 것으로 추정된다.

㉣ 박물관이 소장하고 있는 한 쌍의 귀걸이 중 한 짝이 소실되는 경우에도 그 박물관 전체 유물의 수량이 줄어들지는 않을 것이다.

㉤ 일부가 결손된 철불의 파편이 어느 지방에서 발견되어 그 철불을 소장하던 박물관에서 함께 소장하게 된 경우, 그 박물관이 소장하는 전체 유물의 수량은 늘어난다.

① ㉠

② ㉡㉢

③ ㉡㉣

④ ㉠㉢㉤

⑤ ㉡㉣㉤

3. 다음 글을 읽고 추론할 수 없는 내용은?

> 흑체복사(blackbody radiation)는 모든 전자기파를 반사 없이 흡수하는 성질을 갖는 이상적인 물체인 흑체에서 방출하는 전자기파 복사를 말한다. 20℃의 상온에서 흑체가 검게 보이는 이유는 가시영역을 포함한 모든 전자기파를 반사 없이 흡수하고 또한 가시영역의 전자기파를 방출하지 않기 때문이다. 하지만 흑체가 가열되면 방출하는 전자기파의 특성이 변한다. 가열된 흑체가 방출하는 다양한 파장의 전자기파에는 가시영역의 전자기파도 있기 때문에 흑체는 온도에 따라 다양한 색을 띨 수 있다.
>
> 흑체를 관찰하기 위해 물리학자들은 일정한 온도가 유지되고 완벽하게 밀봉된 공동(空洞)에 작은 구멍을 뚫어 흑체를 실현했다. 공동이 상온일 경우 공동의 내벽은 전자기파를 방출하는데, 이 전자기파는 공동의 내벽에 부딪혀 일부는 반사되고 일부는 흡수된다. 공동의 내벽에서는 이렇게 전자기파의 방출, 반사, 흡수가 끊임없이 일어나고 그 일부는 공동 구멍으로 방출되지만 가시영역의 전자기파가 없기 때문에 공동 구멍은 검게 보인다. 또 공동이 상온일 경우 이 공동 구멍으로 들어가는 전자기파는 공동 안에서 이리저리 반사되다 결국 흡수되어 다시 구멍으로 나오지 않는다. 즉 공동 구멍의 특성은 모든 전자기파를 흡수하는 흑체의 특성과 같다.
>
> 한편 공동이 충분히 가열되면 공동 구멍으로부터 가시영역의 전자기파도 방출되어 공동 구멍은 색을 띨 수 있다. 이렇게 공동 구멍에서 방출되는 전자기파의 특성은 같은 온도에서 이상적인 흑체가 방출하는 전자기파의 특성과 일치한다. 물리학자들은 어떤 주어진 온도에서 공동 구멍으로부터 방출되는 공동 복사의 전자기파 파장별 복사에너지를 정밀하게 측정하여, 전자기파의 파장이 커짐에 따라 복사에너지 방출량이 커지다가 다시 줄어드는 경향을 보인다는 것을 발견하였다.

① 흑체의 온도를 높이면 흑체가 검지 않게 보일 수도 있다.
② 공동의 온도가 올라감에 따라 복사에너지 방출량은 커지다가 줄어든다.
③ 공동을 가열하면 공동 구멍에서 다양한 파장의 전자기파가 방출된다.
④ 흑체가 전자기파를 방출할 때 파장에 따라 복사에너지 방출량이 달라진다.
⑤ 상온으로 유지되는 공동 구멍이 검게 보인다고 공동 내벽에서 방출되는 전자기파가 없는 것은 아니다.

4. 다음 A～F에 대한 평가로 적절하지 못한 것은?

> 어느 때부터 인간으로 간주할 수 있는가와 관련된 주제는 인문학뿐만 아니라 자연과학에서도 흥미로운 주제이다. 특히 태아의 인권 취득과 관련하여 이러한 주제는 다양하게 논의되고 있다. 과학적으로 볼 때, 인간은 수정 후 시간이 흐름에 따라 수정체, 접합체, 배아, 태아의 단계를 거쳐 인간의 모습을 갖추게 되는 수준으로 발전한다. 수정 후에 태아가 형성되는 데까지는 8주 정도가 소요되는데 배아는 2주 경에 형성된다. 10달의 임신 기간은 태아 형성기, 두뇌의 발달 정도 등을 고려하여 4기로 나뉘는데, 1～3기는 3개월 단위로 나뉘고 마지막 한 달은 4기에 해당한다. 이러한 발달 단계의 어느 시점에서부터 그 대상을 인간으로 간주할 것인지에 대해서는 다양한 견해들이 있다.
>
> A에 따르면 태아가 산모의 뱃속으로부터 밖으로 나올 때 즉 태아의 신체가 전부 노출이 될 때부터 인간에 해당한다. B에 따르면 출산의 진통 때부터는 태아가 산모로부터 독립해 생존이 가능하기 때문에 그때부터 인간에 해당한다. C는 태아가 형성된 후 4개월 이후부터 인간으로 간주한다. 지각력이 있는 태아는 보호받아야 하는데 지각력이 있어서 필수 요소인 전뇌가 2기부터 발달하기 때문이다. D에 따르면 정자와 난자가 합쳐졌을 때, 즉 수정체부터 인간에 해당한다. 그 이유는 수정체는 생물학적으로 인간으로 태어날 가능성을 갖고 있기 때문이다. E에 따르면 합리적 사고를 가능하게 하는 뇌가 생기는 시점 즉 배아에 해당하는 때부터 인간에 해당한다. F는 수정될 때 영혼이 생기기 때문에 수정체부터 인간에 해당한다고 본다.

① A가 인간으로 간주하는 대상은 B도 인간으로 간주한다.
② C가 인간으로 간주하는 대상은 E도 인간으로 간주한다.
③ D가 인간으로 간주하는 대상은 E도 인간으로 간주한다.
④ D가 인간으로 간주하는 대상은 F도 인간으로 간주하지만, 그렇게 간주하는 이유는 다르다.
⑤ 접합체에도 영혼이 존재할 수 있다는 연구결과를 얻더라도 F의 견해는 설득력이 떨어지지 않는다.

5. **다음에 설명된 '자연적'의 의미를 바르게 적용한 것은?**

> 미덕은 자연적인 것이고 악덕은 자연적이지 않은 것이라는 주장보다 더 비철학적인 것은 없다. 자연이라는 단어가 다의적이기 때문이다. '자연적'이라는 말의 첫 번째 의미는 '기적적'인 것의 반대로서, 이런 의미에서는 미덕과 악덕 둘 다 자연적이다. 자연법칙에 위배되는 현상인 기적을 제외한 세상의 모든 사건이 자연적이다. 둘째로, '자연적'인 것은 '흔하고 일상적'인 것을 의미하기도 한다. 이런 의미에서 미덕은 아마도 가장 '비자연적'일 것이다. 적어도 흔하지 않다는 의미에서의 영웅적인 덕행은 짐승 같은 야만성만큼이나 자연적이지 못할 것이다. 세 번째 의미로서, '자연적'은 '인위적'에 반대된다. 행위라는 것 자체가 특정 계획과 의도를 지니고 수행되는 것이라는 점에서, 미덕과 악덕은 둘 다 인위적인 것이라 할 수 있다. 그러므로 '자연적이다', '비자연적이다'라는 잣대로 미덕과 악덕의 경계를 그을 수 없다.

① 수재민을 돕는 것은 첫 번째와 세 번째 의미에서 자연적이다.

② 논개의 살신성인적 행위는 두 번째와 세 번째 의미에서 자연적이지 않다.

③ 내가 산 로또 복권이 당첨되는 일은 첫 번째와 두 번째 의미에서 자연적이다.

④ 벼락을 두 번이나 맞고도 살아남은 사건은 첫 번째와 두 번째 의미에서 자연적이다.

⑤ 개가 낯선 사람을 보고 짖는 것은 두 번째 의미에서는 자연적이지 않지만, 세 번째 의미에서는 자연적이다.

6. **다음은 어떤 단어에 대한 창의적인 해석이다. 이에 해당하는 적절한 단어는?**

> 자동차 내비게이션 속에 사는 여자의 이름.
> 경로를 이탈했습니다. 경로를 이탈했습니다. 경로를 이탈했습니다.
> 서너 번만 같은 말을 하고 나면 짜증이 날 법도 한데 한결같은 그 예쁘고 친절한 목소리로 경로를 재탐색하겠다고 한다.
> 인생길에도 같은 이름의 안내자가 필요하다.

① 적극성　　② 인내

③ 성실　　④ 리더십

⑤ 창의

7. 다음 서식을 보고 빈칸에 들어갈 알맞은 단어를 고른 것은?

납품(장착) 확인서

1. 제 품 명 : 슈퍼터빈(연료과급기)
2. 회 사 명 : 서원각
3. 사업자등록번호 : 123-45-67890
4. 주 소 : 경기도 고양시 일산서구 가좌동 846
5. 대 표 자 : 정 확 한
6. 공 급 받 는 자 : (주) 소정 코리아
7. 납품(계약)단가 : 일금 이십육만원정(₩ 260,000)
8. 납품(계약)금액 : 일금 이백육십만원정(₩ 2,600,000)
9. 장착차량 현황

차종	연식	차량 번호	사용 연료	규격 (size)	수량	비고
스타렉스			경유	72mm	4	
카니발			경유		2	
투싼			경유	56mm	2	
야무진			경유		1	
이스타나			경유		1	
합계					10	₩2,600,000

귀사 제품 슈퍼터빈을 테스트한 결과 연료절감 및 매연저감에 효과가 있으므로 당사 차량에 대해 (　　) 장착하였음을 확인합니다.

납 품 처 : (주)소정 코리아
사업자등록번호 : 987-65-43210
상 호 : (주)소정 코리아
주 소 : 서울시 강서구 가양동 357-9
대 표 자 : 장 착 해

① 일절
② 일체
③ 전혀
④ 반품
⑤ 환불

8. 다음 글을 이해한 내용으로 적절하지 않은 것은?

스프링클러는 물을 약제로 사용하여 화재 초기에 화세를 제어할 목적으로 천장에 설치되는 고정식 소화 설비로, 수원과 연결된 배관, 가압 송수 장치, 제어 장치, 헤드로 구성되어 있다. 스프링클러가 설치된 건물에서 화재가 발생하면, 정상 상태에서는 방수구를 막고 있던 헤드의 감열체가 온도를 감지하고 헤드로부터 이탈하면서 연소물과 그 주변에 물이 분사되어 화세를 제어할 수 있게 된다.

스프링클러가 화세를 제어하는 원리는 물의 냉각 작용을 통해 연소물로부터 열을 흡수하여 온도를 발화점 미만으로 떨어뜨리는 것이다. 어떤 물질 1kg의 온도를 1℃ 올리는 데 드는 열량을 비열이라 하고 액체가 기화하여 기체로 될 때 흡수하는 열을 증발 잠열이라고하는데, 물은 끓는점이 100℃, 비열이 1kcal/kg·℃, 증발 잠열이 539kcal/kg로서 다른 어느 물질보다도 큰 열 흡수 능력을 가지고 있다. 20℃의 물 1kg이 완전히 증기로 변할 때, 물은 온도를 끓는점까지 올리기 위한 80kcal의 열량에 이를 증기로 변하게 하기 위한 539kcal의 열량을 더하여 총 619kcal를 흡수할 수 있게 된다. 화재가 일어나 분당 6,000kcal의 열량이 방출되고 있어 물의 냉각 작용만을 통해 화세를 제어하고자 한다면, 20℃의 물을 분당 10kg 내보내면 물이 증발하면서 총 6,190kcal를 흡수할 수 있으므로 연소물로부터 방출되는 열량을 흡수하여 화세를 제어하고 불을 끌 수 있게 된다.

스프링클러가 화세를 제어하는 또 다른 원리는 물의 증기 팽창을 통해 공기 중 물질의 농도를 희석시키거나 연소물에 얇은 막을 형성하여 산소를 차단하는 것이다. 20℃ 물의 비부피는 $0.001m^3/kg$이고 100℃ 증기의 비부피는 $1.673m^3/kg$로서 물이 증기가 되면서 부피가 약 1,600배 이상 팽창된다. 이러한 증기 팽창은 공기 중 산소의 농도와 가연물이 되는 가연성 증기의 농도를 희석시켜 연소를 억제하는 효과를 준다. 증기 팽창에 의한 작용을 극대화하기 위해서는 물의 증발 효율을 높여야 하는데 이를 위해서는 물 입자의 크기를 작게 만들어 단위 부피당 표면적을 크게 하는 것이 필요하다. 그리고 물방울의 입자를 더욱 작은 미립자로 분무할 경우에는 매우 얇은 막의 형성을 뜻하는 에멀전(emulsion) 효과가 발생한다. 유류 화재와 같이 물이 소화제로서 적합하지 않은 상황에서도 미세한 물 입자를 이용한 분무는, 물이 유류 표면에 얇은 막을 형성할 수 있도록 해 준다. 이렇게 형성된 얇은 막은 산소를 차단하여 질식소화의 효과를 발휘하게 한다. 이러한 원리를 바탕으로 스프링클러가 화재 초기에 화세를 제어하게 되면, 연소의 진행으로 인해 쌓인 가연성 가스가 폭발하여 화재 공간 전체가 화염에 휩싸이는 데 이르는 시간을 지연시킬 수 있다. 또한 실내 거주자가 화재에 견딜 수 있는 상황을 만들어 주기 때문에 피난 시간을 확보할 수 있게 된다. 그리고 스프링클러가 온도를 감지하여 자동으로 작동하는 특성은 야간이나 유동 인원이 적은 공간에서도 화재 감지 및 경보, 소화를 할 수 있게 해 준다는 점에서 의의를 지닌다.

① 물 입자의 단위 부피당 표면적이 클수록 증발 효율이 높다.
② 25℃의 물 1kg이 증기로 변하면 총 614kcal의 열량을 흡수할 수 있다.
③ 연소물에서 방출되는 열량보다 물이 흡수하는 열량이 더 크면 화세를 제어할 수 있다.
④ 스프링클러가 화재 초기에 화세를 제어하면 실내 거주자의 피난 시간을 확보할 수 있다.
⑤ 스프링클러를 통해 방출되는 물의 온도가 낮아지면 연소물로부터 흡수할 수 있는 열량이 적어진다.

9. 어느 날 팀장이 다음 자료를 보여주면서 "올해 렌터카 회사와 계약을 하는데, 그 쪽에서 요금표를 보내 주었다."며 "6개월을 사용하면 어떻게 되는지 자네가 검토해서 퇴근 전에 구두로 보고해 달라."고 하신다. 귀하가 팀장에게 보고할 내용으로 가장 적합한 것은 무엇인가?

요금제	기본요금	추가요금
A	1개월 150,000원	초과 1개월당 100,000원
B	3개월 170,000원	초과 1개월당 200,000원

① 암산으로 계산해 보니 A요금은 600,000원, B요금은 800,000원이 나옵니다.
② 이면지에 계산해 보니 A요금이나 B요금이나 6개월 사용하면 똑같습니다.
③ 요금제를 검토해 보니 A요금이 B요금보다 저렴해서 A요금제를 추천합니다.
④ 계산기로 계산해 보니 A요금이 B요금보다 비싸서 B요금제로 추천합니다.
⑤ 박 대리한테 물어보니 A요금이나 B요금이나 비슷하다고 합니다.

10. 다음 글을 논리적으로 바르게 배열한 것은?

(가) 오늘날까지 인류가 알아낸 지식은 한 개인이 한 평생 체험을 거듭할지라도 그 몇 만분의 일도 배우기 어려운 것이다.
(나) 가령, 무서운 독성을 가진 콜레라균을 어떠한 개인이 먹어 보아서 그 성능을 증명하려 하면, 그 사람은 그 지식을 얻기 전에 벌써 죽어 버리고 말게 될 것이다.
(다) 지식은 그 종류와 양이 무한하다.
(라) 또 지식 중에는 체험으로써 배우기에는 너무 위험한 것도 많다.
(마) 그러므로 체험만으로써 모든 지식을 얻으려는 것은 매우 졸렬한 방법일 뿐 아니라, 거의 불가능한 일이라 하겠다.

① (다)(가)(라)(나)(마)
② (다)(라)(가)(나)(마)
③ (가)(다)(나)(마)(라)
④ (가)(나)(라)(마)(다)
⑤ (가)(다)(마)(나)(라)

11. 한 마을에 약국이 A, B, C, D, E 다섯 군데가 있다. 다음의 조건에 따를 때 문을 연 약국에 해당하는 곳이 바르게 나열된 것은?

- A와 B 모두 문을 열지는 않았다.
- A가 문을 열었다면, C도 문을 열었다.
- A가 문을 열지 않았다면, B가 문을 열었거나 C가 문을 열었다.
- C는 문을 열지 않았다.
- D가 문을 열었다면, B가 문을 열지 않았다.
- D가 문을 열지 않았다면, E도 문을 열지 않았다.

① A
② B
③ A, E
④ D, E
⑤ B, D, E

12. ㈎~㈑의 유형 구분에 사용되었을 두 가지 기준을 〈보기〉에서 고른 것으로 가장 적절한 것은?

한 범죄학자가 미성년자 대상 성범죄자의 프로파일을 작성하기 위해 성범죄자를 A 기준과 B 기준에 따라 네 유형으로 분류하였다.

	B 기준	
A 기준	㈎	㈏
	㈐	㈑

㈎ 유형은 퇴행성 성범죄자로, 평소에는 정상적으로 성인과 성적 교류를 하지만 실직이나 이혼 등과 같은 실패를 경험하는 경우에 어려움을 극복하는 기술이 부족하여 일시적으로 미성년 여자를 대상으로 성매매 등의 성적 접촉을 시도한다. 이들은 흔히 내향적이며 정상적인 결혼생활을 하고 있고 거주지가 일정하다.

㈏ 유형은 미성숙 성범죄자로, 피해자의 성별에 대한 선호를 보이지 않는다. 정신적, 심리적 문제를 가진 경우가 많고 주위 사람들로부터 따돌림을 당해서 대부분 홀로 생활한다. 이들의 범행은 주로 성폭행과 성추행의 형태로 나타나는데, 일시적이고 충동적인 면이 있다.

㈐ 유형은 고착성 성범죄자로, 선물이나 금전 등으로 미성년자의 환심을 사기 위해 장기간에 걸쳐 노력을 기울인다. 발달 과정의 한 시점에 고착되었기 때문에 10대 후반부터 미성년자를 성적 대상으로 삼는 행동을 보인다. 성인과의 대인관계를 어려워하며, 생활과 행동에서 유아적인 요소를 보이는 경우가 많다.

㈑ 유형은 가학성 성범죄자로, 공격적이고 반사회적인 성격을 가진다. 전과를 가진 경우가 많고, 피해자를 해치는 경우가 많으며, 공격적 행동을 통하여 성적 쾌감을 경험한다. 어린 미성년 남자를 반복적으로 범죄 대상으로 선택하는 경우가 많다.

㉠ 미성년자 선호 지속성	㉡ 내향성
㉢ 공격성	㉣ 성별 선호

① ㉠㉡　② ㉠㉢
③ ㉡㉢　④ ㉡㉣
⑤ ㉢㉣

13. 다음 글을 읽고 이 글에 대한 설명으로 옳지 않은 것은?

소연이가 집에서 회사까지 출근을 하는 방법은 지하철을 이용하는 방법, 버스를 이용하는 방법, 자가용을 이용하는 것이다. 길이 전혀 막히지 않을 경우는 지하철을 이용하는 경우 40분, 버스를 이용하는 경우 30분, 자가용을 이용하는 경우 20분이 소요된다. 그리고 지하철 이용비용은 1,000원, 버스 이용비용은 1,200원, 자가용 이용비용은 5,000원이 든다. 이때 출근시간이 20분까지는 추가비용이 없지만 20분 초과부터는 1분이 추가될 때마다 추가비용 300원씩 든다고 가정한다.

그런데 차가 막힐 경우에는 지하철 비용과 소요시간은 변함이 없고, 버스는 비용은 변함없지만 소요시간이 50분으로 늘어나며, 자가용은 기름값도 추가로 3,000원 발생하고 소요시간도 40분으로 늘어나게 된다. 이때 출근시간에 막힐 확률은 월요일과 금요일 50%이고, 화요일과 수요일, 목요일은 30%이다. 그리고 가끔 특근을 하는 경우 토요일과 일요일은 차가 전혀 막히지 않는다.

① 토요일과 일요일에는 지하철을 타고 출근하는 것이 가장 비경제적이다.
② 월요일에는 지하철을 타고 출근하는 것이 가장 경제적이다.
③ 화요일은 버스를 타고 출근하는 것이 가장 경제적이다.
④ 토요일과 일요일을 제외한 평일에는 자가용을 타고 출근하는 것이 가장 비경제적이다.
⑤ 수요일에는 지하철을 타고 가는 것과 버스를 타고 가는 것 사이의 비용 차이가 1,200원 이상 발생한다.

14. 다음 글에서 의열단 내의 변절자는 모두 몇 명인가?

> 일본 경찰의 지속적인 추적으로 인하여 다수의 의열단원이 체포되는 상황이 벌어졌다. 의열단의 단장인 약산 김원봉 선생은 의열단 내 변절자가 몇 명이나 되는지 알아보고자 세 명의 간부에게 물었다.
> 간부 1 : 서른 명 이상입니다.
> 간부 2 : 제 생각은 다릅니다. 서른 명보다는 적습니다.
> 간부 3 : 아닙니다. 적어도 한 명 이상입니다.
> 다만, 약산 김원봉 선생은 세 명의 간부는 모두 변절자가 아니지만, 오직 한 명만 상황을 정확히 파악하고 있다는 것을 알고 있다.

① 0명 ② 1명
③ 3명 ④ 5명
⑤ 30명 이상

15. 다음 글에서 추론할 수 있는 내용만을 바르게 나열한 것은?

> 빌케와 블랙은 얼음이 녹는점에 있다 해도 이를 완전히 물로 녹이려면 상당히 많은 열이 필요함을 발견하였다. 당시 널리 퍼진 속설은 얼음이 녹는점에 이르면 즉시 녹는다는 것이었다. 빌케는 쌓여있는 눈에 뜨거운 물을 끼얹어 녹이는 과정에서 이 속설에 오류가 있음을 알게 되었다. 눈이 녹는점에 있음에도 불구하고 많은 양의 뜨거운 물은 눈을 조금밖에 녹이지 못했기 때문이다.
>
> 블랙은 1757년에 이 속설의 오류를 설명할 수 있는 실험을 수행하였다. 블랙은 따뜻한 방에 두 개의 플라스크 A와 B를 두었는데, A에는 얼음이, B에는 물이 담겨 있었다. 얼음과 물은 양이 같고 모두 같은 온도, 즉 얼음의 녹는점에 있었다. 시간이 지남에 따라 B에 있는 물의 온도는 계속해서 올라갔다. 하지만 A에서는 얼음이 녹으면서 생긴 물과 녹고 있는 얼음의 온도가 녹는점에서 일정하게 유지되었는데 이 상태는 얼음이 완전히 녹을 때까지 지속되었다. 얼음을 녹이는 데 필요한 열량은 같은 양의 물의 온도를 녹는점에서 화씨 140도까지 올릴 수 있는 정도의 열량과 같았다. 블랙은 이 열이 실제로 온도계에 변화를 주지 않기 때문에 이를 '잠열(潛熱)'이라 불렀다.

> ㉠ A의 온도계로는 잠열을 직접 측정할 수 없었다.
> ㉡ 얼음이 녹는점에 이르러도 완전히 녹지 않는 것은 잠열 때문이다.
> ㉢ A의 얼음이 완전히 물로 바뀔 때까지, A의 얼음물 온도는 일정하게 유지된다.

① ㉠ ② ㉡
③ ㉠㉢ ④ ㉡㉢
⑤ ㉠㉡㉢

16. 다음의 사실이 전부 참일 때 항상 참인 것은?

> • 경제가 어려워진다면 긴축정책이 시행된다.
> • 물가가 오른다면 긴축정책을 시행하지 않는다.
> • 경제가 어려워지거나 부동산이 폭락한다.
> • 부동산이 폭락한 것은 아니다.

① 물가가 오른다.
② 경제가 어렵지 않다.
③ 물가가 오르지 않는다.
④ 긴축정책을 시행하지 않는다.
⑤ 부동산은 폭락할 수 있다.

17. 다음을 근거로 판단할 때, 도형의 모양을 옳게 짝지은 것은?

> 5명의 학생은 5개 도형 A~E의 모양을 맞히는 게임을 하고 있다. 5개의 도형은 모두 서로 다른 모양을 가지며 각각 삼각형, 사각형, 오각형, 육각형, 원 중 하나의 모양으로 이루어진다. 학생들에게 아주 짧은 시간 동안 5개의 도형을 보여준 후 도형의 모양을 2개씩 진술하게 하였다. 학생들이 진술한 도형의 모양은 다음과 같고, 모두 하나씩만 정확하게 맞혔다.
>
> 〈진술〉
>
> 甲 : C = 삼각형, D = 사각형
> 乙 : B = 오각형, E = 사각형
> 丙 : C = 원, D = 오각형
> 丁 : A = 육각형, E = 사각형
> 戊 : A = 육각형, B = 삼각형

① A=육각형, D=사각형
② B=오각형, C=삼각형
③ A=삼각형, E=사각형
④ C=오각형, D=원
⑤ D=오각형, E=육각형

18. 김대리는 모스크바 현지 영업소로 출장을 갈 계획이다. 현지 시각 4일 오후 2시 모스크바에서 회의가 예정되어 있어 모스크바 공항에 적어도 오전 11시 이전에는 도착하고자 한다. 인천에서 모스크바까지 8시간이 걸리며, 시차는 인천이 모스크바보다 6시간이 더 빠르다. 김대리는 인천에서 늦어도 몇 시에 출발하는 비행기를 예약하여야 하는가?

① 3일 09 : 00 ② 3일 19 : 00
③ 4일 09 : 00 ④ 4일 11 : 00
⑤ 5일 02 : 00

19. 다음 글의 내용이 참일 때 최종 선정되는 단체는 어디인가?

> 문화체육관광부는 우수 문화예술 단체 A, B, C, D, E 중 한 곳을 선정하여 지원하려 한다. 문화체육관광부의 금번 선정 방침은 다음 두 가지이다. 첫째, 어떤 형태로든 지원을 받고 있는 단체는 최종 후보가 될 수 없다. 둘째, 최종 선정 시 올림픽 관련 단체를 엔터테인먼트 사업(드라마, 영화, 가요) 단체보다 우선한다.
>
> A 단체는 자유무역협정을 체결한 필리핀에 드라마 콘텐츠를 수출하고 있지만 올림픽과 관련한 사업은 하지 않는다. B 단체는 올림픽의 개막식 행사를, C 단체는 올림픽의 폐막식 행사를 각각 주관하는 단체이다. E 단체는 오랫동안 한국 음식문화를 세계에 보급해 온 단체이다. A와 C 단체 중 적어도 한 단체가 최종 후보가 되지 못한다면, 대신 B와 E 중 적어도 한 단체는 최종 후보가 된다. 반면 게임 개발로 각광을 받는 단체인 D가 최종 후보가 된다면, 한국과 자유무역협정을 체결한 국가와 교역을 하는 단체는 모두 최종 후보가 될 수 없다.
>
> 후보 단체들 중 가장 적은 부가가치를 창출한 단체는 최종 후보가 될 수 없고, 최종 선정은 최종 후보가 된 단체 중에서만 이루어진다.
>
> 문화체육관광부의 조사 결과, 올림픽의 개막식 행사를 주관하는 모든 단체는 이미 보건복지부로부터 지원을 받고 있다. 그리고 위 문화예술 단체 가운데 한국 음식문화 보급과 관련된 단체의 부가가치 창출이 가장 저조하였다.

① A ② B
③ C ④ D
⑤ E

20. 다음 주어진 표를 보고 단기계약을 체결한 은영이네가 납부해야 할 수도요금으로 옳은 것은?

〈요금단가〉

원/m^3

구분	계	기본요금	사용요금
원수	233.7	70.0	163.7
정수	432.8	130.0	302.8
침전수	328.0	98.0	230.0

〈단기계약〉

구분		내용
계약기간		1년 이내, 계약량 변경(6회/년) 가능
요금		기본요금 + 사용요금
계산방법	기본요금	계약량×기본요금단가 ※ 사용량이 계약량을 초과하는 경우 기본요금은 월간사용량의 120% 한도액으로 적용
	사용요금	사용량×사용요금단가 ※ 월간계약량의 120%를 초과하여 사용한 경우 다음을 가산 사용요금단가×월간계약량의 120% 초과사용량

〈은영이네 수도사용량〉

- 원수 사용
- 월간계약량 100m^3
- 월간사용량 125m^3

① 22,552원

② 26,876원

③ 29,681원

④ 31,990원

⑤ 37,651원

21. 다음은 소정연구소에서 제습기 A～E의 습도별 연간소비전력량을 측정한 자료이다. 이에 대한 설명 중 옳은 것끼리 바르게 짝지어진 것은?

제습기 A～E의 습도별 연간소비전력량

(단위 : kWh)

습도 / 제습기	40%	50%	60%	70%	80%
A	550	620	680	790	840
B	560	640	740	810	890
C	580	650	730	800	880
D	600	700	810	880	950
E	660	730	800	920	970

㉠ 습도가 70%일 때 연간소비전력량이 가장 적은 제습기는 A이다.
㉡ 각 습도에서 연간소비전력량이 많은 제습기부터 순서대로 나열하면, 습도 60%일 때와 습도 70%일 때의 순서를 동일하다.
㉢ 습도가 40%일 때 제습기 E의 연간소비전력량은 습도가 50%일 때 제습기 B의 연간소비전력량보다 많다.
㉣ 제습기 각각에서 연간소비전력량은 습도가 80%일 때가 40%일 때의 1.5배 이상이다.

① ㉠㉡ ② ㉠㉢

③ ㉡㉣ ④ ㉠㉢㉣

⑤ ㉡㉢㉣

22. 다음 표는 통신사 A, B, C의 스마트폰 소매가격 및 평가점수 자료이다. 이에 대한 〈보기〉의 설명 중 옳은 것만을 모두 고른 것은?

통신사별 스마트폰의 소매가격 및 평가점수

(단위 : 달러, 점)

통신사	스마트폰	소매가격	평가항목					종합품질점수
			화질	내비게이션	멀티미디어	배터리 수명	통화 성능	
A	a	150	3	3	3	3	1	13
	b	200	2	2	3	1	2	10
	c	200	3	3	3	1	1	11
B	d	180	3	3	3	2	1	12
	e	100	2	3	3	2	1	11
	f	70	2	1	3	2	1	9
C	g	200	3	3	3	2	2	13
	h	50	3	2	3	2	1	11
	i	150	3	2	2	3	2	12

ㄱ. 소매가격이 200달러인 스마트폰 중 '종합품질점수'가 가장 높은 스마트폰은 c이다.

ㄴ. 소매가격이 가장 낮은 스마트폰은 '종합품질점수'도 가장 낮다.

ㄷ. 통신사 각각에 대해서 해당 통신사 스마트폰의 '통화성능' 평가점수의 평균을 계산하여 통신사별로 비교하면 C가 가장 높다.

ㄹ. 평가항목 각각에 대해서 스마트폰 a~i 평가점수의 합을 계산하여 평가항목별로 비교하면 '멀티미디어'가 가장 높다.

① ㄱ
② ㄷ
③ ㄱㄴ
④ ㄴㄹ
⑤ ㄷㄹ

23. 다음은 15개 종목이 개최된 올림픽 참가국 A ~ D의 메달 획득 결과를 나타낸 자료이다. 이에 대한 설명으로 옳은 것은?

종목 \ 국가·메달	A			B			C			D		
	금	은	동	금	은	동	금	은	동	금	은	동
배드민턴	3	1	1					1				
복싱	3	1	2		1						1	1
사격	3	1	3				1	3	2			
사이클 트랙	3	1			1					1		1
요트					1					1	1	3
기계체조		1	1	4	2	1				1	2	1
소프트볼		1										
역도	1	3					2	1	2			
유도						1	2	1	1	1	1	
롤러스포츠		1		1							1	1
다이빙				1	1	1	1	4	2			
볼링				1					1	1		
레슬링				1			7	4	3			
수영				1	2	1	1			4	2	1
태권도	1					2				2		2

※ 빈칸은 0을 의미한다.

① 동일 종목에서, A국이 획득한 모든 메달 수와 B국이 획득한 모든 메달 수를 합하여 종목별로 비교하면, 15개 종목 중 기계체조가 가장 많다.

② A국이 획득한 금메달 수와 C국이 획득한 동메달 수는 같다.

③ A국이 복싱, 사이클 트랙, 소프트볼 종목에서 획득한 모든 메달 수의 합은 C국이 레슬링 종목에서 획득한 모든 메달 수보다 많다.

④ A ~ D국 중 메달을 획득한 종목의 수가 가장 많은 국가는 D국이다.

⑤ 획득한 은메달 수가 많은 국가부터 순서대로 나열하면 C, B, A, D국이다.

24. 다음은 우리나라 흥행순위별 2018년 영화개봉작 정보와 월별 개봉편수 및 관객수에 대한 자료이다. 이에 대한 설명으로 옳지 않은 것은?

우리나라 흥행별 2018년 영화개봉작 정보

(단위 : 천 명)

흥행순위	영화명	개봉시기	제작	관객 수
1	신과 함께라면	8월	국내	12,100
2	탐정님	12월	국내	8,540
3	베테랑인가	1월	국내	7,817
4	어벤져스팀	7월	국외	7,258
5	범죄시티	10월	국내	6,851
6	공작왕	7월	국내	6,592
7	마녀다	8월	국내	5,636
8	히스토리	1월	국내	5,316
9	미션 불가능	3월	국외	5,138
10	데드푸우	9월	국외	4,945
11	툼레이더스	10월	국외	4,854
12	공조자	11월	국내	4,018
13	택시운전수	12월	국내	4,013
14	1987년도	10월	국내	3,823
15	곰돌이	6월	국외	3,689
16	별들의 전쟁	4월	국외	3,653
17	서서히 퍼지는	4월	국외	3,637
18	빨간 스페로	7월	국외	3,325
19	독화살	9월	국내	3,279
20	통근자	5월	국외	3,050

※ 관객 수는 개봉일로부터 2018년 12월 31일까지 누적한 값이다.

우리나라의 2018년 월별 개봉편수 및 관객 수

(단위 : 편, 천 명)

구분 \ 제작 / 월	국내		국외	
	개봉편수	관객 수	개봉편수	관객 수
1	35	12,682	105	10,570
2	39	8,900	96	6,282
3	31	4,369	116	9,486
4	29	4,285	80	6,929
5	31	6,470	131	12,210
6	49	4,910	124	10,194
7	50	6,863	96	14,495
8	49	21,382	110	8,504
9	48	5,987	123	6,733
10	35	12,964	91	8,622
11	56	6,427	104	6,729
12	43	18,666	95	5,215
전체	495	113,905	1,271	105,969

※ 관객 수는 당월 상영영화에 대해 월말 집계한 값이다.

① 흥행순위 1 ~ 20위 내의 영화 중 한 편의 영화도 개봉되지 않았던 달에는 국외제작영화 관객 수가 국내제작영화 관객 수보다 적다.

② 10월에 개봉된 영화 중 흥행순위 1 ~ 20위 내에 든 영화는 국내제작영화일 뿐이다.

③ 국외제작영화 개봉편수는 국내제작영화 개봉편수보다 매달 많다.

④ 국외제작영화 관객 수가 가장 많았던 달에 개봉된 영화 중 흥행순위 1 ~ 20위 내에 든 국외제작영화 개봉작은 2편이다.

⑤ 흥행순위가 1위인 영화의 관객 수는 국내제작영화 전체 관객 수의 10% 이상이다.

25. 다음은 2021 ~ 2025년 A국의 사회간접자본(SOC) 투자 규모에 대한 자료이다. 이에 대한 설명으로 옳지 않은 것은?

(단위 : 조, %)

구분 \ 연도	2021	2022	2023	2024	2025
SOC 투자규모	20.5	25.4	25.1	24.4	23.1
총지출 대비 SOC 투자규모 비중	7.8	8.4	8.6	7.9	6.9

① 2025년 총지출은 300조 원 이상이다.

② 2022년 SOC 투자규모의 전년대비 증가율은 30% 이하이다.

③ 2022 ~ 2025년 동안 SOC 투자규모가 전년에 비해 가장 큰 비율로 감소한 해는 2025년이다.

④ 2022 ~ 2025년 동안 SOC 투자규모와 총지출 대비 SOC 투자규모 비중의 전년대비 증감방향은 동일하다.

⑤ 2026년 SOC 투자규모의 전년대비 감소율이 2025년과 동일하다면, 2025년 SOC 투자규모는 20조 원 이상이다.

26. 다음은 물품 A ~ E의 가격에 대한 자료이다. 아래 조건에 부합하는 물품의 가격으로 가장 가능한 것은?

(단위 : 원/개)

물품	가격
A	24,000
B	㉠
C	㉡
D	㉢
E	16,000

[조건]

- 갑, 을, 병의 가방에 담긴 물품은 각각 다음과 같다.
  - 갑 : B, C, D
  - 을 : A, C
  - 병 : B, D, E
- 가방에는 해당 물품이 한 개씩만 담겨 있다.
- 가방에 담긴 물품 가격의 합이 높은 사람부터 순서대로 나열하면 갑 > 을 > 병 순이다.
- 병의 가방에 담긴 물품 가격의 합은 44,000원이다.

	㉠	㉡	㉢
①	11,000	23,000	14,000
②	12,000	14,000	16,000
③	12,000	19,000	16,000
④	13,000	19,000	15,000
⑤	13,000	23,000	15,000

27. 다음은 우리나라 시·군 중 20××년 경지 면적, 논 면적, 밭 면적 상위 5개 시·군에 대한 자료이다. 이에 대한 설명 중 옳은 것들로만 바르게 짝지어진 것은?

(단위 : ha)

구분	순위	시·군	면적
경지 면적	1	해남군	35,369
	2	제주시	31,585
	3	서귀포시	31,271
	4	김제시	28,501
	5	서산시	27,285
논 면적	1	김제시	23,415
	2	해남군	23,042
	3	서산시	21,730
	4	당진시	21,726
	5	익산시	19,067
밭 면적	1	제주시	31,577
	2	서귀포시	31,246
	3	안동시	13,231
	4	해남군	12,327
	5	상주시	11,047

※ 경지 면저=논 면적+밭 면적

※ 순위는 면적이 큰 시·군부터 순서대로 부여

㉠ 해남군의 논 면적은 해남군 밭 면적의 2배 이상이다.
㉡ 서귀포시의 논 면적은 제주시 논 면적보다 크다.
㉢ 서산시의 밭 면적은 김제시 밭 면적보다 크다.
㉣ 상주시의 논 면적은 익산시 논 면적의 90% 이하이다.

① ㉠, ㉡
② ㉡, ㉢
③ ㉡, ㉣
④ ㉠, ㉢, ㉣
⑤ ㉡, ㉢, ㉣

28. 입구부터 출구까지의 총 길이가 840m인 터널을 열차가 초속 50m의 속도로 달려 열차가 완전히 통과할 때까지 걸린 시간이 25초라고 할 때, 이보다 긴 1,400m의 터널을 동일한 열차가 동일한 속도로 완전히 통과하는 데 걸리는 시간은 얼마인가?

① 34.5초
② 35.4초
③ 36.2초
④ 36.8초
⑤ 37.2초

29. A씨는 30% 할인 행사 중인 백화점에 갔다. 매장에 도착하니 당일 구매물품의 정가 총액에 따라 아래의 <혜택> 중 하나를 택할 수 있다고 한다. 정가 10만원짜리 상의와 15만원짜리 하의를 구입하고자 한다. 옷을 하나 이상 구입하여 일정 혜택을 받고 교통비를 포함해 총비용을 계산할 때, <보기>의 설명 중 옳은 것을 모두 고르면? (단, 1회 왕복교통비는 5천원이고, 소요시간 등 기타사항은 금액으로 환산하지 않는다)

〈혜택〉

- 추가할인 : 정가 총액이 20만 원 이상이면, 할인된 가격의 5%를 추가로 할인
- 할인쿠폰 : 정가 총액이 10만 원 이상이면, 세일기간이 아닌 기간에 사용할 수 있는 40% 할인권 제공

〈보기〉

㉠ 오늘 상·하의를 모두 구입하는 것이 가장 싸게 구입하는 방법이다.
㉡ 상·하의를 가장 싸게 구입하면 17만원 미만의 비용이 소요된다.
㉢ 상·하의를 가장 싸게 구입하는 경우와 가장 비싸게 구입하는 경우의 비용 차이는 1회 왕복 교통비 이상이다.
㉣ 오늘 하의를 구입하고, 세일기간이 아닌 기간에 상의를 구입하면 17만 5천원이 든다.

① ㉠㉡
② ㉠㉢
③ ㉡㉢
④ ㉢㉣
⑤ ㉡㉢㉣

30. 소금물 300g에서 물 110g을 증발시킨 후 소금 10g을 더 녹였더니 농도가 처음 농도의 2배가 되었다. 처음 소금물의 농도는 얼마인가?

① 8%　　② 9%
③ 10%　　④ 11%
⑤ 12%

31. 다음은 스프레드시트를 이용하여 '사원별 컴퓨터 판매실적'을 분석한 그림이다. ㈎, ㈏에 들어갈 함수식이 참조하는 셀 영역은?

	A	B	C	D	E	F	G
1		<사원별 컴퓨터 판매실적>					
2			4월	5월	6월	합계	판매순위
3		최진영	50	40	45	(가)	(나)
4		고상봉	30	35	40	105	3
5		송수진	40	50	50	140	2
6		류나라	60	55	70	185	1
7		계	180	180	205	565	

	㈎	㈏
①	C4 : E4	C$4 : E$4
②	C4 : E4	C$4 : F$7
③	C4 : E4	F$4 : F$7
④	C4 : C7	F$4 : F$7
⑤	C4 : C7	C$4 : E$4

32. 다음 알고리즘에서 결과로 23이 인쇄되었다면 ㈎에 들어갈 수식으로 알맞은 것은?

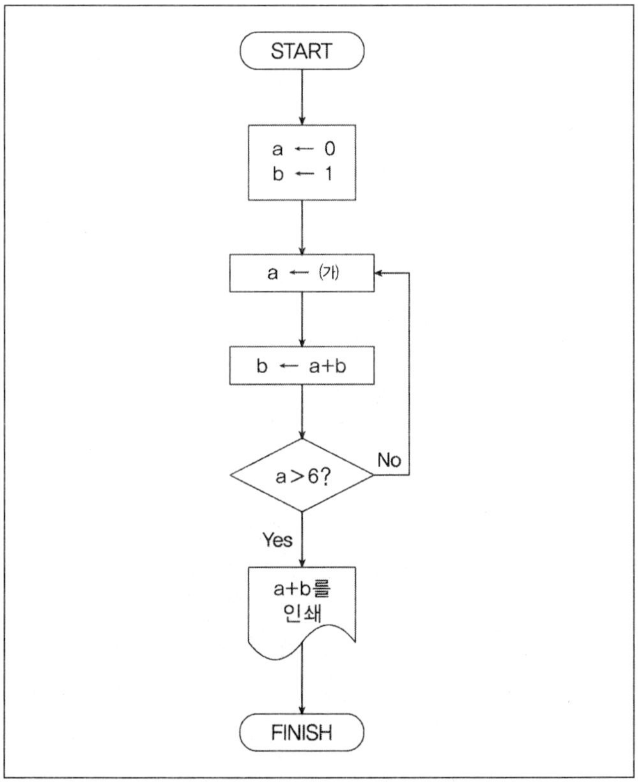

① a+2　　② a+b
③ b+1　　④ 3b−2
⑤ a+b−1

33. 다음은 H회사의 승진후보들의 1차 고과 점수 및 승진시험 점수이다. "생산부 사원"의 승진시험 점수의 평균을 알기 위해 사용해야 하는 함수는 무엇인가?

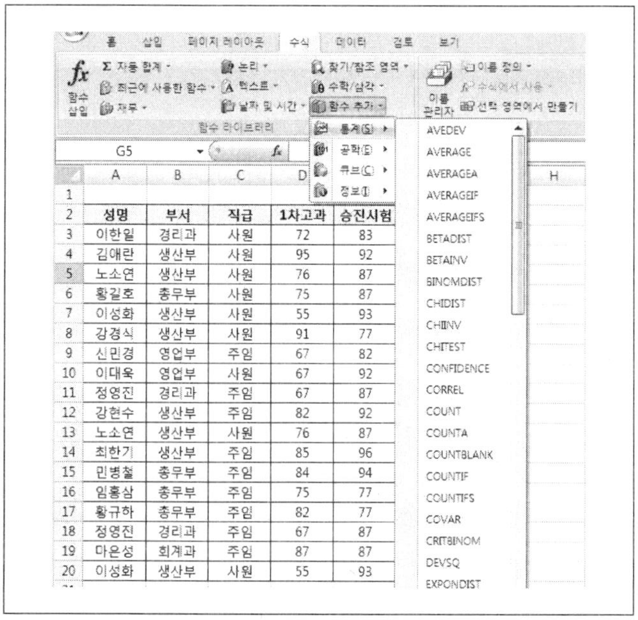

성명	부서	직급	1차고과	승진시험
이한일	경리과	사원	72	83
김애란	생산부	사원	95	92
노소연	생산부	사원	76	87
황길호	총무부	사원	75	87
이성화	생산부	사원	55	93
강경식	생산부	사원	91	77
신민경	영업부	주임	67	82
이대욱	영업부	사원	67	92
정영진	경리과	주임	67	87
강현수	생산부	주임	82	92
노소연	생산부	사원	76	87
최한기	생산부	주임	85	96
민병철	총무부	주임	84	94
임홍삼	총무부	주임	75	77
황규하	총무부	주임	82	77
정영진	경리과	주임	67	87
마은성	회계과	주임	87	87
이성화	생산부	사원	55	93

① AVERAGE
② AVERAGEA
③ AVERAGEIF
④ AVERAGEIFS
⑤ COUNTIF

34. T회사에서 근무하고 있는 N씨는 엑셀을 이용하여 작업을 하고자 한다. 엑셀에서 바로 가기 키에 대한 설명이 다음과 같을 때 괄호 안에 들어갈 내용으로 알맞은 것은?

> 통합 문서 내에서 (㉠) 키는 다음 워크시트로 이동하고 (㉡) 키는 이전 워크시트로 이동한다.

	㉠	㉡
①	〈Ctrl〉+〈Page Down〉	〈Ctrl〉+〈Page Up〉
②	〈Shift〉+〈Page Down〉	〈Shift〉+〈Page Up〉
③	〈Tab〉+←	〈Tab〉+→
④	〈Alt〉+〈Shift〉+↑	〈Alt〉+〈Shift〉+↓
⑤	〈Ctrl〉+〈Shift〉+〈Page Down〉	〈Ctrl〉+〈Shift〉+〈Page Up〉

❙35~36❙ 다음은 H사의 물품 재고 창고에 적재되어 있는 제품 보관 코드 체계이다. 다음 표를 보고 이어지는 질문에 답하시오.

〈예시〉

2025년 12월에 중국 '2 Stars' 사에서 생산된 아웃도어 신발의 15번째 입고 제품

→ 2512 – 1B – 04011 – 00015

생산연월	공급처				입고 분류			
	원산지 코드		제조사 코드		용품 코드		제품별 코드	
2022년 9월 – 2209 2024년 11월 – 2411	1	중국	A	All–8	01	캐주얼	001	청바지
			B	2 Stars			002	셔츠
			C	Facai	02	여성	003	원피스
	2	베트남	D	Nuyen			004	바지
			E	N–sky			005	니트
	3	멕시코	F	Bratos			006	블라우스
			G	Fama	03	남성	007	점퍼
	4	한국	H	혁진사			008	카디건
			I	K상사			009	모자
			J	영스타	04	아웃도어	010	용품
	5	일본	K	왈러스			011	신발
			L	토까이			012	래쉬가드
			M	히스모	05	베이비	013	내복
	6	호주	N	오즈본			014	바지
			O	Island				
	7	독일	P	Kunhe				
			Q	Boyer				
입고품 수량	00001부터 다섯 자리 시리얼 넘버가 부여됨							

35. 2025년 10월에 생산된 '왈러스' 사의 여성용 블라우스로 10,215번째 입고된 제품의 코드로 알맞은 것은 무엇인가?

① 2410 – 5K – 02006 – 00215

② 2410 – 5K – 02060 – 10215

③ 2510 – 5K – 02006 – 10215

④ 2510 – 5L – 02005 – 10215

⑤ 2510 – 5K – 02006 – 01021

36. 제품 코드 2410 – 3G – 04011 – 00910에 대한 설명으로 옳지 않은 것은 무엇인가?

① 해당 제품의 입고 수량은 적어도 910개 이상이다.

② 중남미에서 생산된 제품이다.

③ 여름에 생산된 제품이다.

④ 캐주얼 제품이 아니다.

⑤ 아웃도어용 비의류 제품이다.

37. 다음 워크시트는 학생들의 수리영역 성적을 토대로 순위를 매긴 것이다. 다음 중 [C2] 셀의 수식으로 옳은 것은?

	A	B	C
1		수리영역	순위
2	이순자	80	3
3	이준영	95	2
4	정소이	50	7
5	금나라	65	6
6	윤민준	70	5
7	도성민	75	4
8	최지애	100	1

① =RANK(B2,$B$2:$B$8)

② =RANK(B2,$B$2:$B$8,1)

③ =RANK(C2,$B$2:$B$8)

④ =RANK(C2,$B$2:$B$8,0)

⑤ =RANK(C2,$B$2:$B$8,1)

38. 엑셀에서 새 시트를 열고자 할 때 사용하는 단축키는?

① 〈Shift〉+〈F11〉
② 〈Ctrl〉+〈W〉
③ 〈Ctrl〉+〈F4〉
④ 〈Ctrl〉+〈N〉
⑤ 〈Ctrl〉+〈P〉

39. 다음에서 설명하고 있는 것은 무엇인가?

> 1945년 폰노이만(Von Neumann, J)에 의해 개발되었다. 프로그램 데이터를 기억장치 안에 기억시켜 놓은 후 기억된 프로그램에 명령을 순서대로 해독하면서 실행하는 방식으로, 오늘날의 컴퓨터 모두에 적용되고 있는 방식이다.

① IC칩 내장방식
② 송팩 방식
③ 적외선 방식
④ 프로그램 내장방식
⑤ 네트워크 방식

40. 다음 중 컴퓨터의 기능에 관한 설명으로 옳지 않은 것은?

① 제어기능 : 주기억장치에 저장되어 있는 명령을 해독하여 필요한 장치에 신호를 보내어 자료처리가 이루어지도록 하는 기능이다.
② 기억기능 : 처리 대상으로 입력된 자료와 처리결과로 출력된 정보를 기억하는 기능이다.
③ 연산기능 : 주기억장치에 저장되어 있는 자료들에 대하여 산술 및 논리연산을 행하는 기능이다.
④ 입력기능 : 자료를 처리하기 위해서 필요한 논리연산을 행하는 기능이다.
⑤ 출력기능 : 정보를 활용할 수 있도록 나타내 주는 기능이다.

41. 다음은 ISBN 코드와 13자리 번호체계를 설명하는 자료이다. 다음 내용을 참고로 할 때, 빈칸 'A'에 들어갈 마지막 '체크기호'의 숫자는 무엇인가?

> ISBN 978-3-16-148410-0
> 50998>
> 9 783161 484100
>
> 국가번호 서명식별번호
> ISBN 978 - 3 - 16 - 148410 - 0
> 접두부 발행자번호 체크기호
>
> 〈체크기호 계산법〉
> • 1단계 – ISBN 처음 12자리 숫자에 가중치 1과 3을 번갈아 가며 곱한다.
> • 2단계 – 각 가중치를 곱한 값들의 합을 계산한다.
> • 3단계 – 가중치의 합을 10으로 나눈다.
> • 4단계 – 3단계의 나머지 값을 10에서 뺀 값이 체크기호가 된다. 단 나머지가 0인 경우의 체크기호는 0이다.

> ISBN 938 – 15 – 93347 – 12 – A

① 5
② 6
③ 7
④ 8
⑤ 9

42. 창조성은 네트워크에 접속되어 있는 다양한 지수함수로 비례한다는 네트워크 혁명의 법칙은?

① 무어의 법칙
② 메트칼피의 법칙
③ 세이의 법칙
④ 카오의 법칙
⑤ 메러비안의 법칙

43. 개발팀의 팀장 B씨는 요즘 신입사원 D씨 때문에 고민이 많다. 입사 시에 높은 성적으로 입사한 D씨가 실제 업무를 담당하자마자 이곳저곳에서 불평이 들려오기 시작했다. 머리는 좋지만 실무경험이 없고 인간관계가 미숙하여 여러 가지 문제가 생겼던 것이다. 업무에 대한 기본적이고 일반적인 내용만을 교육하는 신입사원 집합교육은 부족하다 판단한 B씨는 D씨에게 추가적으로 기술교육을 시키기로 결심했다. 하지만 현재 개발팀은 고양이 손이라도 빌려야 할 정도로 바빠서 B씨는 고민 끝에 업무숙달도가 뛰어나고 사교성이 좋은 입사 5년차 대리 J씨에게 D씨의 교육을 일임하였다. 다음 중 J씨가 D씨를 교육하기 위해 선택할 방법으로 가장 적절한 것은?

① 전문 연수원을 통한 기술교육

② E-learning을 활용한 기술교육

③ 상급학교 진학을 통한 기술교육

④ 오리엔테이션을 통한 기술교육

⑤ OJT를 활용한 기술교육

| 44~46 | 다음 표를 참고하여 질문에 답하시오.

스위치	기능
○	1번과 2번 기계를 180도 회전시킨다.
●	1번과 3번 기계를 180도 회전시킨다.
♧	2번과 3번 기계를 180도 회전시킨다.
♣	2번과 4번 기계를 180도 회전시킨다.
◑	1번과 2번 기계의 작동상태를 다른 상태로 바꾼다. (운전→정지, 정지→운전)
◐	3번과 4번 기계의 작동상태를 다른 상태로 바꾼다. (운전→정지, 정지→운전)
♥	모든 기계의 작동상태를 다른 상태로 바꾼다. (운전→정지, 정지→운전)
△(숫자) = 정지 ▲(숫자) = 운전	

44. 처음 상태에서 스위치를 두 번 눌렀더니 다음과 같이 바뀌었다. 어떤 스위치를 눌렀는가?

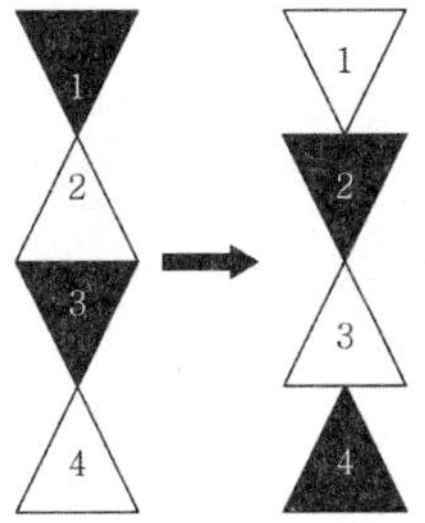

① ○◑

② ♥♧

③ ◐●

④ ○♥

⑤ ♣●

45. 처음 상태에서 스위치를 세 번 눌렀더니 다음과 같이 바뀌었다. 어떤 스위치를 눌렀는가?

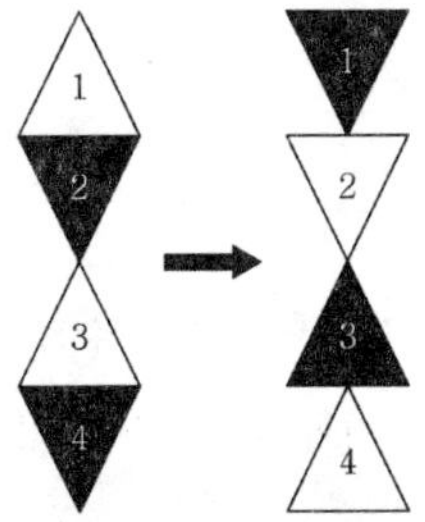

① ○●◐

② ○♣◑

③ ○♣♥

④ ○♧♥

⑤ ◑◐♥

46. 처음 상태에서 스위치를 세 번 눌렀더니 다음과 같이 바뀌었다. 어떤 스위치를 눌렀는가?

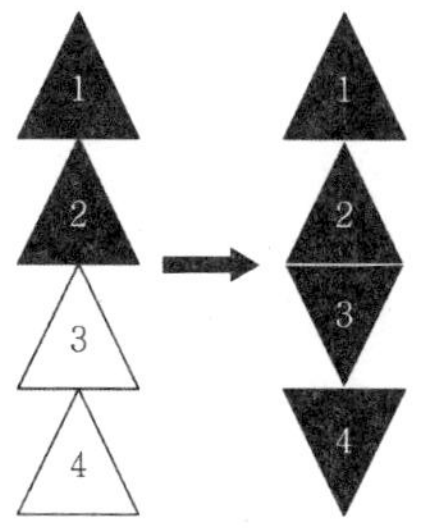

① ●♣◐　　② ○●◑

③ ●◐◑　　④ ♧♣◐

⑤ ♧♣♥

| 47~48 | 다음은 그래프 구성 명령의 실행 예시이다. 이를 참고하여 다음의 물음에 답하시오.

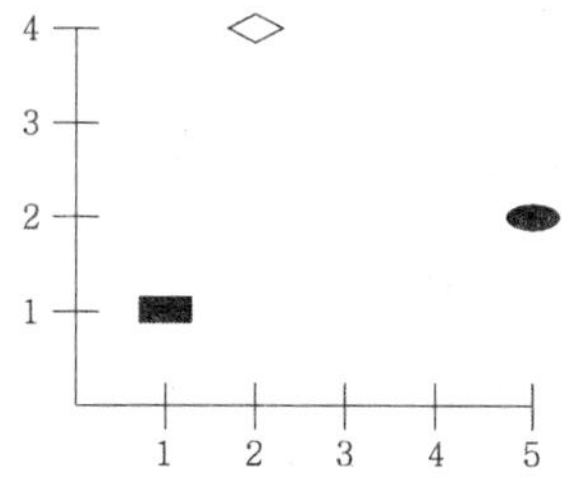

W5 / L4
E(5, 2) : P / Q(1, 1) : P /
D(2, 4) : L

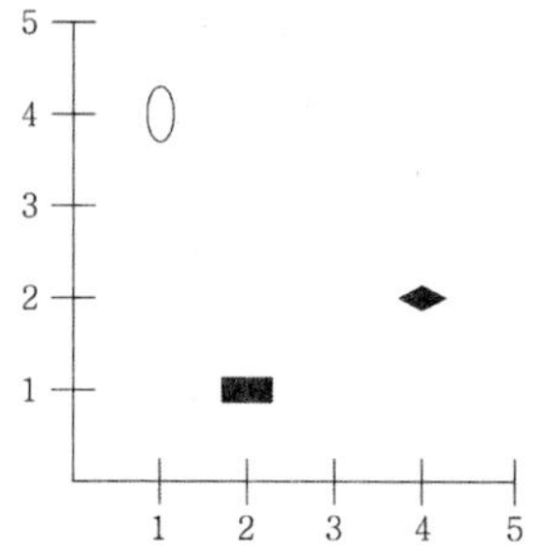

W5 / L5
E(1, 4) : L / Q(2, 1) ; P /
D(4, 2) : P

47. 다음 그래프에 알맞은 명령어는 무엇인가?

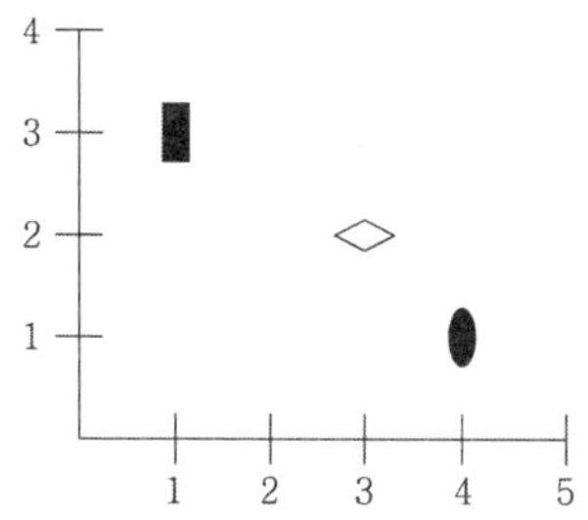

① W4 / L4
Q(1, 3) : L / E(4, 1) : P / D(3, 2) : P

② W5 / L4
Q(1, 3) : L / E(4, 1) : P / D(3, 2) : P

③ W4 / L4
Q(1, 3) : P / E(4, 1) : P / D(3, 2) : L

④ W5 / L4
Q(1, 3) : P / E(4, 1) : P / D(3, 2) : L

⑤ W5 / L5
Q(1, 3) : P / E(4, 1) : P / D(3, 2) : L

48. W6 / L5 Q(5, 1) : P / E(4, 5) : P / D(2, 3) : L의 그래프를 산출할 때, 오류가 발생하여 다음과 같은 그래프가 산출되었다. 다음 중 오류가 발생한 값은?

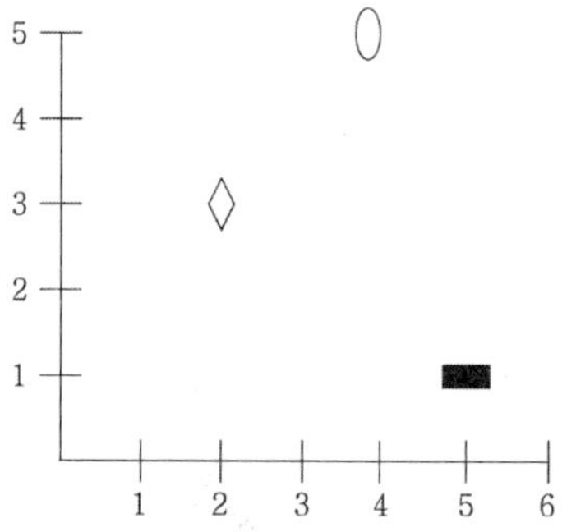

① W6 / L5　　② Q(5, 1) : P

③ E(4, 5) : P　　④ D(2, 3) : L

⑤ E(2, 3) : P

49. 급속히 발전하고 있는 기술변화의 모습에 적응하고자 많은 사람들이 기술 습득의 다양한 방법을 선택하고 있다. 다음 〈보기〉 중, 'OJT를 통한 기술교육'에 대한 설명을 모두 고른 것은 어느 것인가?

〈보기〉

㉠ 관련 산업체와의 프로젝트 활동이 가능하기 때문에 실무 중심의 기술교육이 가능하다.
㉡ 피교육자인 종업원이 업무수행의 중단되는 일이 없이 업무수행에 필요한 지식 · 기술 · 능력 · 태도를 교육훈련 받을 수 있다.
㉢ 원하는 시간과 장소에 교육받을 수 있어 시간, 공간적 측면에서 독립적이다.
㉣ 다년간에 걸친 연수 분야의 노하우에 의해 체계적이면서도 현장과 밀착된 교육이 가능하다.
㉤ 시간의 낭비가 적고 조직의 필요에 합치되는 교육훈련을 할 수 있다.

① ㉠, ㉢
② ㉡, ㉣
③ ㉠, ㉤
④ ㉡, ㉤
⑤ ㉢, ㉣

50. 기술집약적인 사업을 영위하고 있는 L사는 다양한 분야의 기술 개발을 필요로 한다. 다음에 제시된 L사의 기술개발 사례들 중, 기술선택을 위한 의사결정의 방식에서 그 성격이 나머지와 다른 하나는 어느 것인가?

㉠ 새로운 생태계를 만들어 나가고자 하는 사장의 중점 추진 사항을 수행하기 위해 과감한 투자를 실행하여 중소기업과의 동반성장 생태계 조성에 필요한 기술 인력을 지원하였으며, 개발된 기술을 바탕으로 산업 생태계의 중심에 위치하게 되었다.
㉡ 영업본부에서는 매번 해외영업 시 아쉬웠던 부분을 보완하기 위해 영업직원들의 경험에서 도출된 아이디어를 종합하여 생산 설비와 관련된 기술 개발을 국내 우수 업체들과 논의하게 되었고 그 결과 해외영업 성과의 현저한 개선이 이루어졌다.
㉢ 지금은 4차 산업혁명 시대를 맞이한 매우 중요한 시점에 놓여 있다는 경영진의 경영철학을 현장의 업무에서 구현하기 위해 신성장 기술본부에서는 신재생에너지 사업의 가시적인 효과를 위해 관련 분야의 전문 인력 100여 명을 추가로 채용하였고, 친환경적인 비전을 제시함으로써 정부로부터의 추가 지원 유치에 성공하였다.
㉣ 경영개선처에서는 회사의 경영슬로건 중 하나인 글로벌 리더로서의 위상을 세계시장에 구현하자는 목표를 가지고, 경영혁신에 필요한 선진기업의 노하우를 벤치마킹하고 그에 따른 선진경영기술을 도입하기 위하여 많은 인재들에게 현지 출장의 기회를 부여해왔고 현지의 전문가들을 본사로 초청해 강연회를 통한 경영기술 공유의 장을 마련하였다.
㉤ 회사 조직구성의 모토인 '수익성과 고용창출 중심의 해외사업'이라는 가치를 감안하여 해외전략금융처에서는 내년 하반기 본격 시행을 앞둔 획기적인 전략금융기법을 철저한 보안 속에 개발하고 있으며 해외 현지의 고용창출과 수익성 극대화라는 두 마리 토끼를 동시에 잡을 수 있을 것으로 기대하고 있다.

① ㉠
② ㉡
③ ㉢
④ ㉣
⑤ ㉤

절 취 선

한국농어촌공사
7급 신입사원(채용형인턴)

성 명

(자 필 성 명)

생 년 월 일

⓪	⓪	⓪	⓪	⓪	⓪	⓪	⓪
①	①	①	①	①	①	①	①
②	②	②	②	②	②	②	②
③	③	③	③	③	③	③	③
④	④	④	④	④	④	④	④
⑤	⑤	⑤	⑤	⑤	⑤	⑤	⑤
⑥	⑥	⑥	⑥	⑥	⑥	⑥	⑥
⑦	⑦	⑦	⑦	⑦	⑦	⑦	⑦
⑧	⑧	⑧	⑧	⑧	⑧	⑧	⑧
⑨	⑨	⑨	⑨	⑨	⑨	⑨	⑨

1	①	②	③	④	⑤	21	①	②	③	④	⑤	41	①	②	③	④	⑤
2	①	②	③	④	⑤	22	①	②	③	④	⑤	42	①	②	③	④	⑤
3	①	②	③	④	⑤	23	①	②	③	④	⑤	43	①	②	③	④	⑤
4	①	②	③	④	⑤	24	①	②	③	④	⑤	44	①	②	③	④	⑤
5	①	②	③	④	⑤	25	①	②	③	④	⑤	45	①	②	③	④	⑤
6	①	②	③	④	⑤	26	①	②	③	④	⑤	46	①	②	③	④	⑤
7	①	②	③	④	⑤	27	①	②	③	④	⑤	47	①	②	③	④	⑤
8	①	②	③	④	⑤	28	①	②	③	④	⑤	48	①	②	③	④	⑤
9	①	②	③	④	⑤	29	①	②	③	④	⑤	49	①	②	③	④	⑤
10	①	②	③	④	⑤	30	①	②	③	④	⑤	50	①	②	③	④	⑤
11	①	②	③	④	⑤	31	①	②	③	④	⑤						
12	①	②	③	④	⑤	32	①	②	③	④	⑤						
13	①	②	③	④	⑤	33	①	②	③	④	⑤						
14	①	②	③	④	⑤	34	①	②	③	④	⑤						
15	①	②	③	④	⑤	35	①	②	③	④	⑤						
16	①	②	③	④	⑤	36	①	②	③	④	⑤						
17	①	②	③	④	⑤	37	①	②	③	④	⑤						
18	①	②	③	④	⑤	38	①	②	③	④	⑤						
19	①	②	③	④	⑤	39	①	②	③	④	⑤						
20	①	②	③	④	⑤	40	①	②	③	④	⑤						

SEOWONGAK
(주)서원각

한국농어촌공사

7급 신입사원(채용형인턴)

제2회 모의고사

성명		생년월일	
문제 수(배점)	50문항	풀이시간	/ 50분
영역	직업기초능력평가		
비고	객관식 5지선다형		

※ 유의사항 ※

- 문제지 및 답안지의 해당란에 문제유형, 성명, 응시번호를 정확히 기재하세요.
- 모든 기재 및 표기사항은 "컴퓨터용 흑색 수성 사인펜"만 사용합니다.
- 예비 마킹은 중복 답안으로 판독될 수 있습니다.

제2회 7급 신입사원(채용형인턴) 모의고사

1. 다음 글을 비판하는 내용으로 적절하지 못한 것은?

> 사이버공간은 관계의 네트워크이다. 사이버공간은 광섬유와 통신위성 등에 의해 서로 연결된 컴퓨터들의 물리적인 네트워크로 구성되어 있다. 그러나 사이버공간이 물리적인 연결만으로 이루어지는 것은 아니다. 사이버공간을 구성하는 많은 관계들은 오직 소프트웨어를 통해서만 실현되는 순전히 논리적인 연결이기 때문이다. 양쪽 차원 모두에서 사이버공간의 본질은 관계적이다.
>
> 인간 공동체 역시 관계의 네트워크에 위해 결정된다. 가족끼리의 혈연적인 네트워크, 친구들 간의 사교적인 네트워크, 직장 동료들 간의 직업적인 네트워크 등과 같이 인간 공동체는 여러 관계들에 의해 중첩적으로 연결되어 있다.
>
> 사이버공간과 마찬가지로 인간의 네트워크도 물리적인 요소와 소프트웨어적 요소를 모두 가지고 있다. 예컨대 건강관리 네트워크는 병원 건물들의 물리적인 집합으로 구성되어 있지만, 동시에 환자를 추천해주는 전문가와 의사들 간의 비물질적인 네트워크에 크게 의존한다.
>
> 사이버공간을 유지하려면 네트워크 간의 믿을 만한 연결을 유지하는 것이 결정적으로 중요하다. 다시 말해, 사이버공간 전체의 힘은 다양한 접속점들 간의 연결을 얼마나 잘 유지하느냐에 달려 있다. 이것은 인간 공동체의 힘 역시 접속점 즉 개인과 개인, 다양한 집단과 집단 간의 견고한 관계 유지에 달려 있다는 점을 보여준다. 사이버공간과 마찬가지로 인간의 사회 공간도 공동체를 구성하는 네트워크의 힘과 신뢰도에 결정적으로 의존한다.

① 사이버공간의 익명성이 인간 공동체에 위협이 될 수도 있음을 지적한다.

② 유의미한 비교를 하기에는 양자 간의 차이가 너무 크다는 것을 보여준다.

③ 네트워크의 개념이 양자의 비교 근거가 될 만큼 명확하지 않다는 것을 보여준다.

④ 사이버공간과 인간 공동체 간에 있다고 주장된 유사성이 실제로는 없음을 보여준다.

⑤ 사이버공간과 인간 공동체의 공통점으로 거론된 네트워크라는 속성이 유비추리를 뒷받침할 만한 적합성을 갖추지 못했음을 보여준다.

2. 다음 글의 내용과 상충하는 것을 모두 고른 것은?

> 17, 18세기에 걸쳐 각 지역 양반들에 의해 서원이나 사당 건립이 활발하게 진행되었다. 서원이나 사당 대부분은 일정 지역의 유력 가문이 주도하여 자신들의 지위를 유지하고 지역 사회에서 영향력을 행사하는 구심점으로 건립·운영되었다.
>
> 이러한 경향은 향리층에게도 파급되어 18세기 후반에 들어서면 안동, 충주, 원주 등에서 향리들이 사당을 신설하거나 중창 또는 확장하였다. 향리들이 건립한 사당은 양반들이 건립한 것에 비하면 얼마 되지 않는다. 하지만 향리들에 의한 사당 건립은 향촌사회에서 향리들의 위세를 짐작할 수 있는 좋은 지표이다.
>
> 향리들이 건립한 사당은 그 지역 향리 집단의 공동노력으로 건립한 경우도 있지만, 대부분은 향리 일족 내의 특정한 가계(家系)가 중심이 되어 독자적으로 건립한 것이었다. 이러한 사당은 건립과 운영에 있어서 향리 일족 내의 특정 가계의 이해를 반영하고 있는데, 대표적인 것으로 경상도 거창에 건립된 창충사(彰忠祠)를 들 수 있다.
>
> 창충사는 거창의 여러 향리 가운데 신씨가 중심이 되어 세운 사당이다. 영조 4년(1728) 무신란(戊申亂)을 진압하다가 신씨 가문의 다섯 향리가 죽는데, 이들을 추모하기 위해 무신란이 일어난 지 50년이 되는 정조 2년(1778)에 건립되었다. 처음에는 죽은 향리의 자손들이 힘을 모아 사적으로 세웠으나, 10년 후인 정조 12년에 국가에서 제수(祭需)를 지급하는 사당으로 승격하였다.
>
> 원래 무신란에서 죽은 향리 중 신씨는 일곱 명이며, 이들의 공로는 모두 비슷하였다. 하지만 두 명의 신씨는 사당에 모셔지지 않았고, 관직이 추증되지도 않았다. 창충사에 모셔진 다섯 명의 향리는 모두 그 직계 자손의 노력에 의한 것이었고, 국가로부터의 포상도 이들의 노력에 의한 것이었다. 반면 두 명의 자손들은 같은 신씨임에도 불구하고 가세가 빈약하여 향촌사회에서 조상을 모실 만큼 힘을 쓸 수 없었다. 향리사회를 주도해 가는 가계는 독점적인 위치를 확고하게 구축하려고 노력하였으며, 사당의 건립은 그러한 노력의 산물이었다.

> ㉠ 창충사는 양반 가문이 세운 사당이다.
> ㉡ 양반보다 향리가 세운 사당이 더 많다.
> ㉢ 양반뿐 아니라 향리가 세운 서원도 존재하였다.
> ㉣ 창충사에 모셔신 신씨 가문의 향리는 다섯 명이다.

① ㉠㉡ ② ㉠㉣
③ ㉢㉣ ④ ㉠㉡㉢
⑤ ㉡㉢㉣

3. 다음 글을 읽고 추측할 수 있는 연구와 그 결과에 대한 해석이 바르게 짝지어지지 않은 것은?

> 운석은 소행성 혹은 다른 행성 등에서 떨어져 나온 물체가 지구 표면에 떨어진 것으로 우주에 관한 주요 정보원이다. 1984년 미국의 탐사대가 남극 지역에서 발견하여 ALH84001(이하 ALH)이라고 명명한 주먹 크기의 운석도 그것의 한 예이다. 여러 해에 걸친 분석 끝에 1996년 NASA는 ALH가 화성에서 기원하였으며, 그 속에서 초기 생명의 흔적으로 추정할 수 있는 미세 구조물이 발견되었다는 발표를 하였다.
>
> 이 운석이 화성에서 왔다는 증거는 ALH에서 발견된 산소 동위 원소들 간의 구성비였다. 이 구성비는 지구의 암석에서 측정되는 것과는 달랐지만, 화성에서 온 운석으로 알려진 스닉스(SNCs)에서 측정된 것과는 일치했다.
>
> 성분 분석 결과에 의하면 스닉스는 화산 활동에서 만들어진 화산암으로, 산소 동위 원소 구성비가 지구의 것과 다르기 때문에 지구의 물질은 아니다. 소행성은 형성 초기에 급속히 냉각되어 화산 활동이 불가능하기 때문에, 지구에 화산암 운석을 보낼 수 있는 천체는 표면이 고체인 금성, 화성, 달 정도다. 그런데 방사성 동위 원소로 측정한 결과 스닉스는 약 10억 년 전에 형성된 것으로 밝혀졌다. 지질학적 분석 결과 그 시기까지 달에는 화산 활동이 없었기 때문에 화산암이 생성될 수가 없었다. 금성과 화성에는 화산 폭발이 있었지만 계산 결과 어떤 화산 폭발도 이들 행성의 중력권 밖으로 파편을 날려 보낼 만큼 강력하지는 않았다. 커다란 운석의 행성 충돌만이 행성의 파편을 우주로 날려 보낼 수 있었을 것이다. 그러나 금성은 농밀한 대기와 큰 중력으로 인해 파편 이탈이 쉽지 않으므로 화성이 유력한 후보로 남게 된다. 그런데 스닉스에서 발견된 모(母)행성 대기의 기체 일부가 바이킹 화성탐사선이 분석한 화성의 대기와 구성 성분이 일치했다. 따라서 스닉스는 화성에서 왔을 것이며, ALH 역시 화성에서 기원했을 것이다. ALH에서 발견된 이황화철(FeS_2)도 화성의 운석에서 흔히 발견되는 성분이다.
>
> ALH의 기원이 밝혀진 이후 이 운석에 대한 본격적인 분석이 시작되었다. 먼저 루비듐(Rb)과 스트론튬(Sr)을 이용한 방사성 연대 측정을 통해 ALH의 나이가 화성과 비슷한 45억 년임이 판명되었다. ALH가 화성을 언제 떠났는지는 우주 복사선 효과를 통해 알 수 있었다. 운석이 우주 공간에 머물 때는 태양과 은하로부터 오는 복사선의 영향으로 새로운 동위 원소인 헬륨3, 네온21 등이 생성되는데, 그들의 생성률과 구성비를 측정하면 운석이 우주 공간에 머문 기간을 추정할 수 있다.
>
> ALH는 1,600만 년을 우주 공간에서 떠돌았다. ALH가 지구에 떨어진 시점은 ALH에 포함된 또 다른 동위 원소인 탄소14를 사용해 계산하였다. 측정 결과 ALH는 13,000년 전에 남극에 떨어진 것으로 밝혀졌다.
>
> ALH의 표면에는 갈라진 틈이 있었고, 이 안에서 20 μm~250 μm 크기의 둥근 탄산염 알갱이들이 발견되었다. 탄산염은 물에 의해 생성되거나 생물체의 활동으로부터 만들어질 수 있다. 어느 쪽이든 생명의 존재를 시사한다. 이 탄산염이 혹시 지구로부터 유입되었을 가능성이 있어 연대 측정을 해 본 결과 36억 년 전에 형성된 것이었다. 생물체가 분해될 때 생성되는 탄소 화합물인 '여러고리방향족탄화수소(PAH)'도 검출되었다. PAH 역시 외부 오염 가능성이 제기되었는데, ALH에서 PAH의 분포를 조사할 결과 안쪽으로 갈수록 농도가 증가하였다. 이것으로 외부 오염 가능성을 배제할 수 있었다. 탄산염 안에서 발견된 자철석 결정도 박테리아 내부에서 만들어지는 자철석 입자들이 모여 생성된 것과 그 형태가 흡사했다. 생물체의 존재에 대한 증거는 전자 현미경 분석에서 나왔다. 지구의 박테리아와 형태가 비슷하지만 크기는 매우 작은 25nm~100nm 정도의 미세 구조물들이 탄산염 알갱이에 붙어 있는 것을 확인한 것이다. 연구진은 이상의 분석을 종합해 볼 때, 이것을 36억 년 전 화성에 살았던 미생물이 화석화한 것으로 추정할 수 있다는 결론을 내렸다.

	연구	결과 해석
①	달에 대한 지질학적 분석	스닉스가 달에서 오지 않았다.
②	금성의 중력과 대기 밀도 측정	스닉스가 금성에서 오지 않았다.
③	스닉스의 암석 성분 분석	스닉스가 소행성에서 오지 않았다.
④	스닉스에 포함된 산소 동위 원소 구성비 분석	스닉스가 지구의 것이 아니다.
⑤	스닉스의 형성 연대 측정	스닉스가 우주에서 10억 년 동안 떠돌았다.

4. 다음 글을 통해 추론할 수 있는 내용으로 가장 적절한 것은?

> 카발리는 윌슨이 모계 유전자인 mtDNA 연구를 통해 발표한 인류 진화 가설을 설득력 있게 확인시켜 줄 수 있는 실험을 제안했다. 만약 mtDNA와는 서로 다른 독립적인 유전자 가계도를 통해서도 같은 결론에 도달할 수 있다면 윌슨의 인류 진화에 대한 가설을 강화할 수 있다는 것이다.
>
> 이에 언더힐은 Y염색체를 인류 진화 연구에 이용하였다. 그가 Y염색체를 연구에 이용한 이유가 있다. 그것은 Y염색체가 하나씩 존재하는 특성이 있어 재조합을 일으키지 않고, 그 점은 연구 진행을 수월하게 하기 때문이다. 그는 Y염색체를 사용한 부계 연구를 통해 윌슨이 밝힌 연구결과와 매우 유사한 결과를 도출했다. 언더힐의 가계도도 윌슨의 가계도와 마찬가지로 아프리카 지역의 인류 원조 조상에 뿌리를 두고 갈라져 나오는 수형도였다. 또 그 수형도는 인류학자들이 상상한 장엄한 떡갈나무가 아니라 윌슨이 분석해 놓은 약 15만 년밖에 안 된 키 작은 나무와 매우 유사하였다.
>
> 별개의 독립적인 연구로 얻은 두 자료가 인류의 과거를 똑같은 모습으로 그려낸다면 그것은 대단한 설득력을 지닌다. mtDNA와 같은 하나의 영역만이 연구된 상태에서는 그 결과가 시사적이기는 해도 결정적이지는 않다. 그 결과의 양상은 단지 DNA의 특정 영역에 일어난 특수한 역사만을 반영하는 것일 수도 있기 때문이다. 하지만 언더힐을 Y염색체에서 유사한 양상을 발견함으로써 그 불완전성은 크게 줄어들었다. 15만 년 전에 아마도 전염병이나 기후 변화로 인해 유전자 다양성이 급격하게 줄어드는 현상이 일어났을 것이다.

① 윌슨의 mtDNA 연구결과는 인류 진화 가설에 대한 결정적인 증거였다.

② 부계 유전자 연구와 모계 유전자 연구를 통해 얻은 각각의 인류 진화 수형도는 매우 비슷하다.

③ 윌슨과 언더힐의 연구결과는 현대 인류 조상의 기원에 대한 인류학자들의 견해를 뒷받침한다.

④ 언더힐은 우리가 갖고 있는 Y염색체 연구를 통해 인류가 아프리카에서 유래했다는 것을 부정했다.

⑤ 언더힐이 Y염색체를 인류 진화 연구에 이용한 것은 염색체 재조합으로 인해 연구가 쉬워졌기 때문이다.

5. 다음 글을 통해 추론할 수 있는 것은?

> ‘핸드오버’란 이동단말기가 이동함에 따라 기존 기지국에서 이탈하여 새로운 기지국으로 넘어갈 때 통화가 끊기지 않도록 통화 신호를 새로운 기지국으로 넘겨주는 것을 말한다. 이런 핸드오버는 이동단말기, 기지국, 이동전화교환국 사이의 유무선 연결을 바탕으로 실행된다. 이동단말기가 기지국에 가까워지면 그 둘 사이의 신호가 점점 강해지는데 반해, 이동단말기와 기지국이 멀어지면 그 둘 사이의 신호는 점점 약해진다. 이 신호의 세기가 특정값 이하로 떨어지게 되면 핸드오버가 명령되어 이동단말기와 새로운 기지국 간의 통화 채널이 형성된다. 이 과정에서 이동전화교환국과 기지국 간 연결에 문제가 발생하면 핸드오버가 실패하게 된다.
>
> 핸드오버는 이동단말기와 기지국 간 통화 채널 형성 순서에 따라 ‘형성 전 단절 방식’과 ‘단절 전 형성 방식’으로 구분될 수 있다. FDMA와 TDMA에서는 형성 전 단절 방식을, CDMA에서는 단절 전 형성 방식을 사용한다. 형성 전 단절 방식은 이동단말기와 새로운 기지국 간의 통화 채널이 형성되기 전에 기존 기지국과의 통화 채널을 단절하는 것을 말한다. 이와 반대로 단절 전 형성 방식은 이동단말기와 기존 기지국 간의 통화 채널이 단절되기 전에 새로운 기지국과의 통화 채널을 형성하는 방식이다. 이런 핸드오버 방식의 차이는 각 기지국이 사용하는 주파수 간 차이에서 비롯된다. 만약 각 기지국이 다른 주파수를 사용하고 있다면, 이동단말기는 기존 기지국과의 통화 채널을 미리 단절한 뒤 새로운 기지국에 맞는 주파수를 할당 받은 후 통화 채널을 형성해야 한다. 그러나 각 기지국이 같은 주파수를 사용하고 있다면, 그런 주파수 조정이 필요 없으며 새로운 통화 채널을 형성하고 나서 기존 통화 채널을 단절할 수 있다.

① 단절 전 형성 방식의 각 기지국은 서로 다른 주파수를 사용한다.

② 형성 전 단절 방식은 단절 전 형성 방식보다 더 빨리 핸드오버를 명령할 수 있다.

③ 이동단말기와 기존 기지국 간의 통화 채널이 단절되면 핸드오버가 성공한다.

④ CDMA에서는 하나의 이동단말기가 두 기지국과 동시에 통화 채널을 형성할 수 있지만 FDMA에서는 그렇지 않다.

⑤ 이동단말기 A와 기지국 간 신호 세기가 이동단말기 B와 기지국 간 신호 세기보다 더 작다면 이동단말기 A에서는 핸드오버가 명령되지만 이동단말기 B에서는 핸드오버가 명령되지 않는다.

6. 다음 글의 내용과 가장 부합하는 진술은?

> 여행을 뜻하는 서구어의 옛 뜻에 고역이란 뜻이 들어 있다는 사실이 시사하듯이 여행은 금리생활자들의 관광처럼 속편한 것만은 아니다. 그럼에도 불구하고 고생스러운 여행이 보편적인 심성에 호소하는 것은 일상의 권태로부터의 탈출과 해방의 이미지를 대동하고 있기 때문일 것이다. 술 익는 강마을의 저녁노을은 '고약한 생존의 치욕에 대한 변명'이기도 하지만 한편으로는 그 치욕으로부터의 자발적 잠정적 탈출의 계기가 되기도 한다. 그리고 그것은 결코 가볍고 소소한 일이 아니다. 직업적 나그네와는 달리 보통 사람들은 일상생활에 참여하고 잔류하면서 해방의 순간을 간접 경험하는 것이다. 인간 삶의 난경은, 술 익는 강마을의 저녁노을을 생존의 치욕을 견디게 할 수 있는 매혹으로 만들어 주기도 하는 것이다.

① 여행은 고생으로부터의 해방이다.
② 금리생활자들이 여행을 하는 것은 고약한 생존의 치욕에 대한 변명을 위해서이다.
③ 윗글에서 '보편적인 심성'이라는 말은 문맥으로 보아 여행은 고생스럽다는 생각을 가리키는 것이다.
④ 사람들은 여행에서 일시적인 해방을 맛본다.
⑤ 여행은 금리생활자들의 관광처럼 편안하고 고된 일상으로부터의 탈출과 해방을 안겨준다.

7. 다음 제시된 내용을 토대로 관광회사 직원들이 추론한 내용으로 가장 적합한 것은?

> 세계여행관광협의회(WTTC)에 따르면 2016년 전 세계 국내총생산(GDP) 총합에서 관광산업이 차지한 직접 비중은 2.7%이다. 여기에 고용, 투자 등 간접적 요인까지 더한 전체 비중은 9.1%로, 금액으로 따지면 6조 3,461억 달러에 이른다. 직접 비중만 놓고 비교해도 관광산업의 규모는 자동차 산업의 2배이고 교육이나 통신 산업과 비슷한 수준이다. 아시아를 제외한 전 대륙에서는 화학 제조업보다도 관광산업의 규모가 큰 것으로 나타났다.
>
> 서비스 산업의 특성상 고용을 잣대로 삼으면 그 차이는 더욱 더 벌어진다. 지난해 전세계 관광산업 종사자는 9,800만 명으로 자동차 산업의 6배, 화학 제조업의 5배, 광업의 4배, 통신 산업의 2배로 나타났다. 간접 고용까지 따지면 2억 5,500만 명이 관광과 관련된 일을 하고 있어, 전 세계적으로 근로자 12명 가운데 1명이 관광과 연계된 직업을 갖고 있는 셈이다. 이러한 수치는 향후 2~3년간은 계속 유지될 것으로 보인다. 실제 백만 달러를 투입할 경우, 관광산업에서는 50명분의 일자리가 추가로 창출되어 교육 부문에 이어 두 번째로 높은 고용 창출효과가 있는 것으로 조사되었다.
>
> 유엔세계관광기구(UNWTO)의 장기 전망에 따르면 관광산업의 성장은 특히 한국이 포함된 동북아시아에서 두드러질 것으로 예상된다. UNWTO는 2010년부터 2030년 사이 이 지역으로 여행하는 관광객이 연평균 9.7% 성장하여 2030년 5억 6,500명이 동북아시아를 찾을 것으로 전망했다. 전 세계 시장에서 차지하는 비율도 현 22%에서 2030년에는 30%로 증가할 것으로 예측했다.
>
> 그런데 지난해 한국의 관광산업 비중(간접 분야 포함 전체 비중)은 5.2%로 세계 평균보다 훨씬 낮다. 관련 고용자수(간접 고용 포함)도 50만 3,000여 명으로 전체의 2%에 불과하다. 뒤집어 생각하면 그만큼 성장의 여력이 크다고 할 수 있다.

① 상민 : 2016년 전 세계 국내총생산(GDP) 총합에서 관광산업이 차지한 직접 비중을 금액으로 따지면 2조 달러가 넘는다.
② 대현 : 2015년 전 세계 통신 산업의 종사자는 자동차 산업의 종사자의 약 3배 정도이다.
③ 동근 : 2017년 전 세계 근로자 수는 20억 명을 넘지 못한다.
④ 수진 : 한국의 관광산업 수준이 간접 고용을 포함하는 고용 수준에서 현재의 세계 평균 수준 비율과 비슷해지려면 3백억 달러 이상을 관광 산업에 투자해야 한다.
⑤ 영수 : 2020년에는 동북아시아를 찾는 관광객의 수가 연간 약 2억 8,000명을 넘을 것이다.

8. **귀하는 정기간행물을 발간하는 중소기업에서 편집디자이너로 일하고 있다. 걸핏하면 "이건 당신의 책임 아니냐"고 질책하는 팀장으로 인해 스트레스가 쌓인 귀하는 어느 날 편집디자이너의 작업명세서라는 것을 뒤져 보았더니 다음과 같은 책임이 있는 것으로 나왔다. 용기를 얻은 귀하는 자료를 근거로 팀장에게 소명하려고 하는데, 다음 중 귀하가 할 주장으로 가장 적절한 것은?**

> 직무 수행에 있어서의 책임과 한계
>
> 1. 컴퓨터 및 주변기기를 항상 최적의 상태로 유지관리하고, 소프트웨어의 오류에 의한 간단한 기기 고장은 보수하여야 한다.
> 2. 자재 및 소모품에 관한 관리를 철저히 하여 원가절감을 기하고, 제품의 불량이 발생할 경우 불량 원인을 분석하여 재발방지를 위한 대책을 세워야 한다.
> 3. 인쇄 공정 별 책임자의 작업 지시에 따라 수행하는 작업 내용과 진행상황을 서류나 구두로 보고하고, 인쇄원고의 보관관리는 물론 기밀유지의 책임이 있다.
> 4. 컴퓨터, 주변기기, 각종 공구 등을 사용할 때 부주의로 인한 안전사고가 일어나지 않도록 각자가 조심하여야 하고, 공정 진행상의 주의 소홀로 야기되는 공정 지연 등이 되지 않도록 노력하여야 한다.
> 5. 오탈자에 대한 최종 교정책임을 진다.
> 6. 사진이 잘못 게재된 것에 대한 책임을 진다.

① 보세요. 초상권을 침해한 것은 사진사 잘못이지, 그게 왜 제 책임입니까?

② 보세요. 글 쓴 사람이 오탈자를 잡아야지, 제가 그런 것까지 할 여유가 어디 있습니까?

③ 보세요. 인쇄소로 넘겼으면 끝난 거지. 왜 제가 작업 진행까지 파악해야 합니까?

④ 보세요. 컴퓨터가 파손되었다고 저한테 말씀하시면 너무한 것 아닙니까?

⑤ 보세요. 소프트웨어의 업데이트 오류까지 제가 일일이 확인해야 합니까?

9. **다음 글을 통해 알 수 없는 것은?**

> 동아시아 삼국에 외국인이 집단적으로 장기 거주함에 따라 생활의 편의와 교통통신을 위한 근대적 편의시설이 갖춰지기 시작하였다. 이른바 문명의 이기로 불린 전신, 우편, 신문, 전차, 기차 등이 그것이다. 민간인을 독자로 하는 신문은 개항 이후 새롭게 나타난 신문물 가운데 하나이다. 신문(新聞) 혹은 신보(新報)라는 이름부터가 그렇다. 물론 그 전에도 정부 차원에서 관료들에게 소식을 전하는 관보가 있었지만 오늘날 우리가 사용하는 의미에서의 신문은 여기서부터 비롯된다.
>
> 1882년 서양 선교사가 창간한 「The Universal Gazette」의 한자 표현이 '천하신문'인 데서 알 수 있듯, 선교사들은 가제트를 '신문'으로 번역했다. 이후 신문이란 말은 "마카오의 신문지를 참조하라."거나 "신문관을 설립하자"는 식으로 중국인들이 자발적으로 활발하게 사용하기 시작했다.
>
> 상업이 발달한 중국 상하이와 일본 요코하마에서는 각각 1851년과 1861년 영국인에 의해 영자신문이 창간되어 유럽과 미국 회사들에 필요한 정보를 제공했고, 이윽고 이를 모델로 하는 중국어, 일본어 신문이 창간되었다. 상하이 최초의 중국어 신문은 영국의 민간회사 자림양행에 의해 1861년 창간된 「상하이신보」다. 거기에는 선박의 출입일정, 물가정보, 각종 광고 등이 게재되어 중국인의 필요에 부응했다. 이 신문은 'ㅇㅇ신보'라는 용어의 유래가 된 신문이다. 중국에서 자국인에 의해 발행된 신문은 1874년 상인 황타오에 의해 창간된 중국어 신문 「순후안일보」가 최초이다. 이것은 오늘날 '△△일보'라는 용어의 유래가 된 신문이다.
>
> 한편 요코하마에서는 1864년 미국 영사관 통역관이 최초의 일본어 신문 「카이가이신문」을 창간하면서 일본 국내외 뉴스와 광고를 게재했다. 1871년 처음으로 일본인에 의해 일본어 신문인 「요코하마마이니치신문」이 창간되었고, 이후 일본어 신문 창간의 붐이 있었다.
>
> 개항 자체가 늦었던 조선에서는 정부 주도하에 1883년 외교를 담당하던 통리아문 박문국에서 최초의 근대적 신문 「한성순보」를 창간했다. 그러나 한문으로 쓰인 「한성순보」와는 달리 그 후속으로 1886년 발행된 「한성주보」는 국한문혼용을 표방했다. 한글로 된 최초의 신문은 1896년 독립협회가 창간한 「독립신문」이다. 1904년 영국인 베델과 양기탁 등에 의해 「대한매일신보」가 영문판 외에 국한문 혼용판과 한글 전용판을 발간했다. 그밖에 인천에서 상업에 종사하는 사람들을 위한 정보를 알려주는 신문 등 다양한 종류의 신문이 등장했다.

① 중국 상하이와 일본 요코하마에서 창간된 영자신문은 서양 선교사들이 주도적으로 참여하였다.

② 개항 이전에는 관료를 위한 관보는 있었지만, 민간인 독자를 대상으로 하는 신문은 없었다.

③ ‘○○신보’나 ‘△△일보’란 용어는 민간이 만든 신문들의 이름에서 기인한다.

④ 일본은 중국보다 자국인에 의한 자국어 신문을 먼저 발행하였다.

⑤ 개항 이후 외국인의 필요에 의해 발행된 신문이 있었다.

10. **다음 글을 읽고 바르게 추론한 것을 고르면?**

> 청소년기에 또래집단으로부터의 압력은 흡연의 대표적인 원인이다. 우리나라 청소년의 대부분이 친구의 권유를 통해 처음 담배를 접하게 된다는 통계 결과가 이를 뒷받침한다. 청소년기의 흡연은 심각한 문제인데 한 통계에 따르면 우리나라 고등학생의 40%가 흡연을 경험하며 성인 흡연자의 대부분이 흡연을 시작한 시기가 청소년기라고 한다.
>
> 한편, 흡연행동과 그에 따른 니코틴 중독을 야기하는 유전적 원인에 초점이 모아지고 있다. 흡연에 관한 쌍둥이 연구 자료, 유전자 조사기법 등을 종합한 연구에 의하면 흡연자와 비흡연자를 결정하는 중요한 원인 중 하나는 도파민이라는 신경전달물질을 생산하는 유전자와 관련이 있는 것으로 알려지고 있다. 도파민은 뇌의 쾌락중추를 자극하는 역할을 하는데 이 도파민이 많이 분비되는 유전자형을 가진 사람이 그렇지 않은 사람에 비해 흡연을 적게 한다는 증거가 있다.

① 우리나라 성인 흡연자의 40%는 청소년기에 흡연을 시작하였다.

② 폐암 발생률을 감소시키기 위해 금연 교육프로그램을 개발하여야 한다.

③ 청소년의 흡연율을 낮추면 성인 흡연율도 장기적으로 낮아질 가능성이 높다.

④ 도파민 분비를 억제시키는 약물을 개발한다면 금연에 도움을 줄 수 있을 것이다.

⑤ 부모가 흡연을 할 경우 자녀에게 부모의 흡연사실을 감춘다면 그 자녀가 흡연할 확률을 낮추는 것이 가능하다.

11. **영식이는 자신의 업무에 필요하다고 생각하여 국제인재개발원에서 수강할 과목을 선택하려고 한다. 영식이가 선택할 과목에 대해 주변의 지인 A～E가 다음과 같이 진술하였는데 이 중 한 사람의 진술은 거짓이고 나머지 사람들의 진술은 모두 참인 것으로 밝혀졌다. 영식이가 반드시 수강할 과목만으로 바르게 짝지어진 것은?**

> A : 영어를 수강할 경우 중국어도 수강한다.
> B : 영어를 수강하지 않을 경우, 일본어도 수강하지 않는다.
> C : 영어와 중국어 중 적어도 하나를 수강한다.
> D : 일본어를 수강할 경우에만 중국어를 수강한다.
> E : 일본어를 수강하지만 영어는 수강하지 않는다.

① 일본어

② 영어

③ 일본어, 중국어

④ 일본어, 영어

⑤ 일본어, 영어, 중국어

12. 다음 글의 내용과 날씨를 근거로 판단할 경우 종아가 여행을 다녀온 시기로 가능한 것은?

- 종아는 선박으로 '포항→울릉도→독도→울릉도→포항' 순으로 3박 4일의 여행을 다녀왔다.
- '포항→울릉도' 선박은 매일 오전 10시, '울릉도→포항' 선박은 매일 오후 3시에 출발하며, 편도 운항에 3시간이 소요된다.
- 울릉도에서 출발해 독도를 돌아보는 선박은 매주 화요일과 목요일 오전 8시에 출발하여 당일 오전 11시에 돌아온다.
- 최대 파고가 3m 이상인 날은 모든 노선의 선박이 운항되지 않는다.
- 종아는 매주 금요일에 술을 마시는데, 술을 마신 다음날은 멀미가 심해 선박을 탈 수 없다.
- 이번 여행 중 종아는 울릉도에서 호박엿 만들기 체험을 했는데, 호박엿 만들기 체험은 매주 월·금요일 오후 6시에만 할 수 있다.

〈날씨〉

(㉫ : 최대 파고)

日	月	火	水	木	金	土
16 ㉫ 1.0m	17 ㉫ 1.4m	18 ㉫ 3.2m	19 ㉫ 2.7m	20 ㉫ 2.8m	21 ㉫ 3.7m	22 ㉫ 2.0m
23 ㉫ 0.7m	24 ㉫ 3.3m	25 ㉫ 2.8m	26 ㉫ 2.7m	27 ㉫ 0.5m	28 ㉫ 3.7m	29 ㉫ 3.3m

① 19일(水) ~ 22일(土)
② 20일(木) ~ 23일(日)
③ 23일(日) ~ 26일(水)
④ 25일(火) ~ 28일(金)
⑤ 26일(水) ~ 29일(土)

13. 다음 내용을 근거로 판단할 때 참말을 한 사람은 누구인가?

A 동아리 학생 5명은 각각 B 동아리 학생들과 30회씩 가위바위보 게임을 하였다. 각 게임에서 이길 경우 5점, 비길 경우 1점, 질 경우 −1점을 받는다. 게임이 모두 끝나자 A 동아리 학생 5명은 자신들이 얻은 합산 점수를 다음과 같이 말하였다.

갑 : 내 점수는 148점이다.
을 : 내 점수는 145점이다.
병 : 내 점수는 143점이다.
정 : 내 점수는 140점이다.
무 : 내 점수는 139점이다.

이들 중 한 명만 참말을 하고 있다.

① 갑
② 을
③ 병
④ 정
⑤ 무

14. 형사와 범인이 있다. 형사는 항상 참말을 하고 범인은 항상 거짓말을 한다. A, B 두 사람은 각기 형사일수도 있고 범인일 수도 있다. A가 다음과 같이 말했다면 A와 B는 각기 어떤 사람인가?

나는 범인이거나 혹은 B는 형사이다.

① 형사와 범인
② 범인과 형사
③ 둘 다 형사
④ 둘 다 범인
⑤ 알 수 없음

15. A, B, C, D, E 5명의 입사성적을 비교하여 높은 순서로 순번을 매겼더니 다음과 같은 사항을 알게 되었다. 입사성적이 두 번째로 높은 사람은?

> • 순번 상 E의 앞에는 2명 이상의 사람이 있고 C보다는 앞이었다.
> • D의 순번 바로 앞에는 B가 있다.
> • A의 순번 뒤에는 2명이 있다.

① A　② B
③ C　④ D
⑤ E

16. 다음 제시된 조건을 보고, 만일 영호와 옥숙을 같은 날 보낼 수 없다면, 목요일에 보내야 하는 남녀사원은 누구인가?

> 영업부의 박 부장은 월요일부터 목요일까지 매일 남녀 각 한 명씩 두 사람을 회사 홍보 행사 담당자로 보내야 한다. 영업부에는 현재 남자 사원 4명(길호, 철호, 영호, 치호)과 여자 사원 4명(영숙, 옥숙, 지숙, 미숙)이 근무하고 있으며, 다음과 같은 제약 사항이 있다.
>
> ㉠ 매일 다른 사람을 보내야 한다.
> ㉡ 치호는 철호 이전에 보내야 한다.
> ㉢ 옥숙은 수요일에 보낼 수 없다.
> ㉣ 철호와 영숙은 같이 보낼 수 없다.
> ㉤ 영숙은 지숙과 미숙 이후에 보내야 한다.
> ㉥ 치호는 영호보다 앞서 보내야 한다.
> ㉦ 옥숙은 지숙 이후에 보내야 한다.
> ㉧ 길호는 철호를 보낸 바로 다음 날 보내야 한다.

① 길호와 영숙　② 영호와 영숙
③ 치호와 옥숙　④ 길호와 옥숙
⑤ 영호와 미숙

17. 다음으로부터 추론한 것으로 옳은 것만을 〈보기〉에서 모두 고른 것은?

> 경비업체 SEOWON은 보안 점검을 위탁받은 한 건물 내에서 20개의 점검 지점을 지정하여 관리하고 있다. 보안 담당자는 다음 〈규칙〉에 따라 20개 점검 지점을 방문하여 이상 여부를 기록한다.
>
> 〈규칙〉
>
> • 첫 번째 점검에서는 1번 지점에서 출발하여 20번 지점까지 차례로 모든 지점을 방문한다.
> • 두 번째 점검에서는 2번 지점에서 출발하여 한 개 지점씩 건너뛰고 점검한다. 즉 2번 지점, 4번 지점, …, 20번 지점까지 방문한다.
> • 세 번째 점검에서는 3번 지점에서 출발하여 두 개 지점씩 건너뛰고 점검한다. 즉 3번 지점, 6번 지점, …, 18번 지점까지 방문한다.
> • 이런 식으로 방문이 이루어지다가 20번째 점검에서 모든 점검이 완료된다.

> 〈보기〉
>
> ㉠ 20번 지점은 총 6회 방문하게 된다.
> ㉡ 2회만 방문한 지점은 총 8개이다.
> ㉢ 한 지점을 최대 8회 방문할 수 있다.

① ㉠　② ㉢
③ ㉠㉡　④ ㉡㉢
⑤ ㉠㉡㉢

18. 생일파티를 하던 미경, 진희, 소라가 케이크를 먹었는지에 대한 여부를 다음과 같이 이야기하였는데 이 세 명은 진실과 거짓을 한 가지씩 이야기 하였다. 다음 중 옳은 것은?

> 미경 : 나는 케이크를 먹었고, 진희는 케이크를 먹지 않았다.
> 진희 : 나는 케이크를 먹지 않았고, 소라도 케이크를 먹지 않았다.
> 소라 : 나는 케이크를 먹지 않았고, 진희도 케이크를 먹지 않았다.

① 미경이가 케이크를 먹었다면 소라도 케이크를 먹었다.
② 진희가 케이크를 먹었다면 미경이는 케이크를 먹지 않았다.
③ 미경이가 케이크를 먹지 않았다면 소라는 케이크를 먹었다.
④ 소라가 케이크를 먹었다면 미경이도 케이크를 먹었다.
⑤ 소라가 케이크를 먹지 않았다면 진희도 케이크를 먹지 않았다.

19. 제시된 자료는 복리후생 제도 중 직원의 교육비 지원에 대한 내용이다. 다음 중 ㈎~㈑ 직원 4명의 총 교육비 지원 금액은 얼마인가?

> 〈교육비 지원 기준〉
> • 임직원 본인의 대학 및 대학원 학비 : 100% 지원
> • 임직원 가족의 대학 및 대학원 학비
> –임직원의 직계 존비속 : 80% 지원
> –임직원의 형제 및 자매 : 50% 지원 (단, 직계 존비속 지원이 우선되며, 해당 신청이 없을 경우에 한하여 지급함)
> –교육비 지원 신청은 본인 포함 최대 2인에 한한다.
>
> 〈교육비 신청내용〉
> ㈎ 직원 – 본인 대학원 학비 3백만 원, 동생 대학 학비 2백만 원
> ㈏ 직원 – 딸 대학 학비 2백만 원
> ㈐ 직원 – 본인 대학 학비 3백만 원, 아들 대학 학비 4백만 원, 동생 대학원 학비 2백만 원
> ㈑ 직원 – 본인 대학원 학비 2백만 원, 딸 대학 학비 2백만 원, 아들 대학원 학비 2백만 원, 동생 대학원 학비 3백만 원

① 14,400,000원
② 15,400,000원
③ 16,400,000원
④ 17,400,000원
⑤ 18,400,000원

20. 갑, 을, 병, 정, 무 다섯 명이 자유형, 배영, 접영, 평영을 한 번씩 사용하여 400m를 수영하려 한다. 레인은 1번부터 5번 레인을 사용하며 100m마다 다른 수영 방식을 사용한다. 단, 각 레인마다 1명씩 배정이 되며, 이웃한 레인에 있는 사람들은 같은 구간에서 동일한 수영 방식을 사용할 수 없다. 다음 중 4번 레인을 사용하는 사람의 구간별 수영 방식을 순서대로 바르게 나열한 것은?

- 2번과 4번 레인을 사용하는 사람들은 첫 번째 구간에서 같은 수영 방식을 사용하되, 자유형은 사용할 수 없다.
- 을, 정은 네 번째 구간에서만 같은 수영 방식을 사용한다.
- 갑은 3번 레인을 사용하고 두 번째 구간에서 자유형을 한다.
- 을은 네 번째 구간에서 배영을 하고, 세 번째 구간에서는 갑과 같은 수영방식을 사용한다.
- 무는 5번 레인을 사용하고, 첫 번째 구간에서는 평영, 네 번째 구간에서는 자유형을 한다.

① 접영 - 평영 - 배영 - 자유형
② 배영 - 접영 - 평영 - 자유형
③ 배영 - 평영 - 자유형 - 접영
④ 접영 - 평영 - 자유형 - 배영
⑤ 접영 - 배영 - 자유형 - 평영

21. 피자 1판의 가격이 치킨 1마리의 가격의 2배인 가게가 있다. 피자 3판과 치킨 2마리의 가격의 합이 80,000원일 때, 피자 1판의 가격은?

① 10,000원 ② 12,000원
③ 15,000원 ④ 18,000원
⑤ 20,000원

22. S공단의 기업유형별 직업교육 인원에 대한 지원비용 기준이 다음과 같다. 대규모기업 집단에 속하는 A사의 양성훈련 필요 예산이 총 1억 3,000만 원일 경우, S공단으로부터 지원받을 수 있는 비용은 얼마인가?

기업구분	훈련구분	지원 비율
우선지원대상기업	향상, 양성훈련 등	100%
대규모기업	향상, 양성훈련	60%
	비정규직대상훈련/전직훈련	70%
상시근로자 1,000인 이상 대규모 기업	향상, 양성훈련	50%
	비정규직대상훈련/전직훈련	70%

① 5,600만 원
② 6,200만 원
③ 7,800만 원
④ 8,200만 원
⑤ 8,600만 원

23. 다음 표는 어느 회사의 공장별 제품 생산 및 판매 실적에 대한 자료이다. 이에 대한 설명으로 옳지 않은 것은?

(단위 : 대)

공장	2024년 12월	2024년 전체	
	생산 대수	생산 대수	판매 대수
A	25	586	475
B	21	780	738
C	32	1,046	996
D	19	1,105	1,081
E	38	1,022	956
F	39	1,350	1,238
G	15	969	947
H	18	1,014	962
I	26	794	702

※ 2025년 1월 1일 기준 재고 수=2024년 전체 생산 대수−2024년 전체 판매 대수

※ 판매율(%) $= \frac{\text{판매 대수}}{\text{생산 대수}} \times 100$

※ 2024년 1월 1일부터 제품을 생산 · 판매하였음

① 2025년 1월 1일 기준 재고 수가 가장 적은 공장은 G공장이다.

② 2025년 1월 1일 기준 재고 수가 가장 많은 공장의 2024년 전체 판매율은 90% 이상이다.

③ 2024년 12월 생산 대수가 가장 많은 공장과 2025년 1월 1일 기준 재고 수가 가장 많은 공장은 동일하다.

④ I공장의 2024년 전체 판매율은 90% 이상이다.

⑤ 2024년에 A~I 공장은 전체 8,666대를 생산하였다.

24. 현재 어머니의 나이는 아버지 나이의 $\frac{4}{5}$이다. 2년 후면 아들의 나이는 아버지의 나이의 $\frac{1}{3}$이 되며, 아들과 어머니의 나이를 합하면 65세가 된다. 현재 3명의 나이를 모두 합하면 얼마인가?

① 112세
② 116세
③ 120세
④ 124세
⑤ 128세

25. 다음 자료에 대한 설명으로 올바른 것은 어느 것인가?

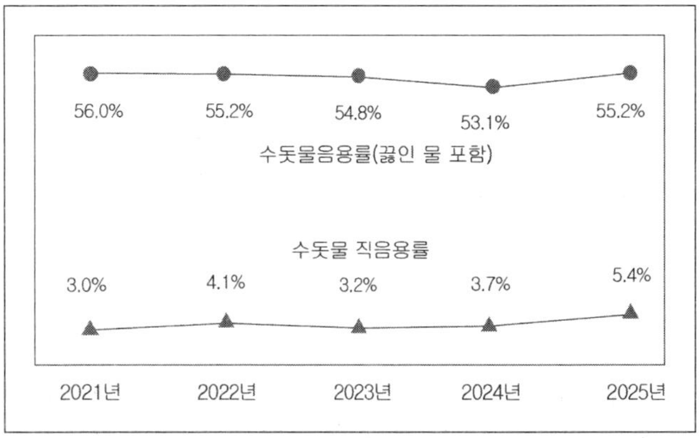

① 수돗물음용률과 수돗물 직음용률은 비교연도에 모두 동일한 증감 추세를 보이고 있다.

② 수돗물음용률은 수돗물 직음용률보다 항상 50%p 이상 많다.

③ 2023년 이후 수돗물을 끓여 마시는 사람들의 비중이 급격이 증가하였다.

④ 두 개 지표의 비중 차이가 가장 작은 해는 2025년이다.

⑤ 수돗물을 직접 마시는 사람들은 2023년 이후 증가 추세에 있다.

26. 다음 중 연도별 댐 저수율 변화의 연도별 증감 추이가 동일한 패턴을 보이는 수계로 짝지어진 것은 어느 것인가?

〈4대강 수계 댐 저수율 변화 추이〉

(단위 : %)

수계	2021	2022	2023	2024	2025
평균	59.4	60.6	57.3	48.7	43.6
한강수계	66.5	65.1	58.9	51.6	37.5
낙동강수계	48.1	51.2	43.4	41.5	40.4
금강수계	61.1	61.2	64.6	48.8	44.6
영 · 섬강수계	61.8	65.0	62.3	52.7	51.7

① 낙동강수계, 영 · 섬강수계

② 한강수계, 금강수계

③ 낙동강수계, 금강수계

④ 영 · 섬강수계

⑤ 한강수계, 낙동강수계

27. 다음은 K재단의 각 지점별 남녀 직원의 비율을 나타낸 자료이다. 자료를 참고할 때, 다음 중 올바른 설명이 아닌 것은 어느 것인가?

구분	A 지점	B 지점	C 지점	D 지점
남직원(%)	48	45	54	40
여직원(%)	52	55	46	60

① 여직원 대비 남직원의 비율은 C 지점이 가장 높고 D 지점이 가장 낮다.

② C 지점의 남직원은 D 지점의 여직원보다 그 수가 더 적다.

③ B 지점과 D 지점의 남직원 수의 합은 여직원 수의 합보다 적다.

④ A 지점과 D 지점의 전체 인원수가 같다면 A, B 지점 전체에서 남직원이 차지하는 비율은 44%이다.

⑤ 남직원 1인당 여직원의 수는 D 지점이 가장 많다.

28. 다음은 신용대출의 중도상환에 관한 내용이다. 甲씨는 1년 후에 일시 상환하는 조건으로 500만 원을 신용대출 받았다. 그러나 잔여기간이 100일 남은 상태에서 중도 상환하려고 한다. 甲씨가 부담해야 하는 해약금은 약 얼마인가? (단, 원단위는 절사한다)

- 중도상환해약금 : 중도상환금액×중도상환적용요율×(잔여기간/대출기간)

구분	가계대출		기업대출	
	부동산 담보대출	신용/기타 담보대출	부동산 담보대출	신용/기타 담보대출
적용요율	1.4%	0.8%	1.4%	1.0%

- 대출기간은 대출개시일로부터 대출기간만료일까지의 일수로 계산하되, 대출기간이 3년을 초과하는 경우에는 3년이 되는 날을 대출기간만료일로 한다.
- 잔여기간은 대출기간에서 대출개시일로부터 중도상환일까지의 경과일수를 차감하여 계산한다.

① 10,950원　② 11,950원

③ 12,950원　④ 13,950원

⑤ 14,950원

29. 다음은 스마트폰 기종별 출고가 및 공시지원금에 대한 자료이다. 〈조건〉과 〈정보〉를 바탕으로 A ~ D에 해당하는 스마트폰 기종 '갑' ~ '정'을 바르게 나열한 것은?

(단위 : 원)

기종 \ 구분	출고가	공시지원금
A	858,000	210,000
B	900,000	230,000
C	780,000	150,000
D	990,000	190,000

〈조건〉

◎ 모든 소비자는 스마트폰을 구입할 때 '요금할인' 또는 '공시지원금' 중 하나를 선택한다.

◎ 사용요금은 월정액 51,000원이다.

◎ '요금할인'을 선택하는 경우의 월 납부액은 사용요금의 80%에 출고가를 24(개월)로 나눈 월 기기값을 합한 금액이다.

◎ '공시지원금'을 선택하는 경우의 월 납부액은 출고가에서 공시지원금과 대리점보조금(공시지원금의 10%)을 뺀 금액을 24(개월)로 나눈 월 기기값에 사용요금을 합한 금액이다.

◎ 월 기기값, 사용요금 이외의 비용은 없고, 10원 단위 이하 금액을 절사한다.

◎ 구입한 스마트폰의 사용기간은 24개월이고, 사용기간 연장이나 중도해지는 없다.

〈정보〉

○ 출고가 대비 공시지원금의 비율이 20% 이하인 스마트폰 기종은 '병'과 '정'이다.

○ '공시지원금'을 선택하는 경우의 월 납부액보다 '요금할인'을 선택하는 경우의 월 납부액이 더 큰 스마트폰 기종은 '갑' 뿐이다.

○ '공시지원금'을 선택하는 경우 월 기기값이 가장 작은 스마트폰 기종은 '정'이다.

	A	B	C	D
①	갑	을	정	병
②	을	갑	병	정
③	을	갑	정	병
④	병	을	정	갑
⑤	정	병	갑	을

30. 대학생 1,500명을 대상으로 한 취업 희망기업 설문조사 결과가 다음과 같았다. 남성과 여성이 가장 큰 차이를 보이는 취업 형태는 어느 것인가?

(단위 : %)

구분		대기업	공공기관	외국계기업	일반중소기업	전문중소기업	창업
		35.8	40.9	6.5	8.0	4.9	3.9
	남성	37.3	40.0	4.1	10.0	5.1	3.5
	여성	32.6	43.0	11.8	3.4	4.5	4.8

① 대기업 ② 전문중소기업
③ 일반중소기업 ④ 외국계기업
⑤ 공공기관

31. 다음 중 아래 워크시트의 [A1] 셀에 사용자 지정 표시 형식 '#,###,'을 적용했을 때 표시되는 값은?

	A	B
1	2451648.81	
2		

① 2,451 ② 2,452
③ 2 ④ 2.4
⑤ 2.5

32. 다음 중 아래 워크시트에서 수식 '=SUM($B$2:C2)'이 입력된 [D2]셀을 [D4]셀에 복사하여 붙여 넣었을 때의 결과 값은?

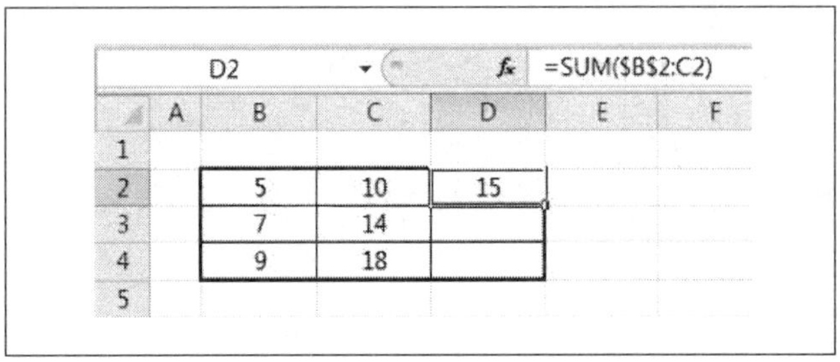

① 15　　② 27

③ 42　　④ 63

⑤ 72

33. 다음은 엑셀 프로그램의 논리 함수에 대한 설명이다. 옳지 않은 것은?

① AND : 인수가 모두 TRUE이면 TRUE를 반환한다.

② OR : 인수가 하나라도 TRUE이면 TRUE를 반환한다.

③ NOT : 인수의 논리 역을 반환한다.

④ XOR : 모든 인수의 논리 배타적 AND를 반환한다.

⑤ IF : 조건식이 참이면 '참일 때 값', 거짓이면 '거짓일 때 값'을 출력한다.

34. 다음 스프레드시트(엑셀) 문서에서 [C1] 셀의 채우기 핸들을 [D1] 셀로 드래그 했을 때 (가), (나)에 출력되는 값이 바르게 연결된 것은?

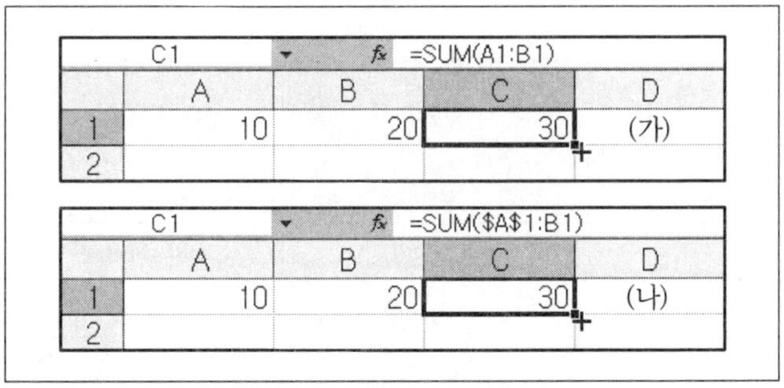

	(가)	(나)		(가)	(나)
①	30	50	②	50	50
③	50	60	④	60	30
⑤	60	60			

35. 다음 업무를 처리하기 위한 응용 소프트웨어로 가장 적합한 것은?

- 영업 실적을 발표하기 위한 자료를 제작한다.
- 각각의 화면에 자료를 배치하여 제작한다.
- 소리, 애니메이션, 이미지를 추가할 수 있다.
- 다양한 화면 전환 효과를 메뉴에서 지정 및 수정 할 수 있다.

① 웹 브라우저　　② 워드프로세서

③ 데이터베이스　　④ 스프레드시트

⑤ 프레젠테이션

36. 다음과 같은 시트에서 이름에 '철'이라는 글자가 포함된 셀의 서식을 채우기 색 '노랑', 글꼴 스타일 '굵은 기울임꼴'로 변경하고자 한다. 이를 위해 [A2 : A7] 영역에 설정한 조건부 서식의 수식 규칙으로 옳은 것은?

	A	B	C	D
1	이름	편집부	영업부	관리부
2	박초롱	89	65	92
3	강원철	69	75	85
4	김수현	75	86	35
5	민수진	87	82	80
6	신해철	55	89	45
7	안진철	98	65	95

① =COUNT(A2, "*철*")

② =COUNT(A2:A7, "*철*")

③ =COUNTIF(A2, "*철*")

④ =COUNTIF(A2:A7, "*철*")

⑤ =COUNTIF(A7, "*철*")

37. 다음 워크시트에서 [A1] 셀에 '111'를 입력하고 마우스로 채우기 핸들을 아래로 드래그 하여 숫자가 증가하도록 입력하려고 한다. 이 때 같이 눌러야 하는 키는 무엇인가?

	A
1	111
2	112
3	113
4	114
5	115
6	116
7	117
8	118
9	119
10	120

① F1　② Ctrl

③ Alt　④ Shift

⑤ Tab

38. 다음 자료는 '발전량' 필드를 기준으로 발전량과 발전량이 많은 순위를 엑셀로 나타낸 표이다. 태양광의 발전량 순위를 구하기 위한 함수식으로 'C3'셀에 들어가야 할 알맞은 것은 어느 것인가?

	A	B	C
1	<에너지원별 발전량(단위: Mwh)>		
2	에너지원	발전량	순위
3	태양광	88	2
4	풍력	100	1
5	수력	70	4
6	바이오	75	3
7	양수	65	5

① =ROUND(B3,$B$3:$B$7,0)

② =ROUND(B3,$B$3:$B$7,1)

③ =RANK(B3,$B$3:$B$7,1)

④ =RANK(B3,$B$2:$B$7,0)

⑤ =RANK(B3,$B$3:$B$7,0)

39. 엑셀 사용 시 발견할 수 있는 다음과 같은 오류 메시지 중 설명이 올바르지 않은 것은 어느 것인가?

① #DIV/0! - 수식에서 어떤 값을 0으로 나누었을 때 표시되는 오류 메시지

② #N/A - 함수나 수식에 사용할 수 없는 데이터를 사용했을 경우 발생하는 오류 메시지

③ #NULL! - 잘못된 인수나 피연산자를 사용했을 경우 발생하는 오류 메시지

④ #NUM! - 수식이나 함수에 잘못된 숫자 값이 포함되어 있을 경우 발생하는 오류 메시지

⑤ #REF! - 셀 참조가 유효하지 않을 경우 발생하는 오류 메시지

40. 다음 중 아래 시트에서 'C6' 셀에 제시된 바와 같은 수식을 넣을 경우 나타나게 될 오류 메시지는 어느 것인가?

	A	B	C
1	직급	이름	수당(원)
2	과장	홍길동	750,000
3	대리	조길동	600,000
4	차장	이길동	830,000
5	사원	박길동	470,000
6	합계		=SUM(C2:C6)

① #NUM!　　② #VALUE!
③ #DIV/0!　　④ 순환 참조 경고
⑤ #N/A

| 41~42 | 다음 표를 참고하여 이어지는 물음에 답하시오.

스위치		기능
방향 조작	★	1번째, 3번째 기계를 시계 방향으로 90도 회전함
	☆	2번째, 4번째 기계를 시계 방향으로 90도 회전함
	▲	1번째, 2번째 기계를 시계 반대 방향으로 90도 회전함
	△	3번째, 4번째 기계를 시계 반대 방향으로 90도 회전함
운전 조작	▣	1번째와 3번째 기계 작동 / 정지
	◈	2번째와 3번째 기계 작동 / 정지
	◉	2번째와 4번째 기계 작동 / 정지
●: 작동 ○: 정지		※ 작동 중인 기계에 운전 조작 스위치를 한 번 더 누르면 해당 기계는 정지된다.

41. 왼쪽과 같은 상태에서 다음과 같이 스위치를 누르면, 어떤 상태로 변하겠는가?

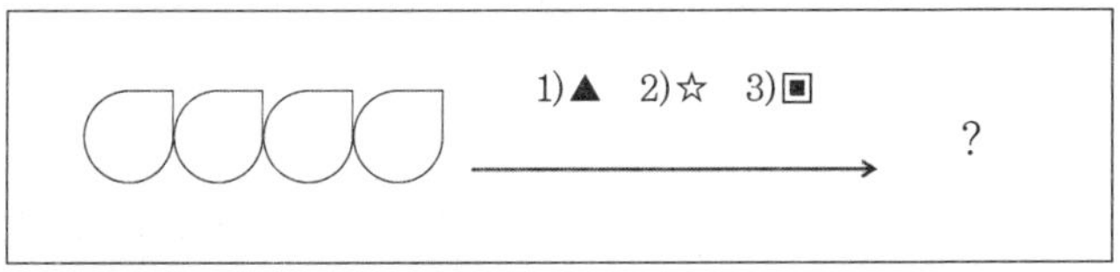

①
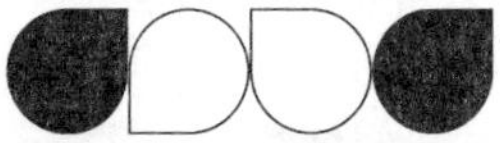

②

③
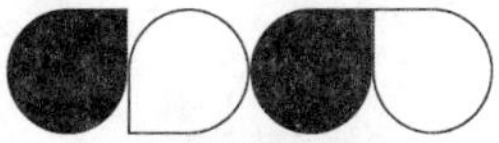

④

⑤
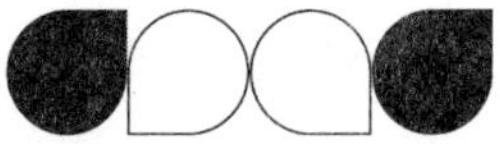

42. 시작 상태(○○○○)에서 1번 기계와 2번 기계는 원래 방향을 가리키고, 3번 기계와 4번 기계의 방향만 바꾸려고 한다. 그리고 그 상태에서 1번 기계와 4번 기계만 작동시키려고 할 때, 다음 중 누르지 않아도 되는 스위치는?

① ☆　　② ▲
③ △　　④ ▣
⑤ ◉

43. 다음 글을 통해 알 수 있는 '사회기술 시스템의 발전'의 가장 큰 시사점은 어느 것인가?

> - 기술 시스템은 인공물의 집합체만이 아니라 회사, 투자 회사, 법적 제도, 정치, 과학, 자연자원을 모두 포함하는 것이기 때문에, 기술 시스템에는 기술적인 것(the technical)과 사회적인 것(the social)이 결합해서 공존하고 있다. 이러한 의미에서 기술 시스템은 사회기술 시스템(sociotechnical system)이라고 불리기도 한다.
> - 기술 시스템은 경쟁 단계에서 기업가들의 역할이 더 중요시되며, 시스템이 공고해지면 자문 엔지니어와 금융전문가의 역할이 중요해진다.
> - 기술 시스템의 사회기술적 접근의 일례로, 경비원 대신 폐쇄회로 시스템을 설치하여 관리를 용이하게 한 어느 박물관의 경우, 수천 건에 달하는 침입 중 단지 5%만을 적발한 사례가 있는데 이는 경비원 간 상호작용을 무시한 설계로 소외와 단조로움을 유발한 것이 원인이라는 연구 결과가 있다.

① 사회기술 시스템은 기술만으로 완성되는 것이 아니다.
② 사회기술 시스템은 단계적인 발전을 거친다.
③ 사회기술 시스템은 기술과 사람의 혼합과 조정이 중요하다.
④ 기업가와 자금력은 사회기술 시스템의 핵심 요소이다.
⑤ 사회기술 시스템이 발전해도 과거의 모습은 유지해야 한다.

44. 다음은 벤치마킹 프로세스를 도식화한 자료이다. 빈 칸 ㉠, ㉡에 들어갈 말이 순서대로 올바르게 짝지어진 것은 어느 것인가?

1단계 : 계획 단계	(　　　㉠　　　)
2단계 : 자료 수집 단계	벤치마킹 프로세스의 자료수집 단계에서는 내부 데이터 수집, 자료 및 문헌조사, 외부 데이터 수집이 포함된다.
3단계 : (㉡) 단계	데이터 분석, 근본 원인 분석, 결과 예측, 동인(enabler) 판단 등의 업무를 수행하여야 한다. 이 단계의 목적은 벤치마킹 수행을 위해 개선 가능한 프로세스 동인들을 확인하기 위한 것이다.
4단계 : 개선 단계	개선 단계의 궁극적인 목표는 자사의 핵심 프로세스를 개선함으로써 벤치마킹 결과를 현실화하는 것이다. 이 단계에서는 벤치마킹 연구를 통해 얻은 정보를 활용함으로써 향상된 프로세스를 조직에 적응시켜 지속적인 향상을 유도하여야 한다.

	㉠	㉡
①	벤치마킹의 방식 선정	정보화 단계
②	실행 가능 여부의 면밀한 검토	원인도출 단계
③	벤치마킹 파트너 선정에 필요한 요구조건 작성	분석 단계
④	벤치마킹의 필요성 재확인	비교 단계
⑤	벤치마킹 대상에 대한 적격성 심사	자료이용 단계

| 45~47 | 다음은 그래프 구성 명령어 실행 예시이다. 다음 물음에 답하시오.

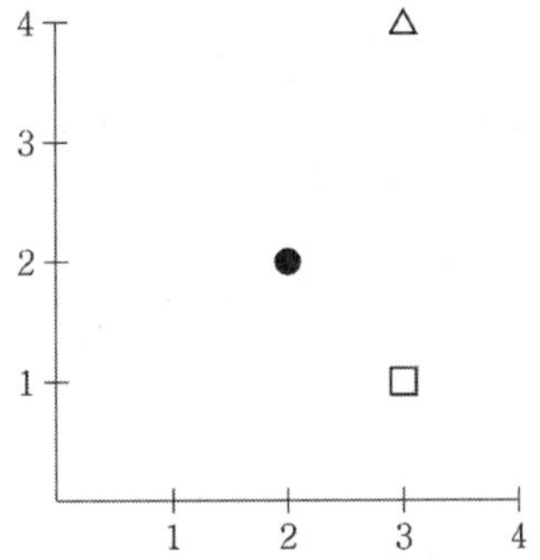

W4/L4

X(2, 2) : B, Y(3, 4) : W, Z(3, 1) : W

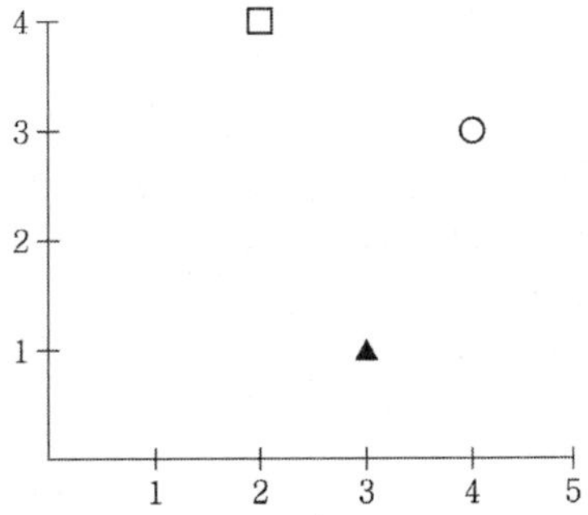

W5/L4

X(4, 3) : W, Y(3, 1) : B, Z(2, 4) : W

45. 다음 그래프에 알맞은 명령어는 무엇인가?

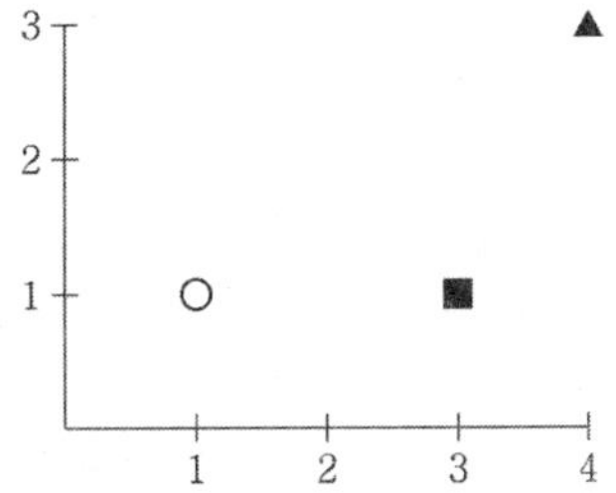

① W4/L3
X(1, 1) : W, Y(3, 4) : B, Z(1, 3) : B

② W4/L3
X(1, 1) : W, Y(4, 3) : B, Z(3, 1) : B

③ W3/L4
X(1, 1) : W, Y(3, 4) : B, Z(1, 3) : B

④ W3/L4
X(1, 1) : W, Y(4, 3) : B, Z(3, 1) : B

⑤ W3/L4
X(1, 1) : W, Y(4, 3) : B, Z(1, 3) : B

46. 다음 그래프에 알맞은 명령어는 무엇인가?

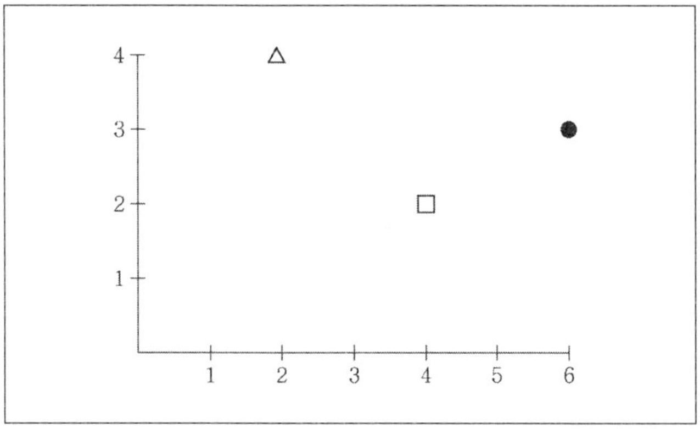

① W6/L4
X(3, 6) : B, Y(4, 2) : W, Z(2, 4) : W

② W6/L4
X(6, 3) : B, Y(2, 4) : W, Z(4, 2) : W

③ W4/L6
X(3, 6) : B, Y(4, 2) : W, Z(2, 4) : W

④ W4/L6
X(6, 3) : B, Y(2, 4) : W, Z(4, 2) : W

⑤ W4/L6
X(6, 3) : B, Y(2, 4) : W, Z(2, 4) : W

47. W4/L4 X(1, 1) : W, Y(4, 2) : W, Z(2, 4) : B의 그래프를 산출할 때, 오류가 발생하여 아래와 같은 그래프가 산출되었다. 다음 중 오류가 발생한 값은?

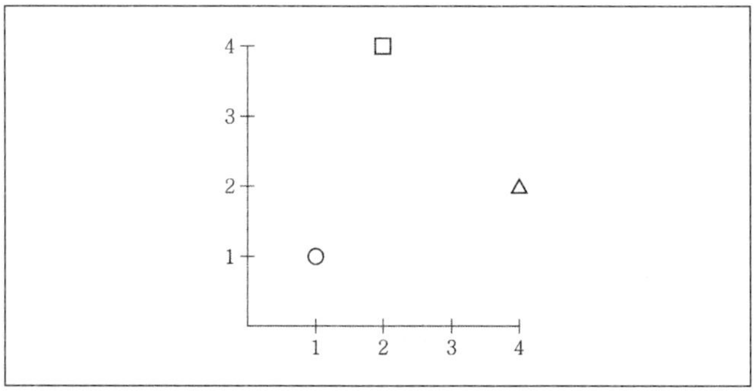

① W4/L4
② X(1, 1) : W
③ Y(4, 2) : W
④ Z(2, 4) : B
⑤ 알 수 없음

48. 다음은 어느 해의 산업재해로 인한 사망사고 건수이다. 다음 중 산업재해 사망건수에 가장 큰 영향을 끼치는 산업재해의 기본적 원인은?

〈표〉 20XX년도 산업재해 사망사고 원인별 분석

산업재해 발생원인	건수
작업준비 불충분	162
유해 · 위험작업 교육 불충분	76
건물 · 기계 · 장치의 설계 불량	61
안전 지식의 불충분	46
안전관리 조직의 결함	45
생산 공정의 부적당	43

① 기술적 원인
② 교육적 원인
③ 작업 관리상 원인
④ 불안전한 상태
⑤ 불안전한 행동

49. 다음은 서원상사의 채용 공고문이다. 빈칸에 들어갈 수 있는 능력으로 가장 적절한 것은?

〈서원상사 채용 공고문〉

- 담당업무 : 상세요강 참조
- 고용형태 : 정규직(경력 5년 이상)
- 근무부서 : 기술관리팀
- 모집인원: 1명
- 전공 : △△학과
- 최종학력 : 대졸 이상
- 성별/나이 : 무관
- 급여조건 : 협의 후 결정

〈상세요강〉

(1) 직무상 우대 능력

?

(2) 제출서류
- 이력서 및 자기소개서(경력중심으로 기술)
- 관련 자격증 사본(해당자만 첨부)

(3) 채용일정
서류전형 후 합격자에 한해 면접 실시

① 기술을 효과적으로 평가할 수 있는 능력
② 기술을 운용하거나 문제 해결을 할 수 있는 능력
③ 새로운 제품개발 시간을 단축할 수 있는 능력
④ 기술을 기업의 전반적인 전략 목표에 통합시키는 능력
⑤ 기술을 홍보에 활용할 수 있는 능력

50. 도형을 변환시키기 위한 기술 명령어 설명 도표를 참고하여 주어진 도형의 변화가 일어나기 위한 명령어를 선택하시오.

〈기술 명령어〉

스위치	기능
★	1번, 3번 도형을 시계 방향으로 90도 회전함
☆	2번, 4번 도형을 시계 방향으로 90도 회전함
▲	1번, 2번 도형을 시계 반대 방향으로 90도 회전함
△	3번, 4번 도형을 시계 반대 방향으로 90도 회전함

※ 위에서부터 아래 도형으로 1, 2, 3, 4번

〈세 번의 스위치를 누른 후의 도형 변화〉

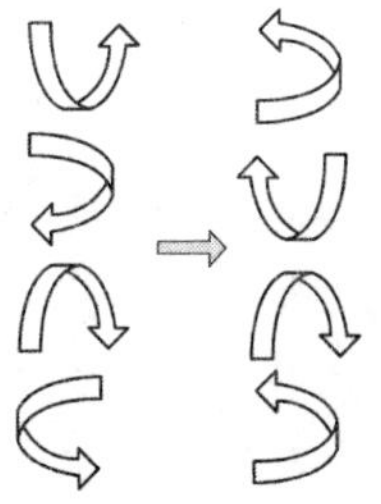

① ▲, ★, △
② ★, ☆, ★
③ △, ▲, ★
④ ☆, ▲, ☆
⑤ ☆, △, ☆1

절 취 선

한국농어촌공사
7급 신입사원(채용형인턴)

성 명

(자 필 성 명)

생 년 월 일

⓪	⓪	⓪	⓪	⓪	⓪	⓪	⓪
①	①	①	①	①	①	①	①
②	②	②	②	②	②	②	②
③	③	③	③	③	③	③	③
④	④	④	④	④	④	④	④
⑤	⑤	⑤	⑤	⑤	⑤	⑤	⑤
⑥	⑥	⑥	⑥	⑥	⑥	⑥	⑥
⑦	⑦	⑦	⑦	⑦	⑦	⑦	⑦
⑧	⑧	⑧	⑧	⑧	⑧	⑧	⑧
⑨	⑨	⑨	⑨	⑨	⑨	⑨	⑨

1	①	②	③	④	⑤	21	①	②	③	④	⑤	41	①	②	③	④	⑤
2	①	②	③	④	⑤	22	①	②	③	④	⑤	42	①	②	③	④	⑤
3	①	②	③	④	⑤	23	①	②	③	④	⑤	43	①	②	③	④	⑤
4	①	②	③	④	⑤	24	①	②	③	④	⑤	44	①	②	③	④	⑤
5	①	②	③	④	⑤	25	①	②	③	④	⑤	45	①	②	③	④	⑤
6	①	②	③	④	⑤	26	①	②	③	④	⑤	46	①	②	③	④	⑤
7	①	②	③	④	⑤	27	①	②	③	④	⑤	47	①	②	③	④	⑤
8	①	②	③	④	⑤	28	①	②	③	④	⑤	48	①	②	③	④	⑤
9	①	②	③	④	⑤	29	①	②	③	④	⑤	49	①	②	③	④	⑤
10	①	②	③	④	⑤	30	①	②	③	④	⑤	50	①	②	③	④	⑤
11	①	②	③	④	⑤	31	①	②	③	④	⑤						
12	①	②	③	④	⑤	32	①	②	③	④	⑤						
13	①	②	③	④	⑤	33	①	②	③	④	⑤						
14	①	②	③	④	⑤	34	①	②	③	④	⑤						
15	①	②	③	④	⑤	35	①	②	③	④	⑤						
16	①	②	③	④	⑤	36	①	②	③	④	⑤						
17	①	②	③	④	⑤	37	①	②	③	④	⑤						
18	①	②	③	④	⑤	38	①	②	③	④	⑤						
19	①	②	③	④	⑤	39	①	②	③	④	⑤						
20	①	②	③	④	⑤	40	①	②	③	④	⑤						

SEOWONGAK
(주)서원각

한국농어촌공사

7급 신입사원(채용형인턴)

제3회 모의고사

성명		생년월일	
문제 수(배점)	50문항	풀이시간	/ 50분
영역	직업기초능력평가		
비고	객관식 5지선다형		

※ 유의사항 ※

- 문제지 및 답안지의 해당란에 문제유형, 성명, 응시번호를 정확히 기재하세요.
- 모든 기재 및 표기사항은 "컴퓨터용 흑색 수성 사인펜"만 사용합니다.
- 예비 마킹은 중복 답안으로 판독될 수 있습니다.

제3회 7급 신입사원(채용형인턴) 모의고사

1. 다음 글을 읽고 이 글에서 설명하고 있는 '사전조치'의 개념과 다른 내용은?

> 개인이나 사회는 장기적으로 최선인 일을 의지박약, 감정, 충동, 고질적 습관, 중독 그리고 단기적 이익추구 등의 이유로 인해 수행하지 못하는 경우가 많다. 예컨대 많은 사람들이 지금 담배를 끊는 것이 자신의 건강을 위해서 장기적으로 최선이라고 판단함에도 불구하고 막상 담배를 피울 수 있는 기회에 접하게 되면 의지박약으로 인해 담배를 피우는 경우가 많다. 이런 경우 개인이나 사회는 더 합리적으로 행동하기 위해서 행위자가 가질 수 있는 객관적인 기회를 제한하거나 선택지를 줄임으로써 의지박약이나 충동 또는 단기적 이익 등에 따라 행동하는 것을 방지할 수 있다. 이런 조치를 '사전조치'라 한다.

① 알코올 중독자가 금주를 목적으로 인근 수십 킬로미터 안에 술을 파는 곳이 없는 깊은 산속으로 이사를 하였다.

② 술에 취할 때마다 헤어진 애인에게 전화를 하는 남학생이 더 이상 그녀에게 전화를 하지 않기 위해 자신의 핸드폰 번호를 변경하였다.

③ 가정 내에서 TV를 통한 미성년자의 등급 외 상영물 시청을 제한하기 위해 TV에 성인물 시청 시 비밀번호를 입력하도록 하는 장치를 설치하였다.

④ 군것질 버릇이 있는 영화배우가 최근 캐스팅된 영화 촬영을 앞두고 몸 관리를 위해 매니저에게 자신의 숙소에 있는 모든 군것질 거리를 치우도록 하였다.

⑤ 국회는 향후 집권당과 정부가 선거에서 유권자의 표를 구할 목적으로 단기적으로만 효과를 발휘하는 통화금융정책을 시행할 위험을 막기 위해서 이자율과 통화량에 대한 결정권을 독립된 중앙은행에 이양하는 법률을 제정하였다.

2. 다음 글을 통해 알 수 있는 내용이 아닌 것은?

> 오늘날 인류가 왼손보다 오른손을 선호하는 경향은 어디서 비롯되었을까? 무기를 들고 싸우는 결투에서 오른손잡이는 왼손잡이 상대를 만나 곤혹을 치르곤 한다. 왼손잡이 적수가 무기를 든 왼손은 뒤로 감춘 채 오른손을 내밀어 화해의 몸짓을 보이다가 방심한 틈에 공격을 할 수도 있다. 그러나 이런 상황이 왼손에 대한 폭넓고 뿌리 깊은 반감을 다 설명해준다고는 생각하지 않는다. 예컨대 그런 종류의 겨루기와 거의 무관했던 여성들의 오른손 선호는 어떻게 설명할 것인가?
>
> 오른손을 귀하게 여기고 왼손을 천대하는 현상은 어쩌면 산업화 이전 사회에서 배변 후 사용할 휴지가 없었다는 사실과 관련이 있을 법하다. 인류 역사에서 대부분의 기간 동안 배변 후 뒤처리를 담당한 것은 맨손이었다. 맨손으로 배변 뒤처리를 하는 것은 불쾌할뿐더러 병균을 옮길 위험을 수반하는 일이었다. 이런 위험의 가능성을 낮추는 간단한 방법은 음식을 먹거나 인사할 때 다른 손을 사용하는 것이었다. 기술 발달 이전의 사회에서는 대개 왼손을 배변 뒤처리에, 오른손을 먹고 인사하는 일에 사용했다. 이런 전통에서 벗어난 행동을 보면 사람들은 기겁하지 않을 수 없었다. 오른손과 왼손의 역할 분담에 관한 관습을 따르지 않는 어린아이는 벌을 받았을 것이다.
>
> 나는 이런 배경이 인간 사회에서 널리 나타나는 '오른쪽'에 대한 긍정과 '왼쪽'에 대한 반감을 어느 정도 설명해 줄 수 있으리라고 생각한다. 그러나 이 설명은 왜 애초에 오른손이 먹는 일에, 그리고 왼손이 배변 처리에 사용되었는지 설명해 주지 못한다. 확률로 말하자면 왼손이 배변 처리를 담당하게 될 확률은 1/2이다. 그렇다면 인간 사회 가운데 절반 정도는 왼손잡이 사회였어야 할 것이다. 그러나 동서양을 막론하고 왼손잡이 사회는 확인된 바 없다. 세상에는 왜 온통 오른손잡이 사회들뿐인지에 대한 근본적인 설명은 다른 곳에서 찾아야 할 것 같다.

한쪽 손을 주로 쓰는 경향은 뇌의 좌우반구의 기능 분화와 관련되어 있는 것으로 보인다. 보고된 증거에 따르면, 왼손잡이는 읽기와 쓰기, 개념적 · 논리적 사고 같은 좌반구 기능에서 오른손잡이보다 상대적으로 미약한 대신 상상력, 패턴 인식, 창의력 등 전형적인 우반구 기능에서는 상대적으로 기민한 경우가 많다.

비비원숭이의 두개골 화석을 연구함으로써 오스트랄로피테쿠스가 어느 손을 즐겨 썼는지를 추정할 수 있다. 이들이 비비원숭이를 몽둥이로 때려서 입힌 상처의 흔적이 남아 있기 때문이다. 연구에 따르면 오스트랄로피테쿠스는 약 80%가 오른손잡이였다. 이는 현대인과 거의 일치한다. 사람이 오른손을 즐겨 쓰듯 다른 동물들도 앞발 중에 더 선호하는 쪽이 있는데, 포유류에 속하는 동물들은 대개 왼발을 즐겨 쓰는 것으로 나타났다. 이들 동물에서도 뇌의 좌우반구 기능은 인간과 본질적으로 다르지 않으며, 좌우반구의 신체 제어에서 좌우 교차가 일어난다는 점도 인간과 다르지 않다.

왼쪽과 오른쪽의 대결은 인간이라는 종의 먼 과거까지 거슬러 올라간다. 나는 이성 대 직관의 힘겨루기, 뇌의 두 반구 사이의 힘겨루기가 오른손과 왼손의 힘겨루기로 표면화된 것이 아닐까 생각한다. 즉 오른손이 원래 왼손보다 더 능숙했기 때문이 아니라 뇌의 좌반구가 인간의 행동을 지배하는 권력을 갖게 되었기 때문에 오른손 선호에 이르렀다는 생각이다. 그리고 이것이 사실이라면 직관적 사고에 대한 논리적 비판은 거시적 관점에서 그 타당성을 의심해 볼 만하다. 어쩌면 뇌의 우반구 역시 좌반구의 권력을 못마땅하게 여기고 있는지도 모른다. 다만 논리적인 언어로 반론을 펴지 못할 뿐.

① 위생에 관한 관습은 명문화된 규범 없이도 형성될 수 있다.
② 직관적 사고보다 논리적 사고가 인간의 행위를 더 강하게 지배해 왔다고 볼 수 있다.
③ 인류를 제외한 대부분의 포유류의 경우에는 뇌의 우반구가 좌반구와의 힘겨루기에서 우세하다고 볼 수 있다.
④ 먹는 손과 배변을 처리하는 손이 다르게 된 이유는 먹는 행위와 배변 처리 행위에 요구되는 뇌 기능이 다르기 때문이다.
⑤ 왼손을 천대하는 관습이 가져다 주는 이익이 있다고 해서 오른손잡이가 왼손잡이보다 압도적으로 많은 이유가 설명되는 것은 아니다.

3. 다음 글에서 추론할 수 있는 내용만을 모두 고른 것은?

'도박사의 오류'라고 불리는 것은 특정 사건과 관련 없는 사건을 관련 있는 것으로 간주했을 때 발생하는 오류이다. 예를 들어, 주사위 세 개를 동시에 던지는 게임을 생각해 보자. 첫 번째 던지기 결과는 두 번째 던지기 결과에 어떤 영향도 미치지 않으며, 이런 의미에서 두 사건은 서로 상관이 없다. 마찬가지로 10번의 던지기에서 한 번도 6의 눈이 나오지 않았다는 것은 11번째 던지기에서 6의 눈이 나온다는 것과 아무런 상관이 없다. 그럼에도 불구하고, 우리는 "10번 던질 동안 한 번도 6의 눈이 나오지 않았으니, 이번 11번째 던지기에는 6의 눈이 나올 확률이 무척 높다."라고 말하는 경우를 종종 본다. 이런 오류를 '도박사의 오류 A'라고 하자. 이 오류는 지금까지 일어난 사건을 통해 미래에 일어날 특정 사건을 예측할 때 일어난다.

하지만 반대 방향도 가능하다. 즉, 지금 일어난 특정 사건을 바탕으로 과거를 추측하는 경우에도 오류가 발생한다. 다음 사례를 생각해보자. 당신은 친구의 집을 방문했다. 친구의 방에 들어가는 순간, 친구는 주사위 세 개를 던지고 있었으며 그 결과 세 개의 주사위에서 모두 6의 눈이 나왔다. 이를 본 당신은 "방금 6의 눈이 세 개가 나온 놀라운 사건이 일어났다는 것에 비춰볼 때, 내가 오기 전에 너는 주사위 던지기를 무척 많이 했음에 틀림없다."라고 말한다. 당신은 방금 놀라운 사건이 일어났다는 것을 바탕으로 당신 친구가 과거에 주사위 던지기를 많이 했다는 것을 추론한 것이다. 하지만 이것도 오류이다. 당신이 방문을 여는 순간 친구가 던진 주사위들에서 모두 6의 눈이 나올 확률은 매우 낮다. 하지만 이 사건은 당신 친구가 과거에 주사위 던지기를 많이 했다는 것에 영향을 받은 것이 아니다. 왜냐하면 문을 열었을 때 처음으로 주사위 던지기를 했을 경우에 문제의 사건이 일어날 확률과, 문을 열기 전 오랫동안 주사위 던지기를 했을 경우에 해당 사건이 일어날 확률은 동일하기 때문이다. 이 오류는 현재에 일어난 특정 사건을 통해 과거를 추측할 때 일어난다. 이를 '도박사의 오류 B'라고 하자.

㉠ 인태가 당첨 확률이 매우 낮은 복권을 구입했다는 사실로부터 그가 구입한 그 복권은 당첨되지 않을 것이라고 추론하는 것은 도박사의 오류 A이다.
㉡ 은희가 오늘 구입한 복권에 당첨되었다는 사실로부터 그녀가 오랫동안 꽤 많은 복권을 구입했을 것이라고 추론하는 것은 도박사의 오류 B이다.
㉢ 승민이가 어제 구입한 복권에 당첨되었다는 사실로부터 그가 구입했던 그 복권의 당첨 확률이 매우 높았을 것이라고 추론하는 것은 도박사의 오류 A가 아니며 도박사의 오류 B도 아니다.

① ㉠
② ㉡
③ ㉠㉢
④ ㉡㉢
⑤ ㉠㉡㉢

4. 다음 글을 순서대로 바르게 배열한 것은?

㉠ 적응의 과정은 북쪽의 문헌이나 신문을 본다든지 텔레비전, 라디오를 시청함으로써 이루어질 수 있는 극복의 원초적 단계이다.
㉡ 이질성의 극복을 위해서는 이질화의 원인을 밝히고 이를 바탕으로 해서 그것을 극복하는 단계로 나아가야 한다. 극복의 문제도 단계를 밟아야 한다. 일차적으로는 적응의 과정이 필요하다.
㉢ 남북의 언어가 이질화되었다고 하지만 사실은 그 분화의 연대가 아직 반세기에도 미치지 않았고 맞춤법과 같은 표기법은 원래 하나의 뿌리에서 갈라진 만큼 우리의 노력 여하에 따라서는 동질성의 회복이 생각 밖으로 쉬워질 수 있다.
㉣ 문제는 어휘의 이질화를 어떻게 극복할 것인가에 귀착된다. 우리가 먼저 밟아야 할 절차는 이질성과 동질성을 확인하는 일이다.

① ㉡-㉠-㉢-㉣
② ㉡-㉢-㉣-㉠
③ ㉢-㉣-㉡-㉠
④ ㉣-㉡-㉢-㉠
⑤ ㉣-㉢-㉡-㉠

5. 다음 서식을 보고 ㉠과 ㉡에 들어갈 내용을 바르게 짝지은 것은?

거래명세표

견적명	컴퓨터 / 주변기기 납품
견적일자	20××년 8월 1일
㈜WK엔터테인먼트 (귀하)	

아래와 같이 견적합니다.

공급자	등록번호	123－45－67890		
	상호	㈜서원각	성명	다파라
	주소	경기 고양시 일산서구 가좌동 123		
	(㉠)	도매 및 소매업		
	업종	컴퓨터 및 주변장치, 소프트웨어 도매업		

공급가액 합계	일금 육백십이만원정(₩ 6,120,000)				
품명	규격	수량	단가	공급가액	비고
모니터	A형	5	360,000	1,800,000	
본체	B형	5	(㉡)	2,600,000	
프린터	C형	2	360,000	720,000	
주변기기	D형	5	200,000	1,000,000	
합계		17	1,440,000	6,120,000	

특기사항
1. 부가세 포함
2. 계약금 10%
3. 본 견적서는 견적일부터 30일간 유효합니다.

① ㉠ 종목, ㉡ 280,000
② ㉠ 사업, ㉡ 320,000
③ ㉠ 업체, ㉡ 450,000
④ ㉠ 업태, ㉡ 520,000
⑤ ㉠ 기업, ㉡ 650,000

6. **다음 글을 읽고 '이것'에 대한 설명으로 가장 적절한 것은?**

> 미국 코넬 대학교 심리학과 연구팀은 본교 32명의 여대생을 대상으로 미국의 식품산업 전반에 대한 의견 조사를 실시하였다. '텔레비전에 등장하는 음식 광고가 10년 전에 비해 줄었는지 아니면 늘었는지'를 중심으로 여러 가지 질문을 던졌다. 모든 조사가 끝난 후 설문에 참가한 여대생들에게 다이어트 여부에 대한 추가 질문을 하였다. 식사량에 신경을 쓰고 있는지, 지방이 많은 음식은 피하려고 노력하고 있는지 등에 대한 질문들이었다. 현재 다이어트에 신경 쓰고 있는 여대생들은 그렇지 않은 여대생보다 텔레비전의 식품 광고가 더 늘었다고 인식한 분석 결과가 나타났다. 이들은 서로 다른 텔레비전 프로그램을 봤기 때문일까? 물론 그렇지 않다. 이유는 간단하다. 다이어트를 하는 여대생들은 음식에 대한 '이것'으로 세상을 보고 있었기 때문이다.
>
> 코넬 대학교 연구팀은 미국의 한 초등학교 교사와 교직원을 대상으로 아동들이 직면하고 있는 위험 요소가 5년 전에 비하여 증가했는지 감소했는지 조사했다. 그런 다음 응답자들에게 신상 정보를 물었는데, 그 중 한 질문이 첫 아이가 태어난 연도였다. 그 5년 사이에 첫 아이를 낳은 응답자와 그렇지 않은 응답자의 위험 지각 정도를 비교했다. 그 기간 동안에 부모가 된 교사와 직원들이, 그렇지 않은 사람들에 비해 아이들이 직면한 위험 요소가 훨씬 더 늘었다고 답했다. 부모가 되는 순간 세상을 위험한 곳으로 인식하기 시작하는 것이다. 그런 이유로 이들은 영화나 드라마에 등장하는 'F'로 시작하는 욕도 더 예민하게 받아들인다. 이 점에 대해 저널리스트 엘리자베스 오스틴은 이렇게 지적한다. "부모가 되고 나면 영화, 케이블 TV, 음악 그리고 자녀가 없는 친구들과의 대화 중에 늘 등장하는 비속어에 매우 민감해진다." 이처럼 우리가 매일 보고 듣는 말이나 그 내용은 개개인의 '이것'에 의해 결정된다.

① 자기 자신의 관심에 따라 세상을 규정하는 사고방식이다.
② 자기 자신에 의존하여 자신이 모든 것을 결정하려고 하는 욕구이다.
③ 특정한 부분에 순간적으로 집중하여 선택적으로 지각하는 능력이다.
④ 자기 자신의 경험과 인식이 정확하고 객관적이라고 믿는 입장이다.
⑤ 어떤 일에 깊이 몰입해서 자기 자신을 분명하게 자각하려는 태도이다.

7. 다음 ㉠, ㉡에 들어갈 내용으로 올바르게 짝지어진 것은?

> 현행 「독점규제 및 공정거래에 관한 법률」(이하 "공정거래법") 집행의 큰 문제점 중의 하나는 제재는 많으나 피해기업에 대한 배상은 쉽지가 않다는 점이다. 과징금제도는 제재와 부당이득환수의 목적이 있으나 금전적으로는 부당이득을 피해자가 아닌 국가가 환수하는 구조이다. 공정거래법 위반으로 인해 피해를 입은 자가 공정거래위원회에 신고하여 가해기업에게 거액의 과징금이 부과된다 하더라도 과징금은 국고로 편입되어 버리기 때문에 피해자에 대한 배상은 별도의 민사소송을 제기하여야 한다.
>
> 그런데 민사소송은 절차가 복잡하고 시간이 많이 소요될 뿐만 아니라 미국식의 당연위법원칙, 약자에게 관대한 경향이 있는 배심원 제도, 증거개시제도(discovery) 등이 도입되어 있지 않기 때문에 경제적 약자가 경제적 강자를 상대로 소송을 제기하여 승소하는 것은 쉽지가 않다. 미국에서도 사적 집행으로서의 손해배상소송이 급증한 것은 1960년대 이후이며 1977년에 절정이었는데, 당연위법원칙이나 배심원 제도 등이 주요 원인으로 지적되고 있다. 반면 1980년대 들어서는 당연위법원칙의 후퇴, 시카고학파의 영향에 따른 경제분석 강화 등으로 손해배상소송이 (㉠)
>
> 결국, 피해자의 신고 후 공정거래위원회가 조사하여 거액의 과징금을 부과한다 하더라도 피해자는 그 결과에 만족하지 못하는 경우가 생기게 되고 그렇게 되면 공정거래절차의 효용성이 크게 (㉡) 국민의 불신이 높아질 수밖에 없다. 따라서 피해자의 실질적인 구제를 위하여서는 별도의 민사소송 제기 없이 공정거래위원회의 결정에 의해 손해배상명령을 직접 내리는 것이 효율적이라는 주장이 과거에도 간헐적으로 제기되어 왔다. 하지만 이러한 제도는 외국에서도 사례를 찾아보기 어려울 뿐만 아니라 우리나라의 법체계에 있어서도 너무나 독특한 것이기 때문에 정부 안팎에서만 논의가 되었을 뿐이다.

	㉠	㉡
①	늘어났다.	떨어지고
②	늘어났다.	올라가고
③	줄어들었다.	올라가고
④	줄어들었다.	떨어지고
⑤	유지되었다.	떨어지고

8. 다음은 라디오 대담의 일부이다. 대담 참여자의 말하기 방식에 대한 설명으로 적절하지 않은 것은?

> 진행자 : 청취자 여러분, 안녕하세요. 오늘은 ○○ 법률 연구소에 계신 법률 전문가를 모시고 생활 법률 상식을 배워보겠습니다. 안녕하세요?
>
> 전문가 : 네, 안녕하세요. 오늘은 '정당행위'에 대해 말씀드리고자 합니다. 먼저 여러분께 문제 하나 내 보겠습니다. 만약 스파이더맨이 도시를 파괴하려는 악당들과 싸우다 남의 건물을 부쉈다면, 부서진 건물은 누가 배상해야 할까요?
>
> 진행자 : 일반적인 경우라면 건물을 부순 사람이 보상해야겠지만, 이런 경우에 정의를 위해 악당과 싸운 스파이더맨에게 보상을 요구하는 것은 좀 지나친 것 같습니다.
>
> 전문가 : 청취자 여러분들도 이와 비슷한 생각을 하실 것 같은데요, 이런 경우에는 스파이더맨의 행위를 악당으로부터 도시를 지키기 위한 행위로 보고 민법 761조 1항에 의해 배상책임을 면할 수 있도록 하고 있습니다. 이때 스파이더맨의 행위를 '정당행위'라고 합니다.
>
> 진행자 : 아, 그러니까 악당으로부터 도시를 지키기 위해 싸운 스파이더맨의 행위가 '정당행위'이고, 정당행위로 인한 부득이한 손해는 배상할 필요가 없다는 뜻이군요.
>
> 전문가 : 네, 맞습니다. 그래야 스파이더맨의 경우처럼 불의를 보고 나섰다가 오히려 손해를 보는 일이 없겠죠.
>
> 진행자 : 그런데 문득 이런 의문이 드네요. 만약 스파이더맨에게 배상을 받을 수 없다면 건물 주인은 누구에게 배상을 받을 수 있을까요?
>
> 전문가 : 그래서 앞서 말씀드린 민법 동일 조항에서는 정당행위로 인해 손해를 입은 사람이 애초에 불법행위를 저질러 손해의 원인을 제공한 사람에게 배상을 청구할 수 있도록 하고 있습니다. 즉 건물 주인은 악당에게 손해배상을 청구할 수 있습니다.

① 진행자는 화제와 관련된 질문을 던지며 대담을 진전시키고 있다.

② 진행자는 전문가가 한 말의 핵심 내용을 재확인함으로써 청취자들의 이해를 돕고 있다.

③ 전문가는 청취자가 관심을 가질 질문을 던져 화제에 집중도를 높이고 있다.

④ 전문가는 구체적인 법률 근거를 제시하여 신뢰성을 높이고 있다.

⑤ 전문가는 추가적인 정보를 제시함으로써 진행자의 오해를 바로 잡고 있다.

9. **문화체육관광부 홍보팀에 근무하는 김문화씨는 '탈춤'에 관한 영상물을 제작하는 프로젝트를 맡게 되었다. 제작계획서 중 다음의 제작 회의 결과가 제대로 반영되지 않은 것은?**

- 제목 : 탈춤 체험의 기록임이 나타나도록 표현
- 주 대상층 : 탈춤에 무관심한 젊은 세대
- 내용 : 실제 경험을 통해 탈춤을 알아가고 가까워지는 과정을 보여 주는 동시에 탈춤에 대한 정보를 함께 제공
- 구성 : 간단한 이야기 형식으로 구성
- 전달방식 : 정보들을 다양한 방식으로 전달

〈제작계획서〉

제목		'기획 특집 – 탈춤 속으로 떠나는 10일간의 여행'	①
제작 의도		젊은 세대에게 우리 고유의 문화유산인 탈춤에 대한 관심을 불러일으킨다.	②
전체 구성	중심 얼개	• 대학생이 우리 문화 체험을 위해 탈춤이 전승되는 마을을 찾아가는 상황을 설정한다. • 탈춤을 배우기 시작하여 마지막 날에 공연으로 마무리한다는 줄거리로 구성한다.	③
	보조 얼개	탈춤에 대한 정보를 별도로 구성하여 중간 중간에 삽입한다.	
전달 방식	해설	내레이션을 통해 탈춤에 대한 학술적 이견들을 깊이 있게 제시하여 탈춤에 조예가 깊은 시청자들의 흥미를 끌도록 한다.	④
	영상 편집	• 탈에 대한 정보를 시각 자료로 제시한다. • 탈춤의 종류, 지역별 탈춤의 특성 등에 대한 그래픽 자료를 보여 준다. • 탈춤 연습 과정과 공연 장면을 현장감 있게 보여 준다.	⑤

10. **다음 글을 읽고 가장 옳게 말한 사람은?**

바이러스의 감염방식은 두 가지인데 바이러스는 그들 중 하나의 감염방식으로 감염된다. 첫 번째 감염방식은 뮤–파지 방식이라고 불리는 것이고, 다른 하나는 람다–파지라고 불리는 방식이다. 바이러스 감염 경로는 다양하다. 가령 뮤–파지 방식에 의해 감염되는 바이러스는 주로 호흡기와 표피에 감염되지만 중추신경계에는 감염되지 않는다. 반면 람다–파지 방식으로 감염되는 바이러스는 주로 중추신경계에 감염되지만 호흡기와 표피에 감염되는 종류도 있다.

바이러스의 형태는 핵산을 둘러싸고 있는 캡시드의 모양으로 구별하는데 이 형태들 중에서 많이 발견되는 것이 나선형, 원통형, 이십면체형이다. 나선형 바이러스는 모두 뮤–파지 방식으로 감염되고, 원통형 바이러스는 모두 람다–파지 방식으로 감염된다. 그러나 이십면체형 바이러스는 때로는 뮤–파지 방식으로, 때로는 람다–파지 방식으로 감염된다. 작년 가을 유행했던 바이러스 X는 이십면체형이 아닌 것으로 밝혀졌고, 람다–파지 방식으로 감염되었다. 올해 기승을 부리면서 우리를 위협하고 있는 바이러스 Y는 바이러스 X의 변종인데 그 형태와 감염방식은 X와 동일하다.

① 갑 : 바이러스 X는 원통형뿐이다.
② 을 : 바이러스 X는 호흡기에 감염되지 않는다.
③ 병 : 바이러스 Y는 호흡기에만 감염된다.
④ 정 : 바이러스 Y는 나선형이 아니다.
⑤ 무 : 나선형이면서 중추신경계에 감염되는 바이러스가 있다.

11. **A, B, C, D, E 다섯 명 중 출장을 가는 사람이 있다. 출장을 가는 사람은 반드시 참을 말하고, 출장에 가지 않는 사람은 반드시 거짓을 말한다. 다음과 같이 각자 말했을 때 항상 참인 것은?**

> A : E가 출장을 가지 않는다면, D는 출장을 간다.
> B : D가 출장을 가지 않는다면, A는 출장을 간다.
> C : A는 출장을 가지 않는다.
> D : 2명 이상이 출장을 간다.
> E : C가 출장을 간다면 A도 출장을 간다.

① 최소 1명, 최대 3명이 출장을 간다.

② C는 출장을 간다.

③ E는 출장을 가지 않는다.

④ A와 C는 같이 출장을 가거나, 둘 다 출장을 가지 않는다.

⑤ A가 출장을 가면 B도 출장을 간다.

12. **다음 글의 내용이 참일 때 반드시 참인 것은?**

> A국은 B국의 동태를 살피도록 세 명의 사절을 파견하였다. 세 명의 사절은 각각 세 가지 주장을 했는데, 각 사절들의 주장 중 둘은 참이고 나머지 하나는 거짓이다.
>
> 사절 1
> • B국은 군수물자를 확보할 수 있다면 전쟁을 일으킬 것이다.
> • B국은 문화적으로 미개하지만 우리나라의 문화에 관심을 많이 갖고 있다.
> • B국은 종래의 봉건적인 지배권이 약화되어 있고 정치적으로도 무척 혼란스러운 상황이다.
>
> 사절 2
> • B국이 전쟁을 일으킨다면 약하지 않았던 종래의 봉건적인 지배권이 한층 더 강화될 것이다.
> • B국은 우리나라의 문화에 관심을 많이 갖고 있을 뿐만 아니라 독창적이고 훌륭한 문화를 발전시켜 왔다.
> • B국에는 서양 상인들이 많이 들어와 활동하고 있으며 신흥 상업 도시가 발전되어 있지만, 종래의 봉건적인 지배권이 약화되었다고 보기 어렵다.
>
> 사절 3
> • B국은 약하지 않았던 종래의 봉건적인 지배권을 한층 더 강화하고 있다.
> • B국은 군수물자를 확보하고 있기는 하지만 전쟁을 일으킬 생각은 없는 것이 분명하다.
> • B국의 신흥 상업 도시가 더욱 발전한다면 우리나라의 문화에도 더욱 큰 관심을 갖게 될 것이다.

① B국은 문화적으로 미개하다.

② B국은 정치적으로 안정되어 있다.

③ B국은 군수물자를 확보하고 있다.

④ B국은 A국의 문화에 관심이 없다.

⑤ B국은 전쟁을 일으킬 생각이 없다.

13. 경찰서에서 목격자 세 사람이 범인에 관하여 다음과 같이 진술하였다.

A : 은이가 범인이거나 영철이가 범인입니다.
B : 영철이가 범인이거나 숙이가 범인입니다.
C : 은이가 범인이 아니거나 또는 숙이가 범인이 아닙니다.

경찰에서는 이미 이 사건이 한 사람의 단독 범행인 것을 알고 있었다. 그리고 한 진술은 거짓이고 나머지 두 진술은 참이라는 것이 나중에 밝혀졌다. 그러나 안타깝게도 어느 진술이 거짓인지는 밝혀지지 않았다면 다음 중 반드시 거짓인 것은?

① 은이가 범인이다.
② 영철이가 범인이다.
③ 숙이가 범인이다.
④ 숙이는 범인이 아니다.
⑤ 은이가 범인이 아니면 영철이도 범인이 아니다.

14. 갑, 을, 병, 정, 무 다섯 사람은 일요일부터 목요일까지 5일 동안 각각 이틀 이상 아르바이트를 한다. 다음 조건을 모두 충족시켜야 할 때, 다음 중 항상 옳지 않은 것은?

㉠ 가장 적은 수가 아르바이트를 하는 요일은 수요일뿐이다.
㉡ 갑은 3일 이상 아르바이트를 하는데 병이 아르바이트를 하는 날에는 쉰다.
㉢ 을과 정 두 사람만이 아르바이트 일수가 같다.
㉣ 병은 평일에만 아르바이트를 하며, 연속으로 이틀 동안만 한다.
㉤ 무는 갑이나 병이 아르바이트를 하는 요일에 항상 아르바이트를 한다.

① 어느 요일이든 아르바이트 인원수는 확정된다.
② 갑과 을, 병과 무의 아르바이트 일수를 합한 값은 같다.
③ 두 사람만이 아르바이트를 하는 요일이 확정된다.
④ 어떤 요일이든 아르바이트를 하는 인원수는 짝수이다.
⑤ 수요일에는 2명, 나머지 요일에는 4명으로 인원수는 확정된다.

15. 다음 내용과 전투능력을 가진 생존자 현황을 근거로 판단할 경우 생존자들이 탈출할 수 있는 경우로 옳은 것은? (단, 다른 조건은 고려하지 않는다)

- 좀비 바이러스에 의해 라쿤 시티에 거주하던 많은 사람들이 좀비가 되었다. 건물에 갇힌 생존자들은 동, 서, 남, 북 4개의 통로를 이용해 5명씩 탈출을 시도한다. 탈출은 통로를 통해서만 가능하며, 한 쪽 통로를 선택하면 되돌아올 수 없다.
- 동쪽 통로에 11마리, 서쪽 통로에 7마리, 남쪽 통로에 11마리, 북쪽 통로에 9마리의 좀비들이 있다. 선택한 통로의 좀비를 모두 제거해야만 탈출할 수 있다.
- 남쪽 통로의 경우, 통로 끝이 막혀 탈출을 할 수 없지만 팀에 폭파전문가가 있다면 다이너마이트를 사용하여 막힌 통로를 뚫고 탈출할 수 있다.
- 전투란 생존자가 좀비를 제거하는 것을 의미하며 선택한 통로에서 일시에 이루어진다.
- 전투능력은 정상인 건강상태에서 해당 생존자가 전투에서 제거하는 좀비의 수를 의미하며, 질병이나 부상상태인 사람은 그 능력이 50%로 줄어든다.
- 전투력 강화제는 건강상태가 정상인 생존자들 중 1명에게만 사용할 수 있으며, 전투능력을 50% 향상시킨다. 사용 가능한 대상은 의사 혹은 의사의 팀 내 구성원이다.
- 생존자의 직업은 다양하며, 아이와 노인은 전투능력과 보유품목이 없고 건강상태는 정상이다.

〈전투능력을 가진 생존자 현황〉

직업	인원	전투능력	건강상태	보유품목
경찰	1명	6	질병	-
헌터	1명	4	정상	-
의사	1명	2	정상	전투력 강화제 1개
사무라이	1명	8	정상	-
폭파전문가	1명	4	부상	다이너마이트

	탈출 통로	팀 구성 인원
①	동쪽 통로	폭파전문가 - 사무라이 - 노인 3명
②	서쪽 통로	헌터 - 경찰 - 아이 2명 - 노인
③	남쪽 통로	헌터 - 폭파전문가 - 아이 - 노인 2명
④	남쪽 통로	폭파전문가 - 헌터 - 의사 - 아이 2명
⑤	북쪽 통로	경찰 - 의사 - 아이 2명 - 노인

16. 다음 글의 내용이 참일 때, 반드시 참인 것은?

> 전 세계적으로 금융위기로 인해 그 위기의 근원지였던 미국의 경제가 상당히 피해를 입었다. 미국에서는 경제 회복을 위해 통화량을 확대하는 양적완화 정책을 실시할 것인지를 두고 논란이 있었다. 미국의 양적완화는 미국 경제회복에 효과가 있겠지만, 국제 경제에 적지 않은 영향을 줄 수 있기 때문이다.
>
> 미국이 양적완화를 실시하면, 달러화의 가치가 하락하고 우리나라의 달러 환율도 하락한다. 우리나라의 달러 환율이 하락하면 우리나라의 수출이 감소한다. 우리나라 경제는 대외 의존도가 높기 때문에 경제의 주요 지표들이 개선되기 위해서는 수출이 감소하면 안 된다.
>
> 또 미국이 양적완화를 중단하면 미국 금리가 상승한다. 미국 금리가 상승하면 우리나라 금리가 상승하고, 우리나라 금리가 상승하면 우리나라에 대한 외국인 투자가 증가한다. 또한 우리나라 금리가 상승하면 우리나라의 가계부채 문제가 심화된다. 가계부채 문제가 심화되는 나라의 국내 소비는 감소한다. 국내 소비가 감소하면, 경제의 전망이 어두워진다.

① 우리나라의 수출이 증가했다면 달러화 가치가 하락했을 것이다.

② 우리나라의 가계부채 문제가 심화되었다면 미국이 양적완화를 중단했을 것이다.

③ 우리나라에 대한 외국인 투자가 감소하면 우리나라 경제의 전망이 어두워질 것이다.

④ 우리나라 경제의 주요 지표들이 개선되었다면 우리나라의 달러 환율이 하락하지 않았을 것이다.

⑤ 우리나라의 국내 소비가 감소하지 않았다면 우리나라에 대한 외국인 투자가 감소하지 않았을 것이다.

17. 명제 1, 명제 2가 모두 참이라고 할 때, 결론이 참이 되기 위해서 필요한 명제 3으로 가장 적절한 것은? (단, 보기로 주어진 명제는 모두 참이다)

> 명제 1. 밝지 않으면 별이 뜬다.
> 명제 2. 밤이 오면 해가 들어간다.
> 명제 3. ______________________
> 결　론. 밤이 오면 별이 뜬다.

① 밤이 오지 않으면 밝다.

② 해가 들어가지 않으면 밝다.

③ 별이 뜨면 해가 들어간다.

④ 밝지 않으면 밤이 온다.

⑤ 밝으면 해가 들어가지 않는다.

18. "so what" 기법은 "그래서 무엇이지?"라고 자문자답하여 주어진 사실로부터 가치 있는 정보를 이끌어 내는 사고 기법이다. 다음 중 "so what" 기법을 통해 〈사실〉을 바탕으로 가치 있는 〈정보〉를 도출했다고 보기 어려운 경우는?

	〈사실〉	〈정보〉
①	어젯밤에 눈이 많이 왔다.	길에 눈이 쌓여 차가 밀릴 수 있으니 평소보다 출근을 서둘러야 한다.
②	주말에는 약국 문을 닫는다.	주말에 아플 때를 대비하여 상비약을 갖춰 놓도록 한다.
③	오늘부터 장마가 시작된다.	장마가 시작되면 비가 오는 날이 평소보다 많아질 것이다.
④	기온이 33℃가 넘었다.	더위로 업무능률이 떨어질 수 있으니 냉방을 위한 조치를 해야 한다.
⑤	침을 통해 코로나19가 전염될 수 있다.	사람이 많은 곳을 피하고 마스크를 반드시 착용해야 한다.

19. 다음 〈보기〉에서 '타당성 조사 및 계획수립'의 문제점에 대한 개선방안을 모두 고르면?

> ㉠ 이해관계자 의견수렴 활성화를 통한 사업추진 동력 확보
> ㉡ 지자체 역량 강화를 통한 사업관리의 전문성 · 효율성 증진
> ㉢ 교통수요 예측 정확도 제고 등 타당성 조사 강화를 위한 여건 조성
> ㉣ 경전철 사업관련 업무처리 지침 마련 및 법령 보완
> ㉤ 무분별한 해외시스템 도입 방지 및 국산기술 · 부품의 활성화 전략 수립
> ㉥ 상위교통계획 및 생활권과의 연계강화를 통한 사업계획의 체계성 확보
> ㉦ 시공이익에 대한 적극적 검토를 통해 총사업비 절감 효과 도모

① ㉠㉢㉥
② ㉠㉢㉦
③ ㉡㉢㉤
④ ㉡㉢㉥
⑤ ㉤㉥㉦

20. 갑과 을, 병 세 사람은 면세점에서 A, B, C 브랜드 중 하나의 가방을 각각 구입하려고 한다. 소비자들이 가방을 구매하는데 고려하는 것은 브랜드명성, 디자인, 소재, 경제성의 네 가지 속성이다. 각 속성에 대한 평가는 0부터 10까지의 점수로 주어지며, 점수가 높을수록 소비자를 더 만족시킨다고 한다. 각 브랜드의 제품에 대한 평가와 갑, 을, 병 각자의 제품을 고르는 기준이 다음과 같을 때, 소비자들이 구매할 제품으로 바르게 짝지어진 것은?

〈브랜드별 소비자 제품평가〉

	A 브랜드	B 브랜드	C 브랜드
브랜드명성	10	7	7
경제성	4	8	5
디자인	8	6	7
소재	9	6	3

※ 각 평가에 부여하는 가중치 : 브랜드명성(0.4), 경제성(0.3), 디자인(0.2), 소재(0.1)

〈소비자별 구매기준〉

갑 : 가중치가 높은 순으로 가장 좋게 평가된 제품을 선택한다.
을 : 모든 속성을 가중치에 따라 평가(점수×가중치)하여 종합적으로 가장 좋은 대안을 선택한다.
병 : 모든 속성이 4점 이상인 제품을 선택한다. 2가지 이상이라면 디자인 점수가 높은 제품을 선택한다.

	갑	을	병
①	A	A	A
②	A	A	B
③	A	B	C
④	B	C	B
⑤	B	A	B

21. 다음은 서울 시민의 '이웃에 대한 신뢰도'를 나타낸 자료이다. 다음 자료를 올바르게 분석하지 못한 것은 어느 것인가?

(단위 : %, 10점 만점)

구분		신뢰하지 않음(%)	보통(%)	신뢰함(%)	평점
전체		18.9	41.1	40.0	5.54
성	남성	18.5	42.2	39.3	5.54
	여성	19.2	40.1	40.7	5.54
연령	10대	22.6	38.9	38.5	5.41
	20대	21.8	41.6	36.5	5.35
	30대	18.9	42.8	38.2	5.48
	40대	18.8	42.4	38.8	5.51
	50대	17.0	42.0	41.1	5.65
	60세 이상	17.2	38.2	44.6	5.70

① 서울 시민 10명 중 4명은 이웃을 신뢰한다.

② 이웃을 신뢰하는 사람의 비중과 평점의 연령별 증감 추이는 동일하지 않다.

③ 20대 이후 연령층에서는 고령자일수록 이웃을 신뢰하는 사람의 비중이 더 높다.

④ 남성과 여성은 같은 평점을 주었으나, 이웃을 신뢰하는 사람의 비중은 남성이 1%p 이상 낮다.

⑤ 이웃을 신뢰하지 않는 사람의 비중은 10대에서 가장 높게 나타나고 있다.

22. 다음은 건축물별 면적에 관한 자료이고, 기록하는 과정에서 오류가 발견되어 자료를 다시 수정해야 한다. 해당 자료를 수정했을 때, 7개 건축물 면적의 평균은?

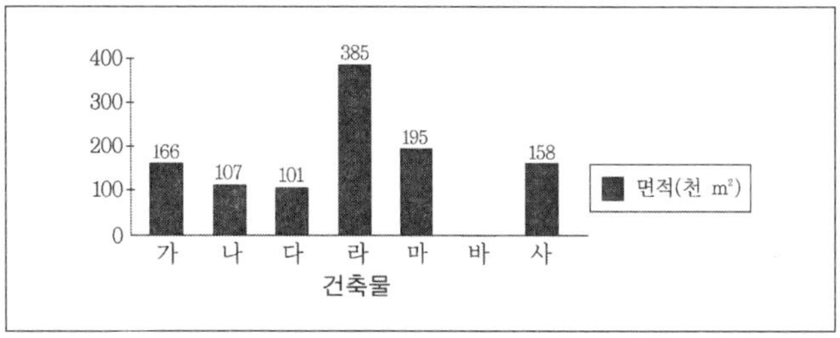

〈오류〉

㉠ '나'의 면적은 '다'와 동일하다.

㉡ '라'의 면적은 실제보다 '나'의 면적의 2배 값이 더해졌다.

㉢ '바'의 면적은 '가', '나', '다'의 면적 합보다 22(천 m²)이 크다.

① 143.1(천 m²)　② 157.8(천 m²)
③ 168.2(천 m²)　④ 175.6(천 m²)
⑤ 184.9(천 m²)

23. 지난 주 S사의 신입사원 채용이 완료되었다. 신입사원 120명이 새롭게 채용되었고, 지원자의 남녀 성비는 5:4, 합격자의 남녀 성비는 7:5, 불합격자의 남녀 성비는 1:1이었다. 신입사원 채용 지원자의 총 수는 몇 명인가?

① 175명　② 180명
③ 185명　④ 190명
⑤ 195명

24. 지헌이는 생활이 어려워 수집했던 고가의 피규어를 인터넷 경매를 통해 판매하려고 한다. 경매 방식과 규칙, 예상 응찰 현황이 다음과 같을 때, 경매 결과를 바르게 예측한 것은?

- 경매 방식 : 각 상품은 따로 경매하거나 묶어서 경매
- 경매 규칙
  - 낙찰자 : 최고가로 입찰한 자
  - 낙찰가 : 두 번째로 높은 입찰가
  - 두 상품을 묶어서 경매할 경우 낙찰가의 5%를 할인해 준다.
  - 입찰자는 낙찰가의 총액이 100,000원을 초과할 경우 구매를 포기한다.
- 예상 응찰 현황

입찰자	A 입찰가	B 입찰가	합계
甲	20,000	50,000	70,000
乙	30,000	40,000	70,000
丙	40,000	70,000	110,000
丁	50,000	30,000	80,000
戊	90,000	10,000	100,000
己	40,000	80,000	120,000
庚	10,000	20,000	30,000
辛	30,000	10,000	40,000

① 두 상품을 묶어서 경매한다면 낙찰자는 己이다.
② 경매 방식에 상관없이 지헌이의 예상 수입은 동일하다.
③ 두 상품을 따로 경매한다면 얻는 수입은 120,000원이다.
④ 두 상품을 따로 경매한다면 A의 낙찰자는 丁이다.
⑤ 낙찰가의 총액이 100,000원이 넘을 경우 낙찰받기 유리하다.

25. 다음 표는 인공지능(AI)의 동물식별 능력을 조사한 결과이다. 이에 대한 〈보기〉의 설명으로 옳은 것만을 모두 고르면?

(단위 : 마리)

실제 \ AI 식별 결과	개	여우	돼지	염소	양	고양이	합계
개	457	10	32	1	0	2	502
여우	12	600	17	3	1	2	635
돼지	22	22	350	2	0	3	399
염소	4	3	3	35	1	2	48
양	0	0	1	1	76	0	78
고양이	3	6	5	2	1	87	104
전체	498	641	408	44	79	96	1,766

〈보기〉

㉠ AI가 돼지로 식별한 동물 중 실제 돼지가 아닌 비율은 10% 이상이다.
㉡ 실제 여우 중 AI가 여우로 식별한 비율은 실제 돼지 중 AI가 돼지로 식별한 비율보다 낮다.
㉢ 전체 동물 중 AI가 실제와 동일하게 식별한 비율은 85% 이상이다.
㉣ 실제 염소를 AI가 고양이로 식별한 수보다 양으로 식별한 수가 많다.

① ㉠, ㉡　② ㉠, ㉢
③ ㉡, ㉢　④ ㉠, ㉢, ㉣
⑤ ㉡, ㉢, ㉣

26. 서원이는 집에서 중학교까지 19km를 통학한다. 집으로부터 자전거로 30분 동안 달린 후 20분 동안 걸어서 중학교에 도착했다면 걷는 속도는 분당 몇 km인가? (단, 자전거는 분속 0.5km로 간다고 가정한다.)

① 0.2km　② 0.4km
③ 0.6km　④ 0.8km
⑤ 1km

27. 다음은 학생들의 시험성적에 관한 자료이다. 순위산정방식을 이용하여 순위를 산정할 경우 옳은 설명만으로 바르게 짝지어진 것은?

학생들의 시험성적

(단위 : 점)

과목 / 학생	국어	영어	수학	과학
미연	75	85	90	97
수정	82	83	79	81
대현	95	75	75	85
상민	89	70	91	90

〈순위산정방식〉

- A방식 : 4개 과목의 총점이 높은 학생부터 순서대로 1, 2, 3, 4위로 하되, 4개 과목의 총점이 동일한 학생의 경우 국어 성적이 높은 학생을 높은 순위로 한다.
- B방식 : 과목별 등수의 합이 작은 학생부터 순서대로 1, 2, 3, 4위로 하되, 과목별 등수의 합이 동일한 학생의 경우 A방식에 따라 산정한 순위가 높은 학생을 높은 순위로 한다.
- C방식 : 80점 이상인 과목의 수가 많은 학생부터 순서대로 1, 2, 3, 4위로 하되, 80점 이상인 과목의 수가 동일한 학생의 경우 A방식에 따라 산정한 순위가 높은 학생은 높은 순위로 한다.

㉠ A방식과 B방식으로 산정한 대현의 순위는 동일하다.
㉡ C방식으로 산정한 상민의 순위는 2위이다.
㉢ 상민의 과학점수만 95점으로 변경된다면, B방식으로 산정한 미연의 순위는 2위가 된다.

① ㉠　② ㉡
③ ㉢　④ ㉠㉡
⑤ ㉠㉡㉢

28. 다음은 '갑'국의 20××년 복지종합지원센터, 노인복지관, 자원봉사자, 등록노인 현황에 대한 자료이다. 이에 대한 설명 중 옳은 것들로만 바르게 짝지어진 것은?

(단위 : 개소, 명)

구분 / 지역	복지종합 지원센터	노인복지관	자원봉사자	등록노인
A	20	1,336	8,252	397,656
B	2	126	878	45,113
C	1	121	970	51,476
D	2	208	1,388	69,395
E	1	164	1,188	59,050
F	1	122	1,032	56,334
G	2	227	1,501	73,825
H	3	362	2,185	106,745
I	1	60	529	27,256
전국	69	4,377	30,171	1,486,980

㉠ 전국의 노인복지관, 자원봉사자 중 A 지역의 노인복지관, 자원봉사자의 비중은 각각 25% 이상이다.
㉡ A ~ I 지역 중 복지종합지원센터 1개소당 노인복지관 수가 100개소 이하인 지역은 A, B, D, I이다.
㉢ A ~ I 지역 중 복지종합지원센터 1개소당 자원봉사자 수가 가장 많은 지역과 복지종합지원센터 1개소당 등록노인 수가 가장 많은 지역은 동일하다.
㉣ 노인복지관 1개소당 자원봉사자 수는 H 지역이 C 지역보다 많다.

① ㉠㉡　② ㉠㉢
③ ㉠㉣　④ ㉡㉢
⑤ ㉡㉣

29. 다음은 'A' 도시 주민 일일 통행 횟수의 통행목적에 따른 시간대별 비율을 정리한 자료이다. 이에 대한 설명 중 옳은 것들로만 바르게 짝지어진 것은?

일일 통행 횟수의 통행목적에 따른 시간대별 비율

(단위 : %)

시간대 \ 통행목적	업무	여가	쇼핑	전체통행
00:00 ~ 03 : 00	3.00	1.00	1.50	2.25
03 : 00 ~ 06 : 00	4.50	1.50	1.50	3.15
06 : 00 ~ 09 : 00	40.50	1.50	6.00	24.30
09 : 00 ~ 12 : 00	7.00	12.00	30.50	14.80
12 : 00 ~ 15 : 00	8.00	9.00	31.50	15.20
15 : 00 ~ 18 : 00	24.50	7.50	10.00	17.60
18 : 00 ~ 21 : 00	8.00	50.00	14.00	16.10
21 : 00 ~ 24 : 00	4.50	17.50	5.00	6.60
계	100.00	100.00	100.00	100.00

※ 전체통행은 업무, 여가, 쇼핑의 3가지 통행목적만으로 구성되며, 각각의 통행은 하나의 통행목적을 위해서만 이루어짐

※ 모든 통행은 각 시간대 내에서만 출발과 도착이 모두 이루어짐

㉠ 업무목적 통행 비율이 하루 중 가장 높은 시간대와 전체통행 횟수가 하루 중 가장 많은 시간대는 동일하다.
㉡ 일일 통행목적별 통행횟수는 '업무', '쇼핑', '여가' 순으로 많다.
㉢ 여가목적 통행 비율이 하루 중 가장 높은 시간대의 여가목적 통행횟수는 09 : 00 ~ 12 : 00시간대의 전체통행 횟수보다 많다.
㉣ 쇼핑목적 통행 비율이 하루 중 가장 높은 시간대의 쇼핑목적 통행횟수는 같은 시간대의 업무목적 통행횟수의 2.5배 이상이다.

① ㉠㉡ ② ㉠㉢
③ ㉠㉡㉢ ④ ㉠㉡㉣
⑤ ㉡㉢㉣

30. 다음은 로봇 시장현황과 R&D 예산의 분야별 구성비에 대한 자료이다. 이에 대한 설명 중 옳은 것만을 모두 고른 것은?

용도별 로봇 시장현황(2025년)

용도 \ 구분	시장규모 (백만 달러)	수량(천개)	평균단가 (천 달러/개)
제조용	9,719	178	54.6
전문 서비스용	3,340	21	159.0
개인 서비스용	1,941	4,000	0.5
전체	15,000	4,199	3.6

분야별 로봇 시장규모

(단위 : 백만 달러)

용도	분야 \ 연도	2023년	2024년	2025년
제조용	제조	8,926	9,453	9,719
전문	건설	879	847	883
	물류	166	196	216
	의료	1,356	1,499	1,449
	국방	748	818	792
개인 서비스용	가사	454	697	799
	여가	166	524	911
	교육	436	279	231

※ 로봇의 용도 및 분야는 중복되지 않음

로봇 R&D 예산의 분야별 구성비(2025년)

(단위 : %)

분야	제조	건설	물류	의료	국방	가사	여가	교육	합계
구성비	21	13	3	22	12	12	14	3	100

㉠ 2025년 전체 로봇 시장규모 대비 제조용 로봇 시장 규모의 비중은 70% 이상이다.
㉡ 2025년 전문 서비스용 로봇 평균단가는 제조용 로봇 평균단가의 3배 이하이다.
㉢ 2025년 전체 로봇 R&D 예산 대비 전문 서비스용 로봇 R&D 예산의 비중은 50%이다.
㉣ 개인 서비스용 로봇 시장규모는 각 분야에서 매년 증가하였다.

① ㉠㉡ ② ㉠㉣
③ ㉡㉢ ④ ㉡㉣
⑤ ㉢㉣

31. 귀하는 중견기업 영업관리팀 사원으로 매출분석업무를 담당하고 있다. 아래와 같이 엑셀 워크시트로 서울에 있는 강북, 강남, 강서, 강동 등 4개 매장의 '수량'과 '상품코드'별 단가를 이용하여 금액을 산출하고 있다. 귀하가 다음 중 [D2] 셀에서 사용하고 있는 함수식으로 옳은 것은 무엇인가? (금액 = 수량 × 단가)

자료

	A	B	C	D
1	지역	상품코드	수량	금액
2	강북	AA-10	15	45,000
3	강남	BB-20	25	125,000
4	강서	AA-10	30	90,000
5	강동	CC-30	35	245,000
6				
7		상품코드	단가	
8		AA-10	3,000	
9		BB-20	7,000	
10		CC-30	5,000	

① =C2*VLOOKUP(B2,$B$8:$C$10, 1, 1)

② =B2*HLOOKUP(C2,$B$8:$C$10, 2, 0)

③ =C2*VLOOKUP(B2,$B$8:$C$10, 2, 0)

④ =C2*HLOOKUP($B$8:$C$10, 2, B2)

⑤ =C2*HLOOKUP($B$8:$C$10, 2, 1)

32. 다음 중 컴퓨터 보안 위협의 형태와 그 내용에 대한 설명이 올바르게 연결되지 않은 것은 어느 것인가?

① 피싱(Phishing) – 유명 기업이나 금융기관을 사칭한 가짜 웹 사이트나 이메일 등으로 개인의 금융정보와 비밀번호를 입력하도록 유도하여 예금 인출 및 다른 범죄에 이용하는 수법

② 스푸핑(Spoofing) – 악의적인 목적으로 임의로 웹 사이트를 구축해 일반 사용자의 방문을 유도한 후 시스템 권한을 획득하여 정보를 빼가거나 암호와 기타 정보를 입력하도록 속이는 해킹 수법

③ 디도스(DDoS) – 시스템에 불법적인 행위를 수행하기 위하여 다른 프로그램으로 위장하여 특정 프로그램을 침투시키는 행위

④ 스니핑(Sniffing) – 네트워크 주변을 지나다니는 패킷을 엿보면서 아이디와 패스워드를 알아내는 행위

⑤ 백 도어(Back Door) – 시스템의 보안 예방책을 침입하여 무단 접근하기 위해 사용되는 일종의 비상구

33. 다음 워크시트에서처럼 주민등록번호가 입력되어 있을 때, 이 셀의 값을 이용하여 [C1] 셀에 성별을 '남' 또는 '여'로 표시하고자 한다. [C1] 셀에 입력해야 하는 수식은? (단, 주민등록번호의 8번째 글자가 1이면 남자, 2이면 여자이다)

	A	B	C
1	임나라	870808-2235672	
2	정현수	850909-1358527	
3	김동하	841010-1010101	
4	노승진	900202-1369752	
5	은봉미	890303-2251547	

① =CHOOSE(MID(B1,8,1), "여", "남")

② =CHOOSE(MID(B1,8,2), "남", "여")

③ =CHOOSE(MID(B1,8,1), "남", "여")

④ =IF(RIGHT(B1,8)="1", "남", "여")

⑤ =IF(RIGHT(B1,8)="2", "남", "여")

34. 다음 시트의 [D10]셀에서 =DCOUNT(A2:F7,4,A9:B10)을 입력했을 때 결과 값으로 옳은 것은?

	A	B	C	D	E	F
1	4차 산업혁명 주요 테마별 사업체당 종사자 수					
2		2015	2016	2017	2018	2019
3	자율주행	24.2	21.2	21.9	20.6	20
4	인공지능	22.6	17	19.2	18.7	18.7
5	빅데이터	21.8	17.5	18.9	17.8	18
6	드론	43.8	37.2	40.5	39.6	39.7
7	3D프린팅	25	18.6	21.8	22.7	22.6
8						
9	2015	2019				
10	<25	>19				

① 0
② 1
③ 2
④ 3
⑤ 4

35. 다음에서 설명하고 있는 문자 자료 표현은 무엇인가?

- BCD코드의 확장코드이다.
- 8비트로 28(256)가지의 문자 표현이 가능하다.(zone : 4bit, digit : 4bit)
- 주로 대형 컴퓨터에서 사용되는 범용코드이다.

① 국가식별 코드
② ASCII 코드
③ 가중치 코드
④ EBCDIC 코드
⑤ 오류검출 코드

36. 다음 표에 제시된 통계함수와 함수의 기능이 서로 잘못 짝지어진 것은 어느 것인가?

함수명	기능
㉠ AVERAGEA	텍스트로 나타낸 숫자, 논리값 등을 포함, 인수의 평균을 구함
㉡ COUNT	인수 목록에서 공백이 아닌 셀과 값의 개수를 구함
㉢ COUNTIFS	범위에서 여러 조건을 만족하는 셀의 개수를 구함
㉣ LARGE(범위, k번째)	범위에서 k번째로 큰 값을 구함
㉤ RANK	지정 범위에서 인수의 순위를 구함

① ㉠
② ㉡
③ ㉢
④ ㉣
⑤ ㉤

37. 다음 워크시트에서 수식 ' =POWER(A3, A2)'의 결과 값은 얼마인가?

	A
1	1
2	3
3	5
4	7
5	9
6	11

① 5
② 81
③ 49
④ 125
⑤ 256

38. 다음 제시된 트리를 전위 순회했을 때의 출력 결과는?

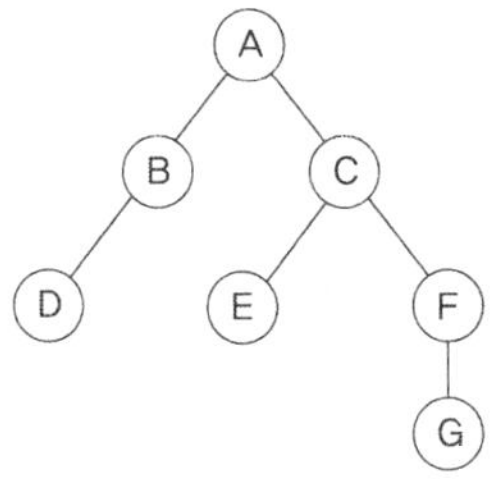

① ABCDEFG ② ABDCEFG

③ DBAECFG ④ DBACEFG

⑤ GFCEABD

39. 다음 워크시트에서 과일의 금액 합계를 나타내는 '=SUM(B2:B7)' 수식에서 '=SUM(B2B7)'와 같이 범위 참조의 콜론(:)이 빠졌을 경우 나타나는 오류 메시지는?

	A	B
1	과일	금액
2	딸기	4000
3	사과	5000
4	포도	10000
5	자두	3000
6	복숭아	5000
7	수박	17000
8		

① #NAME? ② #REF!

③ #VALUE! ④ #DIV/0

⑤ #NUM!

40. 다음 시트처럼 한 셀에 두 줄 이상 입력하려는 경우 줄을 바꿀 때 사용하는 키는?

	A	B
1	서원각 출판사	실전 모의고사
2		
3		

① 〈Shift〉+〈Ctrl〉+〈Enter〉

② 〈Alt〉+〈Enter〉

③ 〈Alt〉+〈Shift〉+〈Enter〉

④ 〈Shift〉+〈Enter〉

⑤ 〈Ctrl〉+〈Enter〉

❙41~42❙ 다음은 그래프 구성 명령어 실행 예시이다. 이를 참고하여 다음의 물음에 답하시오.

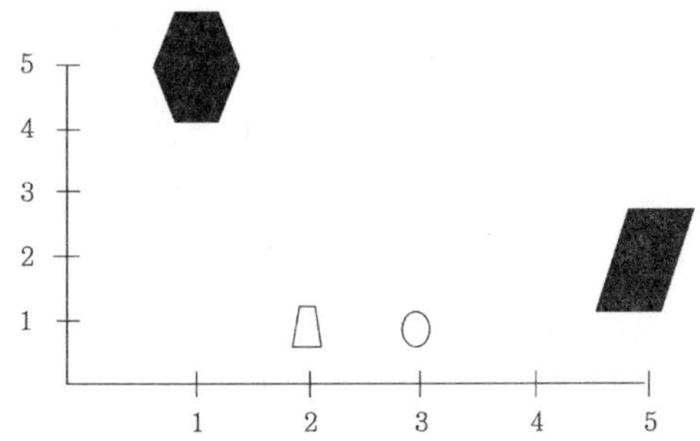

H5 / V5
S(1,5) : N3 / K(2,1): R2 / W(3,1) : R2 / E(5,2) : N3

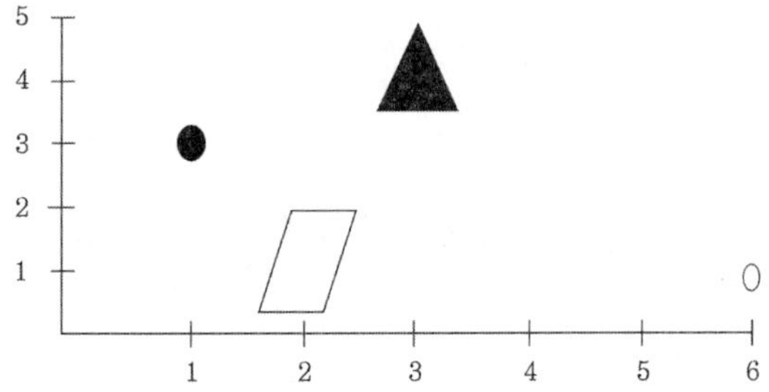

H6 / V5
W(1,e) : N2 / E(2,1): R3 / J(3,4) : N3 / W(6,1) : R1

41. 위의 그래프 구성 명령어 실행 예시를 통하여 알 수 있는 사항으로 올바르지 않은 것은?

① S는 육각형을 의미하며, 항상 가장 큰 크기로 표시된다.

② 가로축과 세로축이 네 칸씩 있는 그래프는 H4 / V4로 표시된다.

③ N과 R은 도형의 내부 채색 여부를 의미한다.

④ 도형의 크기는 명령어의 가장 마지막에 표시된다.

⑤ 도형의 크기는 1, 2, 3으로 구분한다.

42. 다음과 같은 그래프에 해당하는 그래프 구성 명령어로 올바른 것은?

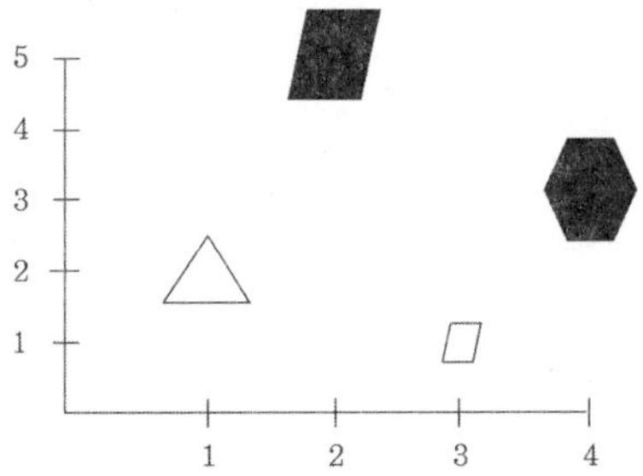

① H5 / V4
J(1,2) : N3 / E(2,5) : R3 / E(3,1) : N2 / S(4,3) : R3

② H5 / V4
J(1,2) : W3 / E(2,5) : N3 / E(3,1) : W2 / S(4,3) : N3

③ H4 / V5
J(1,2) : N3 / E(2,5) : R3 / E(3,1) : N2 / S(4,3) : R3

④ H4 / V5
J(1,2) : R3 / E(2,5) : N3 / E(3,1) : R2 / S(4,3) : N3

⑤ H5 / V5
J(1,2) : R3 / E(2,5) : N3 / E(3,1) : R2 / S(4,3) : N3

43. 다음에 설명하는 벤치마킹의 종류는?

> 프로세스에 있어 최고로 우수한 성과를 보유한 동일업종의 비경쟁적 기업을 대상으로 한다.

① 내부 벤치마킹
② 경쟁적 벤치마킹
③ 비경쟁적 벤치마킹
④ 글로벌 벤치마킹
⑤ 간접적 벤치마킹

I 44~46 I 다음 표를 참고하여 질문에 답하시오.

스위치	기능
○	1번, 2번 연산을 순방향으로 1회 진행함
●	3번, 4번 연산을 순방향으로 1회 진행함
◇	1번, 4번 연산을 역방향으로 1회 진행함
◆	2번, 3번 연산을 역방향으로 1회 진행함
□	모든 연산을 순방향으로 1회 진행함
■	모든 연산을 역방향으로 1회 진행함
순방향 : + ▸ − ▸ × ▸ ÷ / 역방향 : ÷ ▸ × ▸ − ▸ +	

44. 처음 상태에서 스위치를 두 번 눌렀더니 다음과 같이 바뀌었다. 어떤 스위치를 눌렀는가?

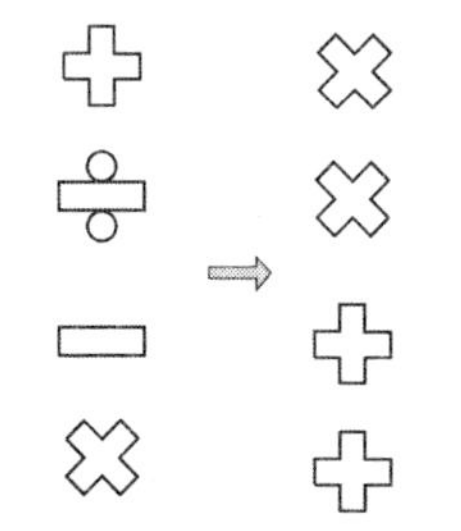

① ○, ■　　② ■, ◇
③ □, ●　　④ ○, ◆
⑤ □, ○

45. 처음 상태에서 스위치를 세 번 눌렀더니 다음과 같이 바뀌었다. 어떤 스위치를 눌렀는가?

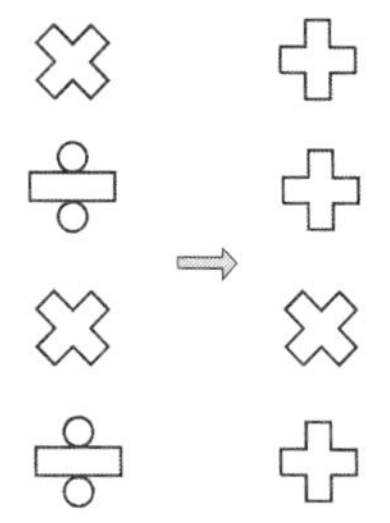

① □, ◆, ○　　② ●, ■, ◇
③ ◇, □, ●　　④ ○, ●, ◆
⑤ ◇, ◆, ○

46. 처음 상태에서 스위치를 세 번 눌렀더니 다음과 같이 바뀌었다. 어떤 스위치를 눌렀는가?

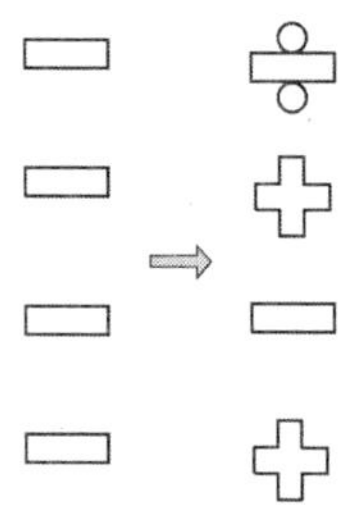

① □, □, ◆　　② ○, ◆, ◇
③ ■, ◇, ●　　④ ■, ●, ◆
⑤ ■, ◆, ◇

47. 기술융합이란 4대 핵심기술인 나노기술(NT), 생명공학기술(BT), 정보기술(IT), 인지과학(Cognitive Science)이 상호 의존적으로 결합되는 것을 의미한다. 이러한 4대 핵심기술의 융합이 자동차에 이용된 사례가 아닌 것은?

① 증강현실을 이용한 차량 정보 통합 기술
② 운행 시의 사고요소 감지 기술
③ 자동 속도 제어 기술
④ 무인자동차 기술
⑤ 친환경 하이브리드 자동차 기술

▌48~50▐ 다음 표를 참고하여 질문에 답하시오.

스위치	기능
☆	1번, 2번 기계를 180° 회전함
★	1번, 3번 기계를 180° 회전함
◇	2번, 3번 기계를 180° 회전함
◆	2번, 4번 기계를 180° 회전함

48. 처음 상태에서 스위치를 두 번 눌렀더니 다음과 같이 바뀌었다. 어떤 스위치를 눌렀는가?

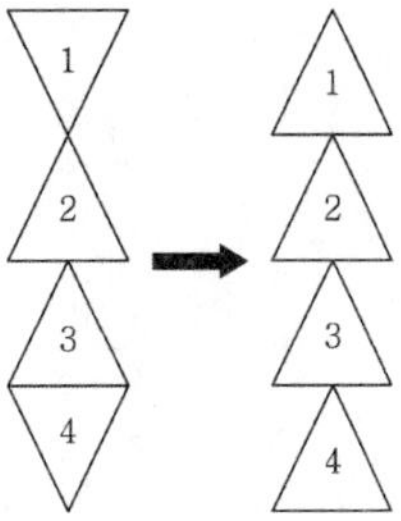

① ◇, ◆
② ◇, ★
③ ★, ☆
④ ★, ◆
⑤ ☆, ◆

49. 처음 상태에서 스위치를 두 번 눌렀더니 다음과 같이 바뀌었다. 어떤 스위치를 눌렀는가?

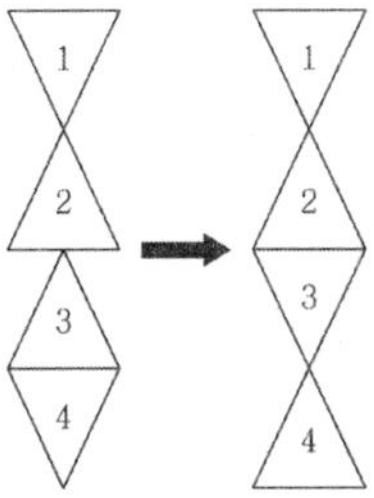

① ☆, ★
② ☆, ◇
③ ◇, ◆
④ ★, ◆
⑤ ★, ◇

50. 처음 상태에서 스위치를 세 번 눌렀더니 다음과 같이 바뀌었다. 어떤 스위치를 눌렀는가?

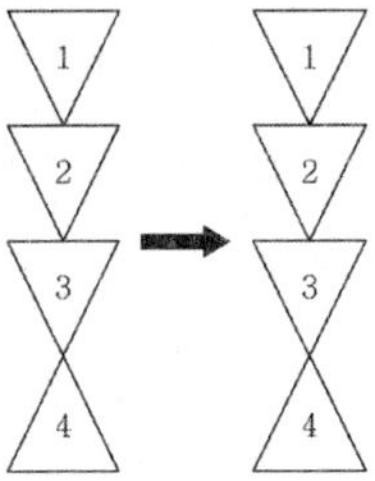

① ★, ◇, ◆
② ☆, ◇, ◆
③ ☆, ★, ◆
④ ☆, ★, ◇
⑤ ★, ◇, ★

절 취 선

한국농어촌공사
7급 신입사원(채용형인턴)

성 명

(자 필 성 명)

생 년 월 일

⓪	⓪	⓪	⓪	⓪	⓪	⓪	⓪
①	①	①	①	①	①	①	①
②	②	②	②	②	②	②	②
③	③	③	③	③	③	③	③
④	④	④	④	④	④	④	④
⑤	⑤	⑤	⑤	⑤	⑤	⑤	⑤
⑥	⑥	⑥	⑥	⑥	⑥	⑥	⑥
⑦	⑦	⑦	⑦	⑦	⑦	⑦	⑦
⑧	⑧	⑧	⑧	⑧	⑧	⑧	⑧
⑨	⑨	⑨	⑨	⑨	⑨	⑨	⑨

1	① ② ③ ④ ⑤	21	① ② ③ ④ ⑤	41	① ② ③ ④ ⑤
2	① ② ③ ④ ⑤	22	① ② ③ ④ ⑤	42	① ② ③ ④ ⑤
3	① ② ③ ④ ⑤	23	① ② ③ ④ ⑤	43	① ② ③ ④ ⑤
4	① ② ③ ④ ⑤	24	① ② ③ ④ ⑤	44	① ② ③ ④ ⑤
5	① ② ③ ④ ⑤	25	① ② ③ ④ ⑤	45	① ② ③ ④ ⑤
6	① ② ③ ④ ⑤	26	① ② ③ ④ ⑤	46	① ② ③ ④ ⑤
7	① ② ③ ④ ⑤	27	① ② ③ ④ ⑤	47	① ② ③ ④ ⑤
8	① ② ③ ④ ⑤	28	① ② ③ ④ ⑤	48	① ② ③ ④ ⑤
9	① ② ③ ④ ⑤	29	① ② ③ ④ ⑤	49	① ② ③ ④ ⑤
10	① ② ③ ④ ⑤	30	① ② ③ ④ ⑤	50	① ② ③ ④ ⑤
11	① ② ③ ④ ⑤	31	① ② ③ ④ ⑤		
12	① ② ③ ④ ⑤	32	① ② ③ ④ ⑤		
13	① ② ③ ④ ⑤	33	① ② ③ ④ ⑤		
14	① ② ③ ④ ⑤	34	① ② ③ ④ ⑤		
15	① ② ③ ④ ⑤	35	① ② ③ ④ ⑤		
16	① ② ③ ④ ⑤	36	① ② ③ ④ ⑤		
17	① ② ③ ④ ⑤	37	① ② ③ ④ ⑤		
18	① ② ③ ④ ⑤	38	① ② ③ ④ ⑤		
19	① ② ③ ④ ⑤	39	① ② ③ ④ ⑤		
20	① ② ③ ④ ⑤	40	① ② ③ ④ ⑤		

SEOWONGAK
(주)서원각

한국농어촌공사

7급 신입사원(채용형인턴)

제4회 모의고사

성명		생년월일	
문제 수(배점)	50문항	풀이시간	/ 50분
영역	직업기초능력평가		
비고	객관식 5지선다형		

※ 유의사항 ※

- 문제지 및 답안지의 해당란에 문제유형, 성명, 응시번호를 정확히 기재하세요.
- 모든 기재 및 표기사항은 "컴퓨터용 흑색 수성 사인펜"만 사용합니다.
- 예비 마킹은 중복 답안으로 판독될 수 있습니다.

제4회 7급 신입사원(채용형인턴) 모의고사

1. 다음 글의 (　) 안에 들어갈 말을 순서대로 바르게 나열한 것은?

> **차용증서**
>
> 제1조 : 채권자 "갑"은 20○○년 ○○월 ○○일에 금 ○○만 원을 채무자 "을"에게 빌려주고 채무자 "을"은 이것을 차용하였다.
>
> 제2조 : 차용금의 변제기한은 20○○년 ○○월 ○○일로 한다.
>
> 제3조 : 1) 이자는 월 ○○푼의 비율로 하고 매월 ○○일까지 지불하기로 한다.
> 2) 원리금의 변제를 지체했을 때에는 채무자는 일변 ○○리의 비율에 의한 지연손실금을 (㉠)해서 지불해야 한다.
>
> 제4조 : 채무의 변제는 채권자 현재의 주소 또는 지정장소에 지참 또는 송금하여 지불한다.
>
> 제5조 : 채무자 "을"이 다음의 어느 하나에 해당하는 경우에 있어서는 채권자 "갑"으로부터의 통지, 최고 등이 없이도 당연히 기한의 이익을 잃고 채무 전부를 즉시 변제한다.
> ① 본 건 이자의 지불을 ○○개월분 이상 (㉡)했을 때
> ② 다른 채무 때문에 강제집행, 집행보전처분을 받거나, 파산 또는 경매의 신청이 있었을 때
>
> 제6조 : 채무자 "을"은 그 채무불이행 시에는 그의 전 재산에 대해 곧 강제집행에 따를 것을 (㉢)했다.

	㉠	㉡	㉢
①	가산	체납	승낙
②	가산	지체	승낙
③	가산	체납	거부
④	감산	지체	승낙
⑤	감산	체납	거부

2. 다음 글을 읽고 알 수 있는 내용으로 가장 적절한 것은?

> 어떤 시점에 당신만이 느끼는 어떤 감각을 지시하여 'W'라는 용어의 의미로 삼는다고 하자. 그 이후에 가끔 그 감각을 느끼게 되면, "W라고 불리는 그 감각이 나타났다."고 당신은 말할 것이다. 그렇지만 그 경우에 당신이 그 용어를 올바로 사용했는지 그렇지 않은지를 어떻게 결정할 수 있는가? 만에 하나 첫 번째 감각을 잘못 기억할 수도 있을 것이고, 혹은 실제로는 단지 희미하고 어렴풋한 유사성밖에 없는데도 첫 번째 감각과 두 번째 감각 사이에 밀접한 유사성이 있는 것으로 착각할 수도 있다. 더구나 그것이 착각인지 아닌지를 판단할 근거가 없다. 만약 "W"라는 용어의 의미가 당신만이 느끼는 그 감각에만 해당한다면, "W"라는 용어의 올바른 사용과 잘못된 사용을 구분할 방법은 어디에도 없게 될 것이다. 올바른 적용에 관해 결론을 내릴 수 없는 용어는 아무런 의미도 갖지 않는다.

① 본인만이 느끼는 감각을 지시하는 용어는 아무 의미도 없다.
② 어떤 용어도 구체적 사례를 통해서 의미를 얻게 될 수 없다.
③ 감각을 지시하는 용어는 사용하는 사람에 따라 상대적인 의미를 갖는다.
④ 감각을 지시하는 용어의 의미는 그것이 무엇을 지시하는가와 아무 상관이 없다.
⑤ 감각을 지시하는 용어의 의미는 다른 사람들과 공유하는 의미로 확장될 수 있다.

3. 다음 글을 읽고 이 글을 뒷받침할 수 있는 주장으로 가장 적합한 것은?

> X선 사진을 통해 폐질환 진단법을 배우고 있는 의과대학 학생을 생각해 보자. 그는 암실에서 환자의 가슴을 찍은 X선 사진을 보면서, 이 사진의 특징을 설명하는 방사선 전문의의 강의를 듣고 있다. 그 학생은 가슴을 찍은 X선 사진에서 늑골뿐만 아니라 그 밑에 있는 폐, 늑골의 음영, 그리고 그것들 사이에 있는 아주 작은 반점들을 볼 수 있다. 하지만 처음부터 그럴 수 있었던 것은 아니다. 첫 강의에서는 X선 사진에 대한 전문의의 설명을 전혀 이해하지 못했다. 그가 가리키는 부분이 무엇인지, 희미한 반점이 과연 특정질환의 흔적인지 전혀 알 수가 없었다. 전문의가 상상력을 동원해 어떤 가상적 이야기를 꾸며내는 것처럼 느껴졌을 뿐이다. 그러나 몇 주 동안 이론을 배우고 실습을 하면서 지금은 생각이 달라졌다. 그는 문제의 X선 사진에서 이제는 늑골 뿐 아니라 폐와 관련된 생리적인 변화, 흉터나 만성 질환의 병리학적 변화, 급성질환의 증세와 같은 다양한 현상들까지도 자세하게 경험하고 알 수 있게 될 것이다. 그는 전문가로서 새로운 세계에 들어선 것이고, 그 사진의 명확한 의미를 지금은 대부분 해석할 수 있게 되었다. 이론과 실습을 통해 새로운 세계를 볼 수 있게 된 것이다.

① 관찰은 배경지식에 의존한다.

② 과학에서의 관찰은 오류가 있을 수 있다.

③ 과학 장비의 도움으로 관찰 가능한 영역은 확대된다.

④ 관찰정보는 기본적으로 시각에 맺혀지는 상에 의해 결정된다.

⑤ X선 사진의 판독은 과학데이터 해석의 일반적인 원리를 따른다.

4. 다음 글에서 추론할 수 있는 내용으로 옳은 것만을 고른 것은?

> 예술과 도덕의 관계, 더 구체적으로는 예술작품의 미적 가치와 도덕적 가치의 관계는 동서양을 막론하고 사상사의 중요한 주제들 중 하나이다. 그 관계에 대한 입장들로는 '극단적 도덕주의', '온건적 도덕주의', '자율성주의'가 있다. 이 입장들은 예술작품이 도덕적 가치판단의 대상이 될 수 있느냐는 물음에 각기 다른 대답을 한다.
>
> 극단적 도덕주의 입장은 모든 예술작품을 도덕적 가치판단의 대상으로 본다. 이 입장은 도덕적 가치를 가장 우선적인 가치이자 가장 포괄적인 가치로 본다. 따라서 모든 예술 작품은 도덕적 가치에 의해서 긍정적으로 또는 부정적으로 평가된다. 또한 도덕적 가치는 미적 가치를 비롯한 다른 가치들보다 우선한다. 이러한 입장을 대표하는 사람이 바로 톨스토이이다. 그는 인간의 형제애에 관한 정서를 전달함으로써 인류의 심정적 통합을 이루는 것이 예술의 핵심적 가치라고 보았다.
>
> 온건적 도덕주의는 오직 일부 예술작품만이 도덕적 판단의 대상이 된다고 보는 입장이다. 따라서 일부의 예술작품들에 대해서만 긍정적인 또는 부정적인 도덕적 가치판단이 가능하다고 본다. 이 입장에 따르면, 도덕적 판단의 대상이 되는 예술작품의 도덕적 가치와 미적 가치는 서로 독립적으로 성립하는 것이 아니다. 그것들은 서로 내적으로 연결되어 있기 때문에 어떤 예술작품이 가지는 도덕적 장점이 그 예술작품의 미적 장점이 된다. 또한 어떤 예술작품의 도덕적 결함은 그 예술작품의 미적 결함이 된다.
>
> 자율성주의는 어떠한 예술작품도 도덕적 가치판단의 대상이 될 수 없다고 보는 입장이다. 이 입장에 따르면, 도덕적 가치와 미적 가치는 서로 자율성을 유지한다. 즉, 도덕적 가치와 미적 가치는 각각 독립적인 영역에서 구현되고 서로 다른 기준에 의해 평가된다는 것이다. 결국 자율성주의는 예술작품에 대한 도덕적 가치판단을 범주착오에 해당하는 것으로 본다.

> ㉠ 자율성주의는 극단적 도덕주의와 온건한 도덕주의가 모두 범주착오를 범하고 있다고 볼 것이다.
>
> ㉡ 극단적 도덕주의는 모든 도덕적 가치가 예술작품을 통해 구현된다고 보지만 자율성주의는 그렇지 않을 것이다.
>
> ㉢ 온건한 도덕주의에서 도덕적 판단의 대상이 되는 예술작품들은 모두 극단적 도덕주의에서도 도덕적 판단의 대상이 될 것이다.

① ㉠ ② ㉡

③ ㉠㉢ ④ ㉡㉢

⑤ ㉠㉡㉢

5. 다음 글의 관점 A～C에 대한 평가로 적절한 것만을 고른 것은?

> 위험은 우리의 안전을 위태롭게 하는 실제 사건의 발생과 진행의 총체라고 할 수 있다. 위험에 대해 사람들이 취하는 태도에 대해서는 여러 관점이 존재한다.
>
> 관점 A에 따르면, 위험 요소들은 보편타당한 기준에 따라 계산 가능하고 예측 가능하기 때문에 객관적이고 중립적인 것으로 인식될 수 있다. 그 결과, 각각의 위험에 대해 개인이나 집단이 취하게 될 태도 역시 사고의 확률에 대한 객관적인 정보에 의해서만 결정된다. 하지만 이 관점은 객관적인 발생가능성이 높지 않은 위험을 민감하게 받아들이는 개인이나 사회가 있다는 것을 설명하지 못한다.
>
> 한편 관점 B는 위험에 대한 태도가 객관적인 요소뿐만 아니라 위험에 대한 주관적 인지와 평가에 의해 좌우된다고 본다. 예를 들어 위험이 발생할 객관적인 가능성은 크지 않더라도, 그 위험의 발생을 스스로 통제할 수 없는 경우에 사람들은 더욱 민감하게 반응한다. 그뿐만 아니라 위험을 야기하는 사건이 자신에게 생소한 것이어서 그에 대한 지식이 부족할수록 사람들은 그 사건을 더 위험한 것으로 인식하는 경향이 있다. 하지만 이것은 동일한 위험에 대해 서로 다른 문화와 가치관을 가지고 있는 사회 또는 집단들이 다른 태도를 보이는 이유를 설명하지 못한다.
>
> 이와 관련해 관점 C는 위험에 대한 태도가 개인의 심리적인 과정에 의해서만 결정되는 것이 아니라. 개인이 속한 집단의 문화적 배경에도 의존한다고 주장한다. 예를 들어 숙명론이 만연한 집단은 위험을 통제 밖의 일로 여겨 위험에 대해서 둔감한 태도를 보이게 되며, 구성원의 안전 문제를 다른 무엇보다도 우선시하는 집단은 그렇지 않은 집단보다 위험에 더 민간함 태도를 보이게 될 것이다.

> ㉠ 관점 A와 달리 관점 B는 위험에 대한 사람들의 태도가 객관적인 요소에 영향을 받지 않는다고 주장한다.
> ㉡ 관점 B와 관점 C는 사람들이 동일한 위험에 대해서 다른 태도를 보이는 사례를 설명할 수 있다.
> ㉢ 관점 A는 민주화 수준이 높은 사회일수록 사회 구성원들이 기후변화의 위험에 더 민감한 태도를 보인다는 것을 설명할 수 있지만, 관점 C는 그렇지 않다.

① ㉠ ② ㉡
③ ㉠㉢ ④ ㉡㉢
⑤ ㉠㉡㉢

6. 다음 글을 통해 알 수 있는 내용으로 적절하지 않은 것은?

> 지구의 여러 곳에서 장기간에 걸친 가뭄, 폭염, 홍수, 폭우 등과 같은 이상 기후가 발생하여 인간에게 큰 피해를 주고 있다. 이러한 이상 기후가 나타나는 원인 중에는 엘니뇨와 라니냐가 있다.
>
> 평상시에는 적도 부근의 동태평양에 있는 남아메리카 페루 연안으로부터 서쪽으로 무역풍이 지속적으로 분다. 이 무역풍은 동쪽에 있는 따뜻한 표층수를 서쪽 방향으로 운반하기 때문에 따뜻한 해수층의 두께는 서태평양 쪽에서는 두껍고 동태평양 쪽에서는 얇아진다. 이와 함께 남아메리카 페루 연안에서는 서쪽으로 쓸려 가는 표층수의 자리를 메우기 위해 차가운 심층 해수가 아래로부터 올라오는 용승이 일어나게 된다.
>
> 이 결과 적도 부근 동태평양 페루 연안의 해수면 온도는 같은 위도의 다른 해역보다 낮아지고, 적도 부근 서태평양에서의 표층 해수의 온도는 높아지게 된다. 표층 해수의 온도가 높아지면 해수가 증발하여 공기 중에 수증기의 양이 많아지고, 따뜻한 해수가 공기를 데워 상승 기류를 발생시켜 저기압이 발달하고 구름이 생성된다. 이로 인해 해수 온도가 높은 서태평양에 위치한 동남아시아와 오스트레일리아에는 강수량이 많아진다. 반대로 남아메리카의 페루 연안에는 하강 기류가 발생하여 고기압이 발달하고 맑고 건조한 날씨가 나타난다.
>
> 적도 부근 태평양의 무역풍은 2~6년 사이로 그 세기가 변하는데, 이에 따라 적도 부근 태평양의 기후 환경은 달라진다. 무역풍이 평상시보다 약해지면 태평양 동쪽의 따뜻한 표층수를 서쪽으로 밀어내는 힘이 약해진다. 이로 인해, 적도 부근 동태평양의 용승이 약해지며 해수면의 온도는 평상시보다 높아진다. 따뜻한 표층수가 동쪽에 머무르면, 적도 부근 서태평양은 평상시에 비해 해수면의 온도와 해수면의 높이가 낮아지고, 적도 부근 동태평양은 해수면의 온도와 해수면의 높이가 상승하는데 이 현상이 엘니뇨이다. 엘니뇨가 발생하면 인도네시아, 오스트레일리아 등에서는 평상시에 비해 강수량이 감소하여 가뭄이 발생하고, 대규모 산불이 일어나기도 한다. 반면에 페루, 칠레 등에서는 평상시보다 많은 강수량을 보이면서 홍수가 자주 발생하는 등 이상 기후가 나타나게 된다. 한편, 무역풍이 평상시보다 강해지면 적도 부근 동태평양의 해수면의 온도와 해수면의 높이가 평상시보다 더 낮아지고 적도 부근 서태평양의 해수면의 온도와 해수면의 높이가 평상시보다 더 높아진다. 이런 현상을 라니냐라고 한다. 라니냐가 발생하면 동남아시아와 오스트레일리아에서는 홍수가 잦아지거나 이상 고온 현상이 나타나기도 하고, 반대로 페루, 칠레 등에서는 평상시보다 더 건조해져 가뭄이 발생할 수 있다. 라니냐가 발생하면 적도 부근 동태평양의 기압은 평상시보다 상승하고 서태평양의 기압은 평상시보다 하강하여 두 지역의 기압차는 평상시보다 더 커진다.

① 적도 부근 서태평양에서 표층 해수의 온도가 높아지면 상승 기류가 발생한다.

② 평상시에 무역풍은 적도 부근 태평양의 표층수를 동쪽에서 서쪽 방향으로 이동시킨다.

③ 동태평양 페루 연안에서 용승이 일어나면 같은 위도의 다른 해역보다 페루 연안의 해수면 온도가 높아진다.

④ 평상시 적도 부근 서태평양에 저기압이 발달하면 적도 부근 서태평양에 위치한 동남아시아의 강수량이 많아진다.

⑤ 평상시에 적도 부근 동태평양의 따뜻한 표층수가 서쪽으로 이동하여 동태평양의 따뜻한 해수층의 두께가 얇아진다.

7. **다음은 신입사원 A가 사보에 싣기 위해 기획한 기사의 의도와 초고 내용이다. 당신이 A의 상사라고 할 때, 지적할 수 있는 수정 사항으로 적절한 것은?**

> [기획 의도]
>
> 최근 많이 사용되고 있는 시사용어인 워라밸의 의미와 워라밸이 추구하는 삶의 양식에 대해 설명하고, 사원들이 워라밸을 이해할 수 있도록 하는 데에 있다.
>
> [초고]
>
> 제목 : ㉠ 워라밸
>
> 부제 : 일과 삶의 성과를 지향하는 인생을 추구하며
>
> 우리나라는 ㉡ 세계적으로 1인당 연평균 노동 시간이 긴 편에 속한다. ㉢'주 52시간 근로법'이 만들어질 정도로 장시간 일하는 것에 대해 사회적으로 고민하면서 최근 워라밸이란 용어가 자주 등장하고 있다. 이 말은 워크 앤 라이프 밸런스(Work and Life Balance)를 줄인 것으로, 일과 삶의 균형을 뜻한다. ㉣ 워라밸은 주로 젊은층에서 여가와 개인적인 생활을 중시하는 것을 의미한다. 직장과 조직을 우선시하던 기존 세대와 달리 청년 세대에서 많은 돈을 버는 것에 집착하지 않고 넉넉하지 않은 여건에서도 자신이 지향하는 삶을 추구하는 경향을 말한다. ㉤ 워라밸은 과도하게 일에 몰두하는 대신 휴식과 여행, 자기계발을 통해 삶의 만족도를 높이는 것을 중시한다.

① ㉠ : 사보라는 매체의 특성을 고려하여 제목과 부제의 순서를 바꾸어 제시하는 것이 좋겠어.

② ㉡ : 정보의 신뢰성을 높이기 위해 국가별 노동 시간 순위가 나타나는 자료를 인용하는 것이 좋겠어.

③ ㉢ : 기획 의도가 잘 드러나도록 법 제정 절차에 대한 내용을 추가하는 것이 좋겠어.

④ ㉣ : 글의 주제와 관련성이 부족한 내용이므로 삭제하는 것이 좋겠어.

⑤ ㉤ : 독자들의 이해를 돕기 위해 문장의 첫머리에 '그러나'라는 접속어를 넣는 게 좋겠어.

8. **다음은 고령화 시대의 노인 복지 문제라는 제목으로 글을 쓰기 위해 수집한 자료이다. 자료를 모두 종합하여 설정할 수 있는 논지 전개 방향으로 가장 적절한 것은?**

㉠ 노령화 지수 추이(통계청)

연도	1990	2000	2010	2020	2030
노령화 지수	20.0	34.3	62.0	109.0	186.6

※ 노령화 지수 : 유년인구 100명당 노령인구

㉡ 경제 활동 인구 한 명당 노인 부양 부담이 크게 증가할 것으로 예상된다. 노인 인구에 대한 의료비 증가로 건강보험 재정도 위기 상황에 처할 수 있을 것으로 보인다. 향후 노인 요양 시설 및 재가(在家) 서비스를 위해 부담해야 할 투자비용도 막대하다.

– 00월 00일 ○○뉴스 중

㉢ 연금 보험이나 의료 보험 같은 혜택도 중요하지만 우리 같은 노인이 경제적으로 독립할 수 있도록 일자리를 만들어 주는 것이 더 중요한 것 같습니다.

– 정년 퇴직자의 인터뷰 중 –

① 노인 인구의 증가 속도에 맞춰 노인 복지 예산 마련이 시급한 상황이다. 노인 복지 예산을 마련하기 위한 구체적 방안은 무엇인가?

② 노인 인구의 급격한 증가로 여러 가지 사회 문제가 나타날 것으로 예상된다. 이러한 상황의 심각성을 사람들에게 어떻게 인식시킬 것인가?

③ 노인 인구의 증가가 예상되면서 노인 복지 대책 또한 절실히 요구되고 있다. 이러한 상황에서 노인 복지 정책의 바람직한 방향은 무엇인가?

④ 노인 인구가 증가하면서 노인 복지 정책에 대한 노인들의 불만도 높아지고 있다. 이러한 불만을 해소하기 위해서 정부는 어떠한 노력을 해야 하는가?

⑤ 현재 정부의 노인 복지 정책이 마련되어 있기는 하지만 실질적인 복지 혜택으로 이어지지 않고 있다. 이러한 현상이 나타나게 된 근본 원인은 무엇인가?

▮9~10▮ 다음은 어느 공항의 〈교통약자 공항이용안내〉의 일부이다. 이를 읽고 물음에 답하시오.

패스트트랙

- Fast Track을 이용하려면 교통약자(보행장애인, 7세 미만 유소아, 80세 이상 고령자, 임산부, 동반여객 2인 포함)는 본인이 이용하는 항공사의 체크인카운터에서 이용대상자임을 확인 받고 'Fast Track Pass'를 받아 Fast Track 전용출국장인 출국장 1번, 6번 출국장입구에서 여권과 함께 제시하면 됩니다.
- 인천공항 동편 전용출국통로(Fast Track, 1번 출국장), 오전7시 ~ 오후7시까지 운영 중이며, 운영상의 미비점을 보완하여 정식운영(동 · 서편, 전 시간 개장)을 개시할 예정에 있습니다.

휠체어 및 유모차 대여

공항 내 모든 안내데스크에서 휠체어 및 유모차를 필요로 하는 분께 무료로 대여하여 드리고 있습니다.

장애인 전용 화장실

- 여객터미널 내 화장실마다 최소 1실의 장애인 전용화장실이 있습니다.
- 장애인분들의 이용 편의를 위하여 넓은 출입구와 내부공간, 버튼식자동문, 비상벨, 센서작동 물내림 시설을 설치하였으며 항상 깨끗하게 관리하여 편안한 공간이 될 수 있도록 하고 있습니다.

주차대행 서비스

- 공항에서 허가된 주차대행 서비스(유료)를 이용하시면 보다 편리하고 안전하게 차량을 주차하실 수 있습니다.
- 경차, 장애인, 국가유공자의 경우 할인된 금액으로 서비스를 이용하실 수 있습니다.

장애인 주차 요금 할인

주차장 출구의 유인부스를 이용하는 장애인 차량은 장애인증을 확인 후 일반주차요금의 50%를 할인하여 드리고 있습니다.

휠체어 리프트 서비스

- 장기주차장에서 여객터미널까지의 이동이 불편한 장애인, 노약자 등 교통약자의 이용 편의 증진을 위해 무료 이동서비스를 제공하여 드리고 있습니다.
- 여객터미널↔장기주차장, 여객터미널↔화물터미널행의 모든 셔틀버스에 휠체어 탑승리프트를 설치, 편안하고 안전하게 모시고 있습니다.

9. 다음 교통약자를 위한 서비스 중 무료로 이용할 수 있는 서비스만으로 묶인 것은?

① 주차대행 서비스, 장애인 전용 화장실 이용
② 장애인 차량 주차, 휠체어 및 유모차 대여
③ 휠체어 및 유모차 대여, 휠체어 리프트 서비스
④ 휠체어 및 유모차 대여, 주차대행 서비스
⑤ 장애인 차량 주차, 휠체어 리프트 서비스

10. Fast Track 이용 가능한 교통약자가 아닌 사람은?

① 80세 고령자
② 임산부
③ 보행장애인
④ 8세 아동
⑤ 6세 유아

11. 윗마을에 사는 남자는 참말만 하고 여자는 거짓말만 한다. 아랫마을에 사는 남자는 거짓말만 하고 여자는 참말만 한다. 이 마을들에 사는 이는 남자거나 여자이다. 윗마을 사람 두 명과 아랫마을 사람 두 명이 다음과 같이 대화하고 있을 때, 반드시 참인 것은?

> 갑 : 나는 아랫마을에 살아.
> 을 : 나는 아랫마을에 살아. 갑은 남자야.
> 병 : 을은 아랫마을에 살아. 을은 남자야.
> 정 : 을은 윗마을에 살아. 병은 윗마을에 살아.

① 갑은 윗마을에 산다.
② 갑과 을은 같은 마을에 산다.
③ 을과 병은 다른 마을에 산다.
④ 을, 병, 정 가운데 둘은 아랫마을에 산다.
⑤ 이 대화에 참여하고 있는 이들은 모두 여자이다.

12. 다음의 내용에 따라 두 번의 재배정을 한 결과, 병이 홍보팀에서 수습 중이다. 다른 신입사원과 최종 수습부서를 바르게 연결한 것은?

> 신입사원을 뽑아서 1년 동안의 수습 기간을 거치게 한 후, 정식사원으로 임명을 하는 한 회사가 있다. 그 회사는 올해 신입사원으로 2명의 여자 직원 갑과 을, 그리고 2명의 남자 직원 병과 정을 뽑았다. 처음 4개월의 수습기간 동안 갑은 기획팀에서, 을은 영업팀에서, 병은 총무팀에서, 정은 홍보팀에서 각각 근무하였다. 그 후 8개월 동안 두 번의 재배정을 통해서 신입사원들은 다른 부서에서도 수습 중이다. 재배정할 때마다 다음의 세 원칙 중 한 가지 원칙만 적용되었고, 같은 원칙은 다시 적용되지 않았다.

> 〈원칙〉
> 1. 기획팀에서 수습을 거친 사람과 총무팀에서 수습을 거친 사람은 서로 교체해야 하고, 영업팀에서 수습을 거친 사람과 홍보팀에서 수습을 거치 사람은 서로 교체한다.
> 2. 총무팀에서 수습을 거친 사람과 홍보팀에서 수습을 거친 사람만 서로 교체한다.
> 3. 여성 수습사원만 서로 교체한다.

① 갑 – 총무팀
② 을 – 영업팀
③ 을 – 총무팀
④ 정 – 영업팀
⑤ 정 – 총무팀

13. 다음 글의 내용이 참이라고 할 때 〈보기〉의 문장 중 반드시 참인 것만을 바르게 나열한 것은?

> 우리는 사람의 인상에 대해서 "선하게 생겼다." 또는 "독하게 생겼다."라는 판단을 할 뿐만 아니라 사람의 인상을 중요시한다. 오래 전부터 사람의 얼굴을 보고 그 사람의 길흉을 판단하는 관상의 원리가 있었다. 관상의 원리를 어떻게 받아들여야 할까?
> 관상의 원리가 받아들일 만하다면, 얼굴이 검붉은 사람은 육체적 고생을 하기 마련이다. 그런데 우리는 주위에서 얼굴이 검붉지만 육체적 고생을 하지 않고 편하게 살아가는 사람을 얼마든지 볼 수 있다. 관상의 원리가 받아들일 만하다면, 우리가 사람의 얼굴에 대해서 갖는 인상이란 한갓 선입견에 불과한 것이 아니다. 사람의 인상이 평생에 걸쳐 고정되어 있다고 할 수 있는 경우에만 관상의 원리는 받아들일 만하다. 또한 관상의 원리가 받아들일 만하지 않다면, 관상의 원리에 대한 과학적 근거를 찾으려는 노력은 헛된 것이다. 실제로 많은 사람들이 관상의 원리가 과학적 근거를 가질 것이라고 기대한다. 그런데 우리는 자주 관상가의 판단이 받아들일 만하다고 느끼고, 그런 느낌 때문에 관상의 원리가 과학적 근거를 가질 것이라고 기대하는 것이다. 관상의 원리가 실제로 과학적 근거를 갖는지의 여부는 논외로 하더라도, 관상의 원리에 대하여 과학적 근거가 있을 것이라고 기대하는 사람은 관상의 원리에 의존하는 것이 우리의 삶에 위안을 주는 필요조건 중의 하나라고 믿는다.

〈보기〉

㉠ 관상의 원리는 받아들일 만한 것이 아니다.
㉡ 우리가 사람의 얼굴에 대해서 갖는 인상이란 선입견에 불과하다.
㉢ 사람의 인상은 평생에 걸쳐 고정되어 있다고 할 수 있다.
㉣ 관상의 원리에 대한 과학적 근거를 찾으려는 노력은 헛된 것이다.
㉤ 관상의 원리가 과학적 근거를 갖는다고 기대하는 사람들은 우리가 관상의 원리에 의존하면 삶의 위안을 얻을 것이라고 믿는다.

① ㉠㉣
② ㉡㉤
③ ㉣㉤
④ ㉠㉡㉣
⑤ ㉡㉢㉤

14. 다음 조건을 읽고 옳은 설명을 고르시오.

- 과일 A에는 씨가 2개, 과일 B에는 씨가 1개 있다.
- 철수와 영수는 각각 과일 4개씩을 먹었다.
- 철수는 영수보다 과일 A를 1개 더 먹었다.
- 철수는 같은 수로 과일 A와 B를 먹었다.

A : 영수는 B 과일을 3개 먹었다.
B : 두 사람이 과일을 다 먹고 나온 씨의 개수 차이는 1개이다.

① A만 옳다.
② B만 옳다.
③ A와 B 모두 옳다.
④ A와 B 모두 그르다.
⑤ A와 B 모두 옳은지 그른지 알 수 없다.

15. 다음은 공공기관을 구분하는 기준이다. 다음 규정에 따라 각 기관을 구분한 결과가 옳지 않은 것은?

〈공공기관의 구분〉

제00조 제1항
공공기관을 공기업·준정부기관과 기타공공기관으로 구분하여 지정한다. 직원 정원이 50인 이상인 공공기관은 공기업 또는 준정부기관으로, 그 외에는 기타공공기관으로 지정한다.

제00조 제2항
제1항의 규정에 따라 공기업과 준정부기관을 지정하는 경우 자체수입액이 총수입액의 2분의 1 이상인 기관은 공기업으로, 그 외에는 준정부기관으로 지정한다.

제00조 제3항
제1항 및 제2항의 규정에 따른 공기업을 다음의 구분에 따라 세분하여 지정한다.
- 시장형 공기업 : 자산규모가 2조 원 이상이고, 총 수입액 중 자체수입액이 100분의 85 이상인 공기업
- 준시장형 공기업 : 시장형 공기업이 아닌 공기업

〈공공기관의 현황〉

공공기관	직원 정원	자산규모	자체수입비율
A	70명	4조 원	90%
B	45명	2조 원	50%
C	65명	1조 원	55%
D	60명	1.5조 원	45%
E	40명	2조 원	60%

※ 자체수입비율 : 총 수입액 대비 자체수입액 비율

① A – 시장형 공기업
② B – 기타공공기관
③ C – 준정부기관
④ D – 준정부기관
⑤ E – 기타공공기관

16. G회사에 근무하는 박과장과 김과장은 점심시간을 이용해 과녁 맞추기를 하였다. 다음 〈조건〉에 근거하여 〈점수표〉의 빈칸을 채울 때 박과장과 김과장의 최종점수가 될 수 있는 것은?

〈조건〉

- 과녁에는 0점, 3점, 5점이 그려져 있다.
- 박과장과 김과장은 각각 10개의 화살을 쏘았고, 0점을 맞힌 화살의 개수만 〈점수표〉에 기록이 되어 있다.
- 최종 점수는 각 화살이 맞힌 점수의 합으로 한다.
- 박과장과 김과장이 쏜 화살 중에는 과녁 밖으로 날아간 화살은 없다.
- 박과장과 김과장이 5점을 맞힌 화살의 개수는 동일하다.

〈점수표〉

점수	박과장의 화살 수	김과장의 화살 수
0점	3	2
3점		
5점		

	박과장의 최종점수	김과장의 최종점수
①	25	29
②	26	29
③	27	30
④	28	30
⑤	29	30

17. 다음 〈조건〉에 따를 때 바나나우유를 구매한 사람을 바르게 짝지은 것은?

〈조건〉

- 남은 우유는 10개이며, 흰우유, 초코우유, 바나나우유, 딸기우유, 커피우유 각각 두 개 씩 남아 있다.
- 독미, 민희, 영진, 호섭 네 사람이 남은 열 개의 우유를 모두 구매하였으며, 이들이 구매한 우유의 수는 모두 다르다.
- 우유를 전혀 구매하지 않은 사람은 없으며, 같은 종류의 우유를 두 개 구매한 사람도 없다.
- 독미와 영진이가 구매한 우유 중에 같은 종류가 하나 있다.
- 영진이와 민희가 구매한 우유 중에 같은 종류가 하나 있다.
- 독미와 민희가 동시에 구매한 우유의 종류는 두 가지이다.
- 독미는 딸기우유와 바나나우유는 구매하지 않았다.
- 영진이는 흰우유와 커피우유는 구매하지 않았다.
- 호섭이는 딸기우유를 구매했다.
- 민희는 총 네 종류의 우유를 구매했다.

① 민희, 호섭

② 독미, 영진

③ 민희, 영진

④ 영진, 호섭

⑤ 독미, 민희

18. **다음의 내용을 근거로 판단할 때 옳은 내용만을 바르게 짝지은 것은?**

- 직원이 50명인 서원각은 야유회에서 경품 추첨 행사를 한다.
- 직원들은 1명당 3장의 응모용지를 받고, 1~100 중 원하는 수 하나씩을 응모용지별로 적어서 제출한다. 한 사람당 최대 3장까지 원하는 만큼 응모할 수 있고, 모든 응모용지에 동일한 수를 적을 수 있다.
- 사장이 1~100 중 가장 좋아하는 수 하나를 고르면 해당 수를 응모한 사람이 당첨자로 결정된다. 해당 수를 응모한 사람이 없으면 사장은 당첨자가 나올 때까지 다른 수를 고른다.
- 당첨 선물은 사과 총 100개이고, 당첨된 응모용지가 n장이면 응모용지 1장당 사과를 $\frac{100}{n}$개씩 나누어 준다.
- 만약 한 사람이 2장의 응모용지에 똑같은 수를 써서 당첨된다면 2장 몫의 사과를 받고, 3장일 경우는 3장 몫의 사과를 받는다.

㉠ 직원 갑과 을이 함께 당첨된다면 갑은 최대 50개의 사과를 받는다.
㉡ 직원 중에 갑과 을 두 명만이 사과를 받는다면 갑은 최소 25개의 사과를 받는다.
㉢ 당첨된 수를 응모한 직원이 갑 밖에 없다면, 갑이 그 수를 1장 써서 응모하거나 3장 써서 응모하거나 같은 개수의 사과를 받는다.

① ㉠
② ㉢
③ ㉠, ㉡
④ ㉠, ㉢
⑤ ㉡, ㉢

19. **취업을 준비하고 있는 A, B, C, D, E 5명이 지원한 회사는 각각 신용보증기금, 한국전력공사, 서원각, 회계법인, 한국가스공사 중 한 곳이다. 5명이 모두 서류전형에 합격하여 NCS 직업기초능력평가를 보러 가는데, 이때 지하철, 버스, 택시 중 한 가지를 타고 가려고 한다. 다음 중 옳지 않은 것은? (단, 한 가지 교통수단은 최대 2명만 이용할 수 있고, 한 사람도 이용하지 않는 교통수단은 없다)**

㉠ 버스는 신용보증기금, 한국전력공사, 서원각, 한국가스공사를 지원한 사람의 회사를 갈 수 있다.
㉡ A는 서원각을 지원했다.
㉢ E는 어떤 교통수단을 이용해도 지원한 회사에 갈 수 있다.
㉣ 지하철에는 D를 포함한 두 사람이 탄다.
㉤ B가 탈 수 있는 교통수단은 지하철뿐이다.
㉥ 버스와 택시가 지나가는 회사는 신용보증기금을 제외하고 중복되지 않는다.

① B와 D는 같이 지하철을 이용한다.
② E는 택시를 이용한다.
③ A는 버스를 이용한다.
④ E는 회계법인을 지원했다.
⑤ A는 서원각에 지원했다.

20. 다음 조건을 읽고 반드시 참이 되는 것을 고른 것은?

- A, B, C, D, E, F, G, H 8명이 놀이동산의 롤러코스터를 타는데 롤러코스터는 총 8칸으로 되어 있다.
- 각 1칸에 1명이 탈 수 있다.
- D는 반드시 4번째 칸에 타야 한다.
- B와 C는 같이 붙어 타야 한다.
- D는 H보다 뒤에 E보다는 앞쪽에 타야 한다.

① F가 D보다 앞에 탄다면 B는 F와 D 사이에 타게 된다.

② G가 D보다 뒤에 탄다면 B와 C는 D보다 앞에 타게 된다.

③ H가 두 번째 칸에 탄다면 C는 D보다 뒤에 타게 된다.

④ B가 D의 바로 뒤 칸에 탄다면 E는 맨 마지막 칸에 타게 된다.

⑤ C가 두 번째 칸에 탄다면 H는 첫 번째 칸에 탄다.

21. 다음 표와 그림은 2025년 한국 골프 팀 A～E의 선수 인원수 및 총 연봉과 각각의 전년대비 증가율을 나타낸 것이다. 이에 대한 설명으로 옳지 않은 것은?

2025년 골프 팀 A～E의 선수 인원수 및 총 연봉

(단위 : 명, 억 원)

골프 팀	선수 인원수	총 연봉
A	5	15
B	10	25
C	8	24
D	6	30
E	6	24

※ 팀 선수 평균 연봉$=\dfrac{\text{총 연봉}}{\text{선수 인원수}}$

2025년 골프 팀 A～E의 선수 인원수 및 총 연봉의 전년대비 증가율

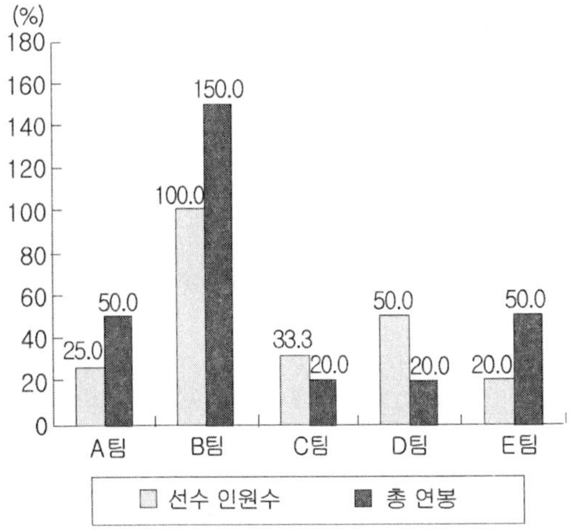

※ 전년대비 증가율은 소수점 둘째자리에서 반올림한 값이다.

① 2025년 팀 선수 평균 연봉은 D팀이 가장 많다.

② 2025년 전년대비 증가한 선수 인원수는 C팀과 D팀이 동일하다.

③ 2025년 A팀이 팀 선수 평균 연봉은 전년대비 증가하였다.

④ 2025년 선수 인원수가 전년대비 가장 많이 증가한 팀은 총 연봉도 가장 많이 증가하였다.

⑤ 2024년 총 연봉은 A팀이 E팀보다 많다.

22. 다음 A, B 두 국가 간의 시간차와 비행시간으로 옳은 것은?

A ↔ B 국가 간의 운항 시간표

구간	출발시각	도착시각
A → B	09 : 00	13 : 00
B → A	18 : 00	06 : 00(다음날)

- 출발 및 도착시간은 모두 현지시각이다.
- 비행시간은 A → B 구간, B → A 구간 동일하다.
- A가 B보다 1시간 빠르다는 것은 A가 오전 5시일 때, B가 오전 4시임을 의미한다.

	시차	비행시간
①	A가 B보다 4시간 느리다.	12시간
②	A가 B보다 4시간 빠르다.	8시간
③	A가 B보다 2시간 느리다.	10시간
④	A가 B보다 2시간 빠르다.	8시간
⑤	A가 B보다 4시간 느리다.	10시간

23. 2진법의 수 10001과 5진법의 수 1220의 실제 수의 합은?

① 185　② 197　③ 202　④ 215　⑤ 229

24. 갑, 을, 병, 정, 무, 기 6명의 채용 시험 결과를 참고로 평균 점수를 구하여 편차를 계산하였더니 결과가 다음과 같다. 이에 대한 분산과 표준편차를 합한 값은 얼마인가?

직원	갑	을	병	정	무	기
편차	3	−1	( )	2	0	−3

① 3　② 4　③ 5　④ 6　⑤ 7

25. 아래 표에는 ○○반도체의 올해 3분기까지의 판매 실적이 나와 있다. ○○반도체는 표에 나온 4가지 제품만을 취급한다고 할 때, 다음 중 옳지 않은 설명을 고르면?

제품＼실적	분기별 판매량 (단위 : 만 개)			분기별 판매액 (단위 : 억 원)		
	1분기	2분기	3분기	1분기	2분기	3분기
A	70	100	140	65	120	160
B	55	50	80	70	60	130
C	85	80	110	75	120	130
D	40	70	70	65	60	100
합계	250	300	400	275	360	520

① 1분기부터 3분기까지 판매액 합계 상위 2개 제품은 A와 C이다.
② 2분기에 전 분기 대비 판매량, 판매액 모두 증가한 제품은 A뿐이다.
③ 1분기보다 2분기, 2분기보다 3분기에 제품의 평균 판매단가가 높았다.
④ 3분기 A제품의 판매량과 판매액 모두 전체의 1/3을 넘었다.
⑤ B 제품은 2분기에 판매량과 판매액이 일시 감소했으나 3분기에 회복되었다.

26. ○○자동차회사는 오늘을 포함하여 30일 동안에 자동차를 생산할 계획이며 ○○자동차회사의 하루 최대투입가능 근로자 수는 100명이다. 다음 〈공정표〉에 근거할 때 ○○자동차회사가 벌어들일 수 있는 최대 수익은 얼마인가? (단, 작업은 오늘부터 개시되며 각 근로자는 자신이 투입된 자동차의 생산이 끝나야만 다른 자동차의 생산에 투입될 수 있고 1일 필요 근로자 수 이상의 근로자가 투입되더라도 자동차당 생산 소요기간은 변하지 않는다)

〈공정표〉

자동차	소요기간	1일 필요 근로자 수	수익
A	5일	20명	15억 원
B	10일	30명	20억 원
C	10일	50명	40억 원
D	15일	40명	35억 원
E	15일	60명	45억 원
F	20일	70명	85억 원

① 150억 원
② 155억 원
③ 160억 원
④ 165억 원
⑤ 170억 원

27. 다음은 어느 회사의 성과상여금 지급기준이다. 다음 기준에 따를 때 성과상여금을 가장 많이 받는 사원과 가장 적게 받는 사원의 금액 차이는 얼마인가?

〈성과상여금 지급기준〉

지급원칙

- 성과상여금은 적용대상사원에 대하여 성과(근무성적, 업무난이도, 조직 기여도의 평점 합) 순위에 따라 지급한다.

성과상여금 지급기준액

5급 이상	6급~7급	8급~9급	계약직
500만 원	400만 원	200만 원	200만 원

지급등급 및 지급률

- 5급 이상

지급등급	S등급	A등급	B등급	C등급
성과 순위	1위	2위	3위	4위 이하
지급률	180%	150%	120%	80%

- 6급 이하 및 계약직

지급등급	S등급	A등급	B등급
성과 순위	1~2위	3~4위	5위 이하
지급률	150%	130%	100%

지급액 산정방법

- 개인별 성과상여금 지급액은 지급기준액에 해당등급의 지급율을 곱하여 산정한다.

〈소속사원 성과 평점〉

사원	평점			직급
	근무성적	업무난이도	조직기여도	
현우	8	5	7	계약직
미현	10	6	9	계약직
소영	8	8	6	4급
상민	5	5	8	5급
유주	9	9	10	6급
정민	9	10	8	7급

① 260만 원
② 340만 원
③ 400만 원
④ 450만 원
⑤ 500만 원

28. 다음은 20××년 ○○시 '가'～'다' 지역의 아파트 실거래 가격지수를 나타낸 것이다. 이에 대한 설명으로 옳은 것은?

월＼지역	가	나	다
1	100.0	100.0	100.0
2	101.1	101.6	99.9
3	101.9	103.2	100.0
4	102.6	104.5	99.8
5	103.0	105.5	99.6
6	103.8	106.1	100.6
7	104.0	106.6	100.4
8	105.1	108.3	101.3
9	106.3	110.7	101.9
10	110.0	116.9	102.4
11	113.7	123.2	103.0
12	114.8	126.3	102.6

※ N월 아파트 실거래 가격지수

$$=\frac{\text{해당 지역의 } N\text{월 아파트 실거개 가격}}{\text{해당 지역의 1월 아파트 실거래 가격}}\times 100$$

① '가' 지역의 12월 아파트 실거래 가격은 '다' 지역의 12월 아파트 실거래 가격보다 높다.

② '나' 지역의 아파트 실거래 가격은 다른 두 지역의 아파트 실거래 가격보다 매월 높다.

③ '다' 지역의 1월 아파트 실거래 가격과 3월 아파트 실거래 가격은 같다.

④ '가' 지역의 1월 아파트 실거래 가격이 1억 원이라면 '가' 지역의 7월 아파트 실거래 가격은 1억 4천만 원이다.

⑤ 20××년 7～12월 동안 아파트 실거래 가격이 각 지역에서 매월 상승하였다.

29. 서원각 경영진은 최근 경기 침체로 인한 이익감소를 극복하기 위하여 신규사업을 검토 중이다. 현재 회사는 기존 사업에서 평균 투자액 기준으로 12%의 회계적 이익률을 보이고 있으며, 신규사업에서 예상되는 당기순이익은 다음과 같을 때, 회사는 신규사업을 위해 2,240,000을 투자해야 하며 3년 후의 잔존가치는 260,000원으로 예상된다. 최초투자액을 기준으로 하여 신규사업의 회계적 이익률을 구하면? (회사는 정액법에 의해 감가상각한다. 또한 회계적 이익률은 소수점 둘째 자리에서 반올림한다)

구분	신규사업으로 인한 당기순이익
1	200,000
2	300,000
3	400,000

① 약 11.4%

② 약 12.4%

③ 약 13.4%

④ 약 14.4%

⑤ 약 15.4%

30. 다음은 ○○회사 직원들 갑, 을, 병, 정, 무의 국외 출장 현황과 출장 국가별 여비 기준을 나타낸 자료이다. 이 자료를 근거로 출장 여비를 지급받을 때, 출장 여비를 가장 많이 지급받는 출장자부터 순서대로 바르게 나열한 것은?

갑, 을, 병, 정, 무의 국외 출장 현황

출장자	출장 국가	출장기간	숙박비 지급 유형	1박 실지출 비용($/박)	출장 시 개인 마일리지 사용여부
갑	A	3박 4일	실비지급	145	미사용
을	A	3박 4일	정액지급	130	사용
병	B	3박 5일	실비지급	110	사용
정	C	4박 6일	정액지급	75	미사용
무	D	5박 6일	실비지급	75	사용

※ 각 출장자의 출장 기간 중 매박 실지출 비용은 변동 없음

출장 국가별 1인당 여비 지급 기준액

구분 / 출장국가	1일 숙박비 상한액($/박)	1일 식비($/일)
A	170	72
B	140	60
C	100	45
D	85	35

㉠ 출장 여비($) = 숙박비 + 식비

㉡ 숙박비는 숙박 실지출 비용을 지급하는 실비지급 유형과 출장국가 숙박비 상한액의 80%를 지급하는 정액지급 유형으로 구분

- 실비지급 숙박비($) = (1박 실지출 비용) × ('박' 수)
- 정액지급 숙박비($) = (출장국가 1일 숙박비 상한액) × ('박' 수) × 0.8

㉢ 식비는 출장 시 개인 마일리지 사용여부에 따라 출장 중 식비의 20% 추가지급

- 개인 마일리지 미사용 시 지급 식비($) = (출장국가 1일 식비) × ('일' 수)
- 개인 마일리지 사용 시 지급 식비($) = (출장국가 1일 식비) × ('일' 수) × 1.2

① 갑, 을, 병, 정, 무
② 갑, 을, 병, 무, 정
③ 을, 갑, 정, 병, 무
④ 을, 갑, 병, 무, 정
⑤ 을, 갑, 무, 병, 정

31. 다음 워크시트에서 [A1:B2] 영역을 선택한 후 채우기 핸들을 사용하여 드래그 했을 때 [A5:B5]영역 값으로 바르게 짝지은 것은?

	A	B
1	A	13.9
2	B	14.9
3		
4		
5		

① A, 15.9
② B, 17.9
③ A, 17.9
④ C, 14.9
⑤ E, 16.9

32. 다음은 어느 회사의 사원 입사월일을 정리한 자료이다. 아래 워크시트에서 [C4] 셀에 수식 '=EOMONTH(C3,1)'를 입력하였을 때 결과 값은? (단, [C4] 셀에 설정되어 있는 표시형식은 '날짜'이다)

	A	B	C
1	성명	성별	입사월일
2	구현정	여	2013-09-07
3	황성욱	남	2014-03-22
4	최보람	여	
5			

① 2014-04-30

② 2014-03-31

③ 2014-02-28

④ 2013-09-31

⑤ 2013-08-31

▌33~34▌ 다음은 선택정렬에 관한 설명과 예시이다. 이를 보고 물음에 답하시오.

선택정렬(Selection sort)는 주어진 데이터 중 최솟값을 찾고 최솟값을 정렬되지 않은 데이터 중 맨 앞에 위치한 값과 교환한다. 교환은 두 개의 숫자가 서로 자리를 맞바꾸는 것을 말한다. 정렬된 데이터를 제외한 나머지 데이터를 같은 방법으로 교환하여 반복하면 정렬이 완료된다.

〈예시〉

68, 11, 3, 82, 7을 정렬하려고 한다.

• 1회전 (최솟값 3을 찾아 맨 앞에 위치한 68과 교환)

68	11	3	82	7

3	11	68	82	7

• 2회전 (정렬이 된 3을 제외한 데이터 중 최솟값 7을 찾아 11과 교환)

3	11	68	82	7

3	7	68	82	11

• 3회전 (정렬이 된 3, 7을 제외한 데이터 중 최솟값 11을 찾아 68과 교환)

3	7	68	82	11

3	7	11	82	68

• 4회전 (정렬이 된 3, 7, 11을 제외한 데이터 중 최솟값 68을 찾아 82와 교환)

3	7	11	82	68

3	7	11	68	82

33. 다음 수를 선택정렬을 이용하여 오름차순으로 정렬하려고 한다. 2회전의 결과는?

5, 3, 8, 1, 2

① 1, 2, 8, 5, 3

② 1, 2, 5, 3, 8

③ 1, 2, 3, 5, 8

④ 1, 2, 3, 8, 5

⑤ 1, 2, 8, 3, 5

34. 다음 수를 선택정렬을 이용하여 오름차순으로 정렬하려고 한다. 3회전의 결과는?

55, 11, 66, 77, 22

① 11, 22, 66, 55, 77

② 11, 55, 66, 77, 22

③ 11, 22, 66, 77, 55

④ 11, 22, 55, 77, 66

⑤ 11, 22, 55, 66, 77

35. **보안팀에서 근무하는 정 과장은 회사 내 컴퓨터 바이러스 예방 교육을 담당하고 있으며 한 달에 한 번 직원들을 교육시키고 있다. 정 과장의 교육 내용으로 옳지 않은 것은?**

① 중요한 자료나 프로그램은 항상 백업을 해두셔야 합니다.

② 램에 상주하는 바이러스 예방 프로그램을 설치하셔야 합니다.

③ 최신 백신프로그램을 사용하여 디스크검사를 수행하셔야 합니다.

④ 의심 가는 메일은 반드시 열어본 후 삭제하셔야 합니다.

⑤ 실시간 보호를 통해 멜웨어를 찾고 디바이스에서 설치되거나 실행하는 것은 방지해야 합니다.

36. **다음 설명을 참고할 때, 'ISBN 89-349-0490'코드를 EAN코드로 바꾼 것으로 옳은 것은?**

한국도서번호란 국제적으로 표준화된 방법에 의해, 전 세계에서 생산되는 각종 도서에 부여하는 국제표준도서번호(International Standard Book Number : ISBN) 제도에 따라 우리나라에서 발행되는 도서에 부여하는 고유번호를 말한다. 또한 EAN(European Article Number)은 바코드 중 표준화된 바코드를 말한다. 즉, EAN코드는 국내뿐만 아니라 전 세계적으로 코드체계(자리수와 규격 등)가 표준화되어 있어 소매점이 POS시스템 도입이나 제조업 혹은 물류업자의 물류관리 등에 널리 사용이 가능한 체계이다.

ISBN코드를 EAN코드로 변환하는 방법은 다음과 같다. 먼저 9자리로 구성된 ISBN코드의 맨 앞에 3자리 EAN 도서번호인 978을 추가한다. 이렇게 연결된 12자리 숫자의 좌측 첫 자리 수부터 순서대로 번갈아 1과 3을 곱한다. 그렇게 곱해서 산출된 모든 수들을 더하고, 다시 10으로 나누게 된다. 이 때 몫을 제외한 '나머지'의 값이 다음과 같은 체크기호와 대응된다.

나머지	0	1	2	3	4	5	6	7	8	9
체크기호	0	9	8	7	6	5	4	3	2	1

나머지에 해당하는 체크기호가 확인되면 처음의 12자리 숫자에 체크기호를 마지막에 더하여 13자리의 EAN코드를 만들 수 있게 된다.

① EAN 9788934904909

② EAN 9788934904908

③ EAN 9788934904907

④ EAN 9788934904906

⑤ EAN 9788934904905

37. **다음 자료를 참고할 때, B7 셀에 '=SUM(B2:CHOOSE(2,B3,B4,B5))'의 수식을 입력했을 때 표시되는 결과값으로 올바른 것은?**

	A	B
1	성명	성과점수
2	오 과장	85
3	민 대리	90
4	백 사원	92
5	최 대리	88
6		
7	부분합계	

① 175　　② 355

③ 267　　④ 177

⑤ 265

38. 다음은 그래픽(이미지) 데이터의 파일 형식에 대한 설명이다. 각 항목의 설명과 파일명을 올바르게 짝지은 것은?

> ㉠ Windows에서 기본적으로 지원하는 포맷으로, 고해상도 이미지를 제공하지만 압축을 사용하지 않으므로 파일의 크기가 크다.
> ㉡ 사진과 같은 정지 영상을 표현하기 위한 국제 표준 압축 방식으로 24비트 컬러를 사용하여 트루 컬러로 이미지를 표현한다.
> ㉢ 인터넷 표준 그래픽 파일 형식으로, 256가지 색을 표현하지만 애니메이션으로도 표현할 수 있다.
> ㉣ Windows에서 사용하는 메타파일 방식으로, 비트맵과 벡터 정보를 함께 표현하고자 할 경우 적합하다.
> ㉤ 데이터의 호환성이 좋아 응용프로그램 간 데이터 교환용으로 사용하는 파일 형식이다.
> ㉥ GIF와 JPEG의 효과적인 기능들을 조합하여 만든 그래픽 파일 포맷이다.

① ㉠ – JPG(JPEG)
② ㉡ – WMF
③ ㉢ – GIF
④ ㉣ – PNG
⑤ ㉥ – BMP

39. 다음 중 아래 시트에서 야근일수를 구하기 위해 [B9] 셀에 입력할 수식으로 옳은 것은?

	A	B	C	D	E
1	4월 야근 현황				
2	날짜	도준영	전아롱	이진주	강석현
3	4월15일		V		V
4	4월16일	V		V	
5	4월17일	V	V	V	
6	4월18일		V	V	V
7	4월19일	V		V	
8	4월20일	V			
9	야근일수				
10					

① =COUNTBLANK(B3:B8)
② =COUNT(B3:B8)
③ =COUNTA(B3:B8)
④ =SUM(B3:B8)
⑤ =AVERAGEA(B3:B8)

40. 다음의 알고리즘에서 인쇄되는 A는?

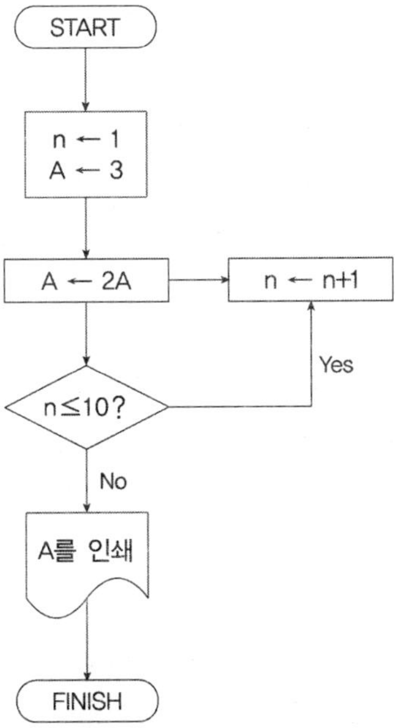

① $2^8 \cdot 3$
② $2^9 \cdot 3$
③ $2^{10} \cdot 3$
④ $2^{11} \cdot 3$
⑤ $2^{12} \cdot 3$

41. 다음과 같은 스위치의 기능을 참고할 때, 〈보기〉와 같은 모양의 변화가 일어나기 위해서 세 번의 스위치를 눌렀다면, 순서대로 누른 스위치가 올바르게 짝지어진 것은 어느 것인가? (〈보기〉 : 위에서부터 순서대로 1~4번 도형임)

스위치	기능
★	1번, 3번 도형을 시계 방향으로 90도 회전 후 1번만 색깔 변경
☆	2번, 4번 도형을 시계 방향으로 90도 회전 후 4번만 색깔 변경
▲	1번, 2번 도형을 시계 반대 방향으로 90도 회전 후 짝수만 색깔 변경
△	3번, 4번 도형을 시계 반대 방향으로 90도 회전 후 홀수만 색깔 변경

〈보기〉

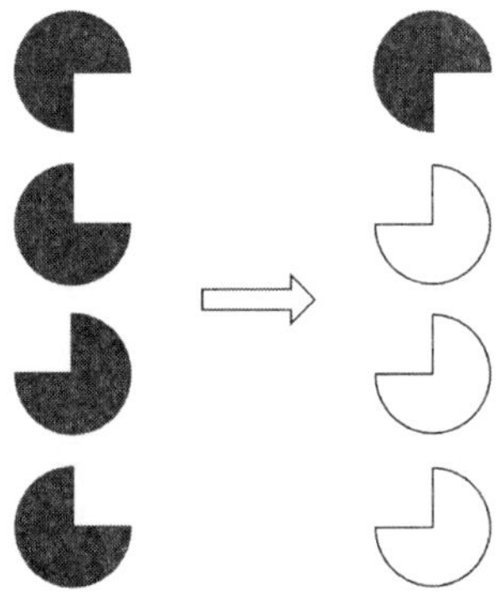

① ☆, ☆, ▲　　② ★, ▲, △
③ ▲, △, ★　　④ ▲, ▲, ★
⑤ ▲, ☆, △

| 42~44 | 다음 표를 참고하여 질문에 답하시오.

스위치	기능
○	1번과 2번 기계를 180도 회전시킨다.
●	1번과 3번 기계를 180도 회전시킨다.
♧	2번과 3번 기계를 180도 회전시킨다.
♣	2번과 4번 기계를 180도 회전시킨다.

42. 처음 상태에서 스위치를 두 번 눌렀더니 다음과 같이 바뀌었다. 어떤 스위치를 눌렀는가?

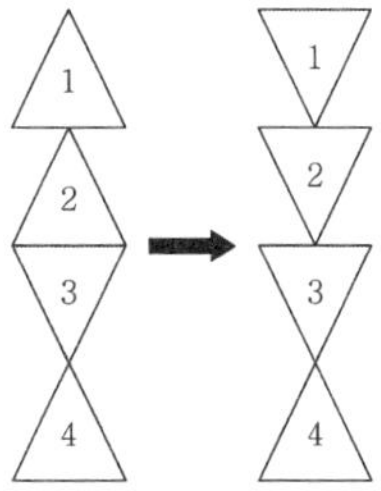

① ●♧　　② ○♣
③ ♧♣　　④ ○●
⑤ ♣♧

43. 처음 상태에서 스위치를 두 번 눌렀더니 다음과 같이 바뀌었다. 어떤 스위치를 눌렀는가?

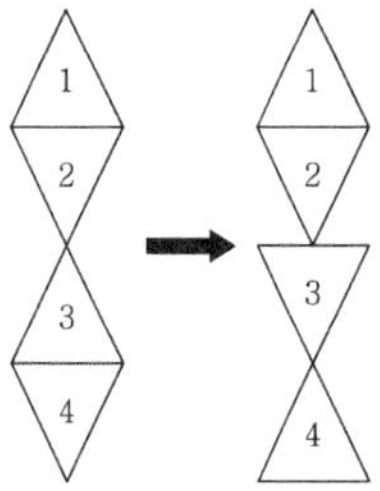

① ●♧　　② ○♣
③ ○●　　④ ♧♣
⑤ ○○

44. 처음 상태에서 스위치를 세 번 눌렀더니 다음과 같이 바뀌었다. 어떤 스위치를 눌렀는가?

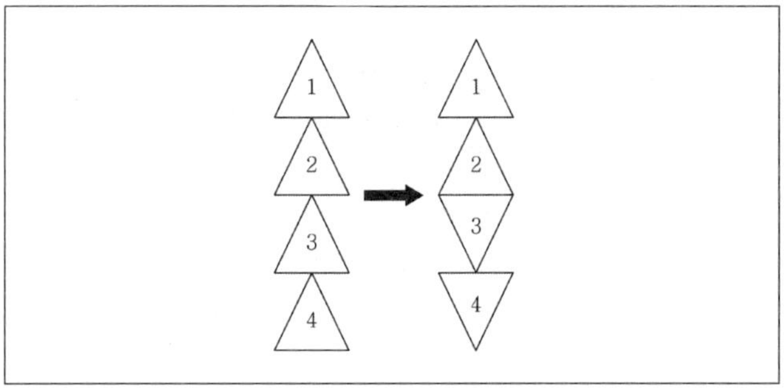

① ○●♧　② ○●♣
③ ○♧♣　④ ●♧♣
⑤ ●♣♣

| 45~47 | 다음은 그래프 구성 명령어 실행 예시이다. 다음을 보고 물음에 답하시오.

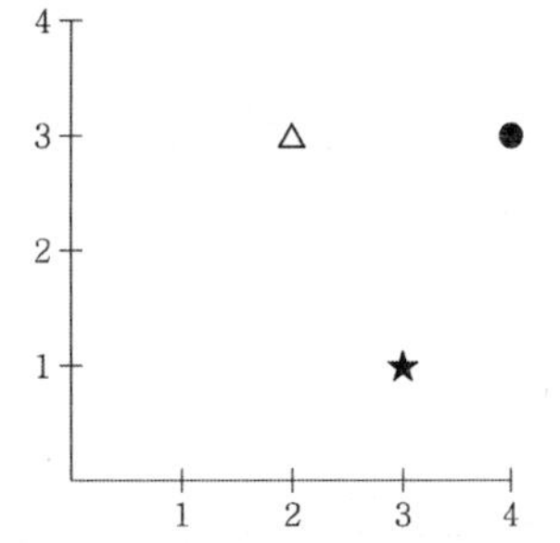

W4/L4
S(3,1) : B, T(2,3) : W, C(4,3) : B

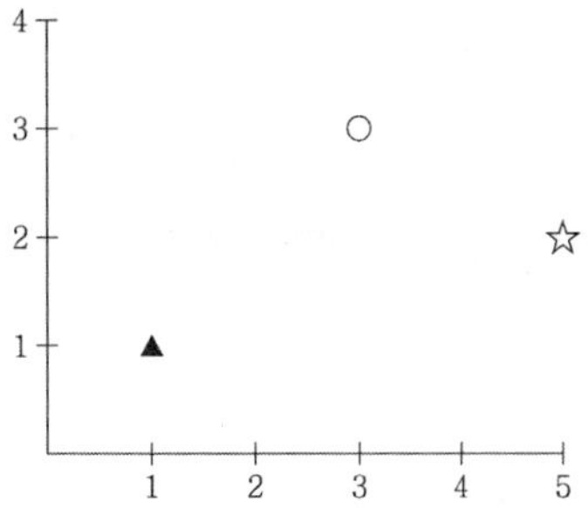

W5/L4
S(5,2) : W, T(1,1) : B, C(3,3) : W

45. W5/L5 S(5,5) : B, T(3,3) : W, C(2,1) : W의 그래프를 다음과 같이 산출할 때, 오류가 발생한 곳은?

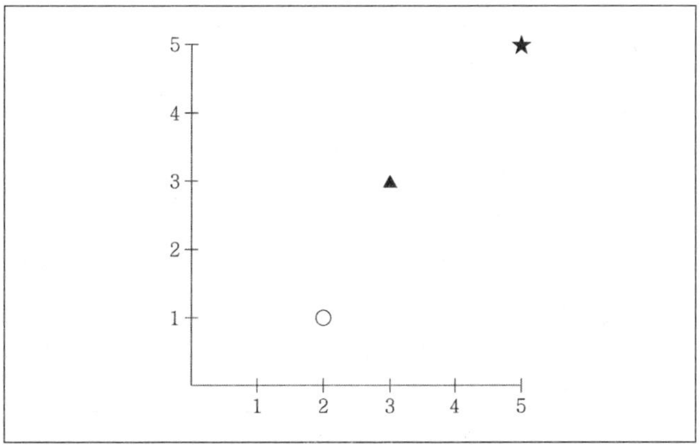

① W5/L5　② S(5,5) : B
③ T(3,3) : W　④ C(2,1) : W
⑤ 오류 없다.

46. 다음 그래프에 알맞은 명령어는 무엇인가?

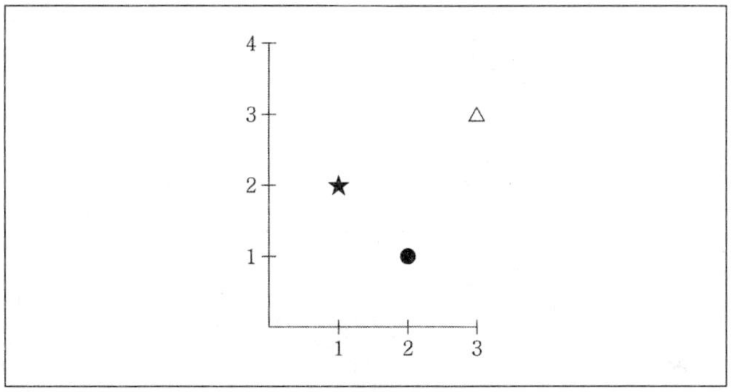

① W3/L4
S(1,2) : B, T(3,3) : W, C(2,1) : B
② W3/L4
S(1,2) : W, T(3,3) : B C(2,1) : W
③ W3/L4
S(2,1) : B, T(3,3) : W, C(1,2) : B
④ W4/L3
S(2,1) : B, T(3,3) : W, C(1,2) : W
⑤ W4/L3
S(1,2) : B, T(3,3) : W, C(2,1) : B

47. 다음 그래프에 알맞은 명령어는 무엇인가?

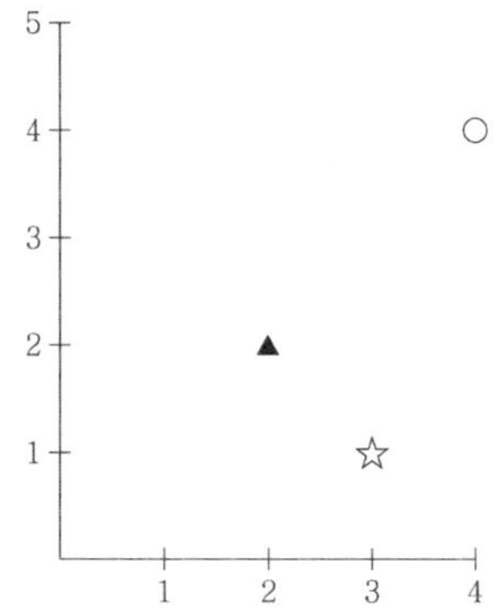

① W4/L5
S(1,3) : W, T(2,2) : B, C(4,4) : W

② W4/L5
S(3,1) : B, T(2,2) : W, C(4,4) : B

③ W4/L5
S(3,1) : W, T(2,2) : B, C(4,4) : W

④ W5/L4
S(3,1) : B, T(2,2) : B, C(4,4) : W

⑤ W5/L4
S(1,3) : W, T(2,2) : B, C(4,4) : B

48. 다음 C그룹의 사례는 무엇에 대한 설명인가?

올 하반기에 출시한 C그룹의 스마트폰에 대한 매출 증대는 전 세계 스마트폰 시장에 새로운 계기를 마련할 것으로 기대된다. 앞서 C그룹의 올해 상반기 매출은 전년 대비 약 23% 줄어든 것으로 밝혀진 반면 같은 경쟁사인 B그룹의 올 상반기 매출은 전년 대비 약 35% 늘어 같은 업종에서도 기업별 실적 차이가 뚜렷이 나타난 것을 볼 수 있었다. 이는 C그룹이 최근 치열해진 스마트폰 경쟁에서 새로운 기술을 개발하지 못한 반면 B그룹은 작년 말 인수한 외국의 소프트웨어 회사를 토대로 새로운 기술을 선보인 결과라 할 수 있다. 뒤늦게 이러한 사실을 깨달은 C그룹은 B그룹의 신기술 개발을 응용해 자사만의 독특한 제품을 올 하반기에 선보여 스마트폰 경쟁에서 재도약을 꾀할 목표를 세웠고 이를 위해 기존에 있던 다수의 계열사들 중 실적이 저조한 일부 계열사를 매각하는 대신 외국의 경쟁력을 갖춘 소프트웨어 회사들을 잇달아 인수하여 새로운 신기술 개발에 박차를 가했다. 그 결과 C그룹은 세계 최초로 스마트폰을 이용한 결제시스템인 ○○페이와 더불어 홍채인식 보안프로그램을 탑재한 스마트폰을 출시하게 된 것이다.

① 글로벌 벤치마킹

② 내부 벤치마킹

③ 비경쟁적 벤치마킹

④ 경쟁적 벤치마킹

⑤ 간접적 벤치마킹

49. 다음 사례에서 나타난 기술경영자의 능력으로 가장 적절한 것은?

> 동영상 업로드 시 거쳐야 하는 긴 영상 포맷 변환 시간을 획기적으로 줄일 수는 없을까?
>
> 영상 스트리밍 사이트에 동영상을 업로드하면 '영상 처리 중입니다' 문구가 나온다. 이는 올린 영상을 트랜스코딩(영상 재압축) 하는 것인데 시간은 보통 영상 재생 길이와 맞먹는다. 즉, 한 시간짜리 동영상을 업로드하려면 한 시간을 영상 포맷하느라 소비해야 하는 것이다. A기업은 이러한 문제점을 해결하고자 동영상 업로드 시 포맷 변환을 생략하고 바로 재생할 수 있는 '노 컷 어댑티브 스트리밍(No Cut Adaptive Streaming)' 기술을 개발했다. 이 기술을 처음 제안한 A기업의 기술최고책임자(CTO) T는 "영상 길이에 맞춰 기다려야 했던 포맷 변환 과정을 건너뛴 것"이라며 "기존 영상 스트리밍 사이트가 갖고 있던 단점을 보완한 기술"이라고 설명했다. 화질을 유동적으로 변환시켜 끊김없이 재생하는 어댑티브 스트리밍 기술은 대부분의 영상 스트리밍 사이트에 적용되고 있다. mp4나 flv 같은 동영상 포맷을 업로드 할 경우 어댑티브 스트리밍 포맷에 맞춰 변환시켜줘야 한다. 바로 이 에어브로드 기술은 자체 개발한 알고리즘으로 변환 과정을 생략한 것이다.

① 기술을 기업의 전반적인 전략 목표에 통합시키는 능력
② 새로운 기술을 습득하고 기존의 기술에서 탈피하는 능력
③ 새로운 제품개발 시간을 단축할 수 있는 능력
④ 기술 전문 인력을 운용할 수 있는 능력
⑤ 기술을 효과적으로 평가할 수 있는 능력

50. 다음 매뉴얼의 종류는 무엇인가?

> • 물기나 습기가 없는 건조한 곳에 두세요.
> – 습기 또는 액체 성분은 부품과 회로에 손상을 줄 수 있습니다.
> – 물에 젖은 경우 전원을 켜지 말고(켜져 있다면 끄고, 꺼지지 않는다면 그대로 두고, 배터리가 분리될 경우 배터리를 분리하고) 마른 수건으로 물기를 제거한 후 서비스센터에 가져가세요.
> – 제품 또는 배터리가 물이나 액체 등에 젖거나 잠기면 제품 내부에 부착된 침수 라벨의 색상이 바뀝니다. 이러한 원인으로 발생한 고장은 무상 수리를 받을 수 없으므로 주의하세요.
> • 제품을 경사진 곳에 두거나 보관하지 마세요. 떨어질 경우 충격으로 인해 파손될 수 있으며 고장의 원인이 됩니다.
> • 제품을 동전, 열쇠, 목걸이 등의 금속 제품과 함께 보관하지 마세요.
> – 제품이 변형되거나 고장날 수 있습니다.
> – 배터리 충전 단자에 금속이 닿을 경우 화재의 위험이 있습니다.
> • 걷거나 이동 중에 제품을 사용할 때 주의하세요. 장애물 등에 부딪혀 다치거나 사고가 날 수 있습니다.
> • 제품을 뒷주머니에 넣거나 허리 등에 차지 마세요. 제품이 파손되거나 넘어졌을 때 다칠 수 있습니다.

① 제품 매뉴얼　　② 업무 매뉴얼
③ 외식 매뉴얼　　④ 부품 매뉴얼
⑤ 작업량 매뉴얼

절 취 선

한국농어촌공사
7급 신입사원(채용형인턴)

성 명

(자 필 성 명)

생 년 월 일

⓪	⓪	⓪	⓪	⓪	⓪	⓪	⓪
①	①	①	①	①	①	①	①
②	②	②	②	②	②	②	②
③	③	③	③	③	③	③	③
④	④	④	④	④	④	④	④
⑤	⑤	⑤	⑤	⑤	⑤	⑤	⑤
⑥	⑥	⑥	⑥	⑥	⑥	⑥	⑥
⑦	⑦	⑦	⑦	⑦	⑦	⑦	⑦
⑧	⑧	⑧	⑧	⑧	⑧	⑧	⑧
⑨	⑨	⑨	⑨	⑨	⑨	⑨	⑨

1	①	②	③	④	⑤	21	①	②	③	④	⑤	41	①	②	③	④	⑤
2	①	②	③	④	⑤	22	①	②	③	④	⑤	42	①	②	③	④	⑤
3	①	②	③	④	⑤	23	①	②	③	④	⑤	43	①	②	③	④	⑤
4	①	②	③	④	⑤	24	①	②	③	④	⑤	44	①	②	③	④	⑤
5	①	②	③	④	⑤	25	①	②	③	④	⑤	45	①	②	③	④	⑤
6	①	②	③	④	⑤	26	①	②	③	④	⑤	46	①	②	③	④	⑤
7	①	②	③	④	⑤	27	①	②	③	④	⑤	47	①	②	③	④	⑤
8	①	②	③	④	⑤	28	①	②	③	④	⑤	48	①	②	③	④	⑤
9	①	②	③	④	⑤	29	①	②	③	④	⑤	49	①	②	③	④	⑤
10	①	②	③	④	⑤	30	①	②	③	④	⑤	50	①	②	③	④	⑤
11	①	②	③	④	⑤	31	①	②	③	④	⑤						
12	①	②	③	④	⑤	32	①	②	③	④	⑤						
13	①	②	③	④	⑤	33	①	②	③	④	⑤						
14	①	②	③	④	⑤	34	①	②	③	④	⑤						
15	①	②	③	④	⑤	35	①	②	③	④	⑤						
16	①	②	③	④	⑤	36	①	②	③	④	⑤						
17	①	②	③	④	⑤	37	①	②	③	④	⑤						
18	①	②	③	④	⑤	38	①	②	③	④	⑤						
19	①	②	③	④	⑤	39	①	②	③	④	⑤						
20	①	②	③	④	⑤	40	①	②	③	④	⑤						

SEOWONGAK
(주)서원각

한국농어촌공사

7급 신입사원(채용형인턴)

제5회 모의고사

성명		생년월일	
문제 수(배점)	50문항	풀이시간	/ 50분
영역	직업기초능력평가		
비고	객관식 5지선다형		

※ 유의사항 ※

- 문제지 및 답안지의 해당란에 문제유형, 성명, 응시번호를 정확히 기재하세요.
- 모든 기재 및 표기사항은 "컴퓨터용 흑색 수성 사인펜"만 사용합니다.
- 예비 마킹은 중복 답안으로 판독될 수 있습니다.

제5회 7급 신입사원(채용형인턴) 모의고사

1. 다음 글에 나타난 아우구스티누스의 주장에 대한 비판으로 가장 적절하지 않은 것은?

> 신은 전지(全知)·전능(全能)·전선(全善)한 존재라고 여겨진다. 만일 신이 전지하다면 세상에 존재하는 악에 대해 알고 있을 것이고, 그리고 전선하다면 이러한 악을 제거하길 원할 것이고, 또한 전능하다면 그렇게 할 수 있을 것이다. 그렇다면 도대체 왜 세상에 악이 존재하는 것일까? 중세 철학자 아우구스티누스는 이러한 악의 문제를 해결하기 위해 다음과 같이 주장한다. "의지는 스스로 의지하지 않는 한 결코 악해지지 않는다. 의지의 결함은 외부의 악에 의한 것이 아니라 그 자체가 악이다. 이는 신이 부여한 좋은 본성을 저버리고 나쁜 것을 선택했기 때문이다. 탐욕은 황금에 내재되어 있는 악이 아니라, 정의에 어긋나게 황금을 과도하게 사랑하는 사람에게 내재된 악이다. 사치는 아름답고 멋진 대상 자체에 내재된 악이 아니라, 보다 높은 차원의 기쁨을 주는 대상으로 우리를 인도해 주는 절제를 망각하고 과도하게 감각적 즐거움을 탐닉하는 마음의 잘못이다. 그리고 삼위일체에 의해 세상의 모든 사물은 최상의 상태로, 평등하게, 그리고 변하지 않는 선으로 창조됐다. 어떤 대상은 개별적으로 분리해 볼 때 마치 아름다운 그림 속의 어두운 색과 같이 그 자체는 추해 보일 수 있지만, 전체적으로 볼 때 멋진 질서와 아름다움을 갖고 있는 전체 우주의 일부분을 구성하기 때문에, 선한 것이다."

① 다른 사람의 악행의 결과로 고통받는 사람들이 많다.

② 갓 태어난 아기가 선천적 질병으로 죽는 경우가 비일비재하다.

③ 세상에 존재하는 악은 세상을 조화롭고 아름답게 하기에 적당한 정도라고 보기 어렵다.

④ 지진, 홍수, 가뭄과 같은 자연재해에 아무런 책임이 없는 사람들이 이러한 자연재해 때문에 고통받는 경우가 많다.

⑤ 많은 악행에도 불구하고 온갖 권력과 쾌락을 누리다가 죽는 사람들이 있다는 것은 선과 악의 대결에서 항상 선이 승리하는 것만은 아님을 보여 준다.

2. 다음은 '저출산 문제 해결 방안'에 대한 글을 쓰기 위한 개요이다. ㉠에 들어갈 내용으로 가장 적절한 것은?

> Ⅰ. 서론 : 저출산 문제의 심각성
> Ⅱ. 본론
>   1. 저출산 문제의 원인
>   ① 출산과 양육에 대한 부담 증가
>   ② 직장 일과 육아 병행의 어려움
>   2. 저출산 문제의 해결 방안
>   ① 출산과 양육에 대한 사회적 책임 강화
>   ② (　　　　㉠　　　　)
> Ⅲ. 결론 : 해결 방안의 적극적 실천 당부

① 저출산 실태의 심각성

② 미혼율 증가와 1인가구 증가

③ 저출산으로 인한 각종 사회문제 발생

④ 출산율 감소 원인

⑤ 가정을 배려하는 직장 문화 조성

3. **다음 글을 읽고 빈칸에 들어갈 알맞은 진술로 가장 적합한 것은?**

> '실은 몰랐지만 넘겨짚어 시험의 정답을 맞힌' 경우와 '제대로 알고 시험의 정답을 맞힌' 경우를 구별할 수 있을까? 또 무작정 외워서 쓴 경우와 제대로 이해하고 쓴 경우는 어떤가? 전자와 후자는 서로 다르게 평가받아야 할까, 아니면 동등한 평가를 받는 것이 마땅한가?
>
> 선택형 시험의 평가는 오로지 답안지에 표기된 선택지가 정답과 일치하는가의 여부에만 달려 있다. 이는 위의 첫 번째 물음이 항상 긍정으로 대답되지는 않으리라는 사실을 말해준다. 그러나 만일 시험관이 답안지를 놓고 응시자와 면담할 기회가 주어진다면, 시험관은 응시자에게 그가 정답지를 선택한 근거를 물음으로써 그가 과연 문제에 관해 올바른 정보와 추론 능력을 가지고 있었는지 검사할 수 있을 것이다.
>
> 예를 들어 한 응시자가 '대한민국의 수도가 어디냐?'는 물음에 대해 '서울'이라고 답했다고 하자. 그렇게 답한 이유가 단지 '부모님이 사시는 도시라 이름이 익숙해서'였을 뿐, 정작 대한민국의 지리나 행정에 관해서는 아는 바 없다는 사실이 면접을 통해 드러났다고 하자. 이 경우에 시험관은 이 응시자가 대한민국의 수도에 관한 올바른 정보를 갖고 있다고 인정하기 어려울 것이다. 이 예는 응시자가 올바른 답을 제시하는데 필요한 정보가 부족한 경우이다.
>
> 그렇다면, 어떤 사람이 문제의 올바른 답을 추론해내는 데 필요한 모든 정보를 갖고 있었고 실제로도 정답을 제시했다는 것이, 그가 문제에 대한 올바른 추론 능력을 가지고 있다고 할 필요충분조건이라고 할 수 있는가?
>
> 어느 도난사건을 함께 조사한 홈즈와 왓슨이 사건의 모든 구체적인 세부사항, 예컨대 범행 현장에서 발견된 흙발자국의 토양 성분 등에 관한 정보뿐 아니라 올바른 결론을 내리는 데 필요한 모든 일반적 정보, 예컨대 영국의 지역별 토양의 성분에 관한 정보 등을 똑같이 갖고 있었고, 실제로 동일한 용의자를 범인으로 지목했다고 하자. 이 경우 두 사람의 추론을 동등하게 평가해야 하는가? 그렇지 않다. 예컨대 왓슨은 모든 정보를 완비하고 있었음에도 불구하고, 이름에 모음의 수가 가장 적다는 엉터리 이유로 범인을 지목했다고 하자. 이런 경우에도 우리는 왓슨의 추론에 박수를 보낼 수 있을까? 아니다. 왜냐하면
>
> ____

① 왓슨은 일반적으로 타당한 개인적 경험을 토대로 추론했기 때문이다.

② 왓슨은 올바른 추론의 방법을 알고 있었음에도 불구하고 요행을 우선시했기 때문이다.

③ 왓슨은 추론에 필요한 전문적인 훈련을 받지 못해서 범인을 잘못 골랐기 때문이다.

④ 왓슨은 올바른 추론에 필요한 정보를 가지고 있긴 했지만 그 정보와 무관하게 범인을 지목했기 때문이다.

⑤ 왓슨은 올바른 추론에 필요한 논리적 능력은 갖추고 있음에도 불구하고 범인을 추론하는 데 필요한 관련 정보가 부족했기 때문이다.

4. 다음 글의 내용과 부합하는 것은?

‘청렴(淸廉)’은 현대 사회에서 좁게는 반부패와 동의어로 사용되며 넓게는 투명성과 책임성 등을 포괄하는 통합적 개념으로 사용되고 있다. 유학자들은 청렴을 효제와 같은 인륜의 덕목보다는 하위에 두었지만 군자라면 마땅히 지켜야 할 일상의 덕목으로 중시하였다. 조선의 대표적 유학자였던 이황과 이이는 청렴을 사회 규율이자 개인 처세의 지침으로 강조하였다. 특히 공적 업무에 종사하는 사람이라면 사회 규율로서의 청렴이 개인의 처세와 직결된다는 점에 유념해야 한다고 보았다.

청렴에 대한 논의는 정약용의 「목민심서」에서 본격적으로 나타난다. 정약용은 청렴이야말로 목민관이 지켜야 할 근본적인 덕목이며 목민관의 직무는 청렴이 없이는 불가능하다고 강조하였다. 정약용은 청렴을 당위의 차원에서 주장하는 기존의 학자들과 달리 행위자 자신에게 실질적 이익이 된다는 점을 들어 설득하고자 한다. 그는 청렴은 큰 이득이 남는 장사라고 말하면서, 지혜롭고 욕심이 큰 사람은 청렴을 택하지만 지혜가 짧고 욕심이 작은 사람은 탐욕을 택한다고 설명한다. 정약용은 “지자(知者)는 인(仁)을 이롭게 여긴다.”라는 공자의 말을 빌려 “지혜로운 자는 청렴함을 이롭게 여긴다.”라고 하였다. 비록 재물을 얻는 데 뜻이 있더라도 청렴함을 택하는 것이 결과적으로는 지혜로운 선택이라고 정약용은 말한다. 목민관의 작은 탐욕은 단기적으로 보면 눈앞의 재물을 취하여 이익을 얻을 수 있겠지만 궁극에는 개인의 몰락과 가문의 불명예를 가져올 수 있기 때문이다.

정약용은 청렴을 지키는 것은 두 가지 효과가 있다고 보았다. 첫째, 청렴은 다른 사람에게 긍정적 효과를 미친다. 목민관이 청렴할 경우 백성을 비롯한 공동체 구성원에게 좋은 혜택이 돌아갈 것이다. 둘째, 청렴한 행위를 하는 것은 목민관 자신에게도 좋은 결과를 가져다준다. 청렴은 그 자신의 덕을 높이는 것일 뿐 아니라 자신의 가문에 빛나는 명성과 영광을 가져다줄 것이다.

① 정약용은 청렴이 목민관이 반드시 지켜야 할 덕목임을 당위론 차원에서 정당화하였다.

② 정약용은 탐욕을 택하는 것보다 청렴을 택하는 것이 이롭다는 공자의 뜻을 계승하였다.

③ 정약용은 청렴한 사람은 욕심이 작기 때문에 재물에 대한 탐욕에 빠지지 않는다고 보았다.

④ 정약용은 청렴이 백성에게 이로움을 줄 뿐 아니라 목민관 자신에게도 이로운 행위라고 보았다.

⑤ 이황과 이이는 청렴을 개인의 처세에 있어 주요 지침으로 여겼으나 사회 규율로는 보지 않았다.

5. 다음 글의 내용과 부합하지 않는 것은?

토크빌이 미국에서 관찰한 정치 과정 가운데 가장 놀랐던 것은 바로 시민들의 정치적 결사였다. 미국인들은 어려서부터 스스로 단체를 만들고 스스로 규칙을 제정하여 그에 따라 행동하는 것을 관습화해왔다. 이에 미국인들은 어떤 사안이 발생할 경우 국가기관이나 유력자의 도움을 받기 전에 스스로 단체를 결성하여 집합적으로 대응하는 양상을 보인다. 미국의 항구적인 지역 자치의 단위인 타운, 시티, 카운티조차도 주민들의 자발적인 결사로부터 형성된 단체였다.

미국인들의 정치적 결사는 결사의 자유에 대한 완벽한 보장을 기반으로 실현된다. 일단 하나의 결사로 뭉친 개인들은 언론의 자유를 보장받으면서 자신들의 집약된 견해를 널리 알린다. 이러한 견해에 호응하는 지지자들의 수가 점차 늘어날수록 이들은 더욱 열성적으로 결사를 확대해간다. 그런 다음에는 집회를 개최하여 자신들의 힘을 표출한다. 집회에서 가장 중요한 요소는 대표자를 선출하는 기회를 만드는 것이다. 집회로부터 선출된 지도부는 물론 공식적으로 정치적 대의제의 대표는 아니다. 하지만 이들은 도덕적인 힘을 가지고 자신들의 의견을 반영한 법안을 미리 기초하여 그것이 실제 법률로 제정되게끔 공개적으로 입법부에 압력을 가할 수 있다.

토크빌은 이러한 정치적 결사가 갖는 의미에 대해 독특한 해석을 펼친다. 그에 따르면, 미국에서는 정치적 결사가 다수의 횡포에 맞서는 보장책으로서의 기능을 수행한다. 미국의 입법부는 미국 시민의 이익을 대표하며, 의회 다수당은 다수 여론의 지지를 받는다. 이를 고려하면 언제든 ‘다수의 이름으로’ 소수를 배제한 입법권의 행사가 가능해짐에 따라 입법 활동에 대한 다수의 횡포가 나타날 수 있다. 토크빌은 이러한 다수의 횡포를 제어할 수 있는 정치 제도가 없는 상황에서 소수 의견을 가진 시민들의 정치적 결사는 다수의 횡포에 맞설 수 있는 유일한 수단이라고 보았다. 더불어 토크빌은 시민들의 정치적 결사가 소수자들이 다수의 횡포를 견제할 수 있는 수단으로 온전히 가능하기 위해서는 도덕의 권위에 호소해야 한다고 보았다. 왜냐하면 힘이 약한 소수자가 호소할 수 있는 것은 도덕의 권위뿐이기 때문이다.

① 미국의 항구적인 지역 자치인 타운은 주민들의 자발적인 결사로부터 시작되었다.

② 미국에서는 정치적 결사를 통해 실제 법률로 제정되게끔 입법부에 압력을 가할 수 있다.

③ 토크빌에 따르면, 다수의 횡포를 견제하기 위해서는 소수자들의 정치적 결사가 도덕의 권위에 맞서야 한다.

④ 토크빌에 따르면, 미국에서는 소수를 배제한 다수의 이름으로 입법권의 행사가 이루어질 수 있다.

⑤ 집회에서 가장 중요한 것은 대표자를 선출하는 기회를 만드는 것이지만 이 대표자는 정치적 대의제의 대표는 아니다.

6. 다음 글의 주제를 가장 잘 진술한 것은?

> 말이 생각의 그릇이라면 그 말을 아름답고 품위 있게 가꾸는 일은 인간의 행동을 바르게 가다듬는 교육의 첫걸음이다. 옛날 선조들이 말을 조심스럽게 가려 쓰는 것을 교육의 제 1과로 삼았던 것도 이 때문이다. 말이 거친 사람의 품성이 포악스럽고, 말을 가려 쓰는 사람의 행동거지가 분명하고 반듯한 것은 동서양을 막론한 고금의 진리이다.
>
> 5천 년 역사의 문화 민족이라는 긍지는 고유한 우리말과 이 말을 과학적으로 옮길 수 있는 문자를 가졌다는 자부심과 같은 맥락의 표현이다. 중국이나 만주, 일본 등 강성한 이웃 나라들 틈새에서 우리가 정치적 독립과 고유한 문화를 지키며 살 수 있었던 것은 우리의 말과 글의 힘이 밑받침이 되어 왔기 때문이란 주장은 과장이 아니다. 말이란 그 사회 공동체가 동질성을 가지게 하는 원천이다.
>
> 이러한 소중한 우리말 우리글은 예사로이 유지되고 발전되는 것이 아니다. 세종대왕의 한글 창제는 말할 나위 없고 구한말 이래 나라가 존망의 위기에 처했을 때 말과 글을 지키기 위한 선각자들의 피나는 노력은 민족 수난의 극복이라는 투쟁의 한 단원으로 기록되어 있다. 일제 강점 때 조선어학회 사건으로 이희승, 최현배 등 수많은 학자들이 옥고를 치르고 이윤재, 한징 등이 옥사한 예는 다른 나라 역사에서는 찾기 어려운 우리의 자랑스러운 언어 수호 운동의 기록이다.
>
> 올해 문화의 달 10월에 '이 달의 문화 인물'로 환산 이윤재를 뽑은 것은 시사하는 바가 크다. 오늘날 우리 국민들의 나태하고 방만한 생활 중에는 언어생활의 규범이 깨어져 고운 말, 존댓말과 바른 어법이 실종된 현상을 첫손가락으로 꼽아야 한다. 외래어, 비속어가 남용되는가 하면 학교, 가정, 사회 어디서나 제대로 된 존댓말이나 바른 어법의 품위 있는 말솜씨를 찾아보기 어렵다. 이런 혼돈의 언어생활이 국민 정서를 거칠게 하고, 특히 청소년들의 분별없고 경망스런 행동을 부추기는 원인이 된다.
>
> 더욱이 우리는 최근 자주 대하게 되는 북한 주민들이나 연변 동포의 말이 같은 우리말이면서도 심한 이질감을 느끼게 되는 데에 놀라고 있다. 북한은 오래 전부터 평양말을 문화어라 해서 표준말로 쓰고 있으며, 연변 동포들이 이를 따라 썼기 때문이다. 전체주의 체제가 언어의 경직화, 규격화를 가져왔고 그로 인해 그들의 말이 더욱 이질화되었던 것이다. 이런 상태로 통일이 이루어진다면 가장 심각한 남북 간의 갈등은 바로 언어의 이질화일 가능성도 배제할 수 없다.
>
> 문화의 달에 특히 우리가 새겨야 할 것은 우리말 우리글을 소중하게 생각하고 이를 지키기 위해 애쓴 선열들의 노고에 감사하는 일이다. 그것은 가정, 학교, 사회에서 바르고 품의 있는 언어생활을 가르쳐 온 국민들이 프랑스 국민처럼 우리말에 대한 자랑과 긍지를 갖게 하는 일이 될 것이다. 후세 국민들을 지혜롭고 예절 바르게 키우고 민족 통일을 대비하는 첫째 과제가 바른말 쓰기 운동의 시작임을 한글날을 기해 감히 제언한다.

① 고유한 언어와 문자를 가진 민족은 문화 민족이다.

② 우리말을 수호하기 위해 많은 선각자들이 희생되었다.

③ 통일에 대비하여 언어의 이질화를 막기 위한 노력이 필요하다.

④ 통일에 대비하고 후세를 바르게 키우려면 바른말 쓰기부터 가르쳐야 한다.

⑤ 국제적으로 어려운 시기에 우리말 우리글에 대한 자긍심은 크나큰 힘이 된다.

7. **다음 글을 통해 알 수 없는 내용은?**

> 희생제의란 신 혹은 초자연적 존재에게 제물을 바침으로써 인간 사회에서 발생하는 중요한 문제를 해결하려는 목적으로 이루어지는 의례를 의미한다. 이 제의에서는 제물이 가장 주요한 구성요소인데, 이때 제물은 제사를 올리는 인간들과 제사를 받는 대상 사이의 유대 관계를 맺게 해주어 상호 소통할 수 있도록 매개하는 역할을 수행한다.
>
> 희생제의의 제물, 즉 희생제물의 대명사로 우리는 '희생양'을 떠올린다. 이는 희생제물이 대개 동물일 것이라고 추정하게 하지만, 희생제물에는 인간도 포함된다. 인간 집단은 안위를 위협하는 심각한 위기 상황을 맞게 되면, 이를 극복하고 사회 안정을 회복하기 위해 처녀나 어린아이를 제물로 바쳤다. 이러한 사실은 인신공희(人身供犧) 설화를 통해 찾아볼 수 있다. 이러한 설화에서 인간들은 신이나 괴수에게 처녀나 어린아이를 희생제물로 바쳤다.
>
> 희생제의는 원시사회의 산물로 머문 것이 아니라 아주 오랫동안 동서양을 막론하고 여러 문화권에서 지속적으로 행해져 왔다. 이에 희생제의의 기원이나 형식을 밝히기 위한 종교현상학적 연구들이 시도되어 왔다. 그리고 인류학적 연구에서는 희생제의에 나타난 인간과 문화의 본질에 대한 탐색이 있어 왔다. 인류학적 관점의 대표적인 학자인 지라르는 「폭력과 성스러움」, 「희생양」 등을 통해 인간 사회의 특징, 사회 갈등과 그 해소 등의 문제를 '희생제의'와 '희생양'으로 설명했다.
>
> 인간은 끊임없이 타인과 경쟁하고 갈등하는 존재이다. 이러한 인간들 간의 갈등은 공동체 내에서 무차별적이면서도 심각한 갈등 양상으로 치닫게 되고 극도의 사회적 긴장 관계를 유발한다. 이때 다수의 사회 구성원들은 사회 갈등을 희생양에게 전이시켜 사회 갈등을 해소하고 안정을 되찾고자 하였다는 것이 지라르 논의의 핵심이다.
>
> 희생제의에서 희생제물로서 처녀나 어린아이가 선택되는 경우가 한국뿐 아니라 많은 나라에서도 발견된다. 처녀와 어린아이에게는 인간 사회의 세속적이고 부정적인 속성이 깃들지 않았다는 관념이 오래 전부터 지배적이었기 때문이다. 그러나 지라르는 근본적으로 이들이 희생제물로 선택된 이유를, 사회를 주도하는 주체인 성인 남성들이 스스로 일으킨 문제를 자신들이 해결하지 않고 사회적 역할 차원에서 자신들과 대척점에 있는 타자인 이들을 희생양으로 삼았기 때문인 것으로 설명하였다.

① 종교현상학적 연구는 인간 사회의 특성과 사회 갈등 형성 및 해소를 희생제의와 희생양의 관계를 통해 설명한다.

② 지라르에 의하면 다수의 사회 구성원들은 사회 갈등을 희생양에게 전이시킴으로써 사회 안정을 이루고자 하였다.

③ 희생제물을 통해 위기를 극복하고 사회의 안정을 회복하고자 한 의례 행위는 동양에 국한된 것이 아니다.

④ 지라르에 따르면 희생제물인 처녀나 어린아이들은 성인 남성들과 대척점에 있는 존재이다.

⑤ 인신공희 설화에서 희생제물인 어린아이들은 인간들과 신 혹은 괴수 간에 소통을 매개한다.

8. 다음 글을 읽고 이에 대한 설명으로 옳지 않은 것은?

(가) 남자는 여자보다 평균수명이 짧고 사망률도 전반적으로 높다. 남자는 각종 사고에 더 많이 노출되어 있고 살해당하거나 자살할 확률이 여자보다 거의 세 배나 높다. 동물과 마찬가지로 남자들이 짝을 얻기 위해 더 위험한 전략을 많이 구사하는 것이 그 원인이다. 이러한 경쟁 때문에 영원히 짝짓기에 실패하는 경우가 남자 쪽에 더 많이 나타난다. 어느 사회에서든 짝 없이 평생을 지내는 노총각이 노처녀보다 더 많다.

(나) 미국에서 1960년대 후반과 1970년대에 있었던 성해방 풍조하에서는 여성들이 성을 마음껏 표현하고 남자들의 맹세를 심각하게 요구하지 않으면서 성관계에 동의하는 현상을 보였다. 이때는 베이비붐 세대의 여자들에 해당하는 연상의 남자 수가 적었던 시기이다. 남자 수가 적은 짝짓기 환경에서 여자들은 건강을 유지하기 위해 노력을 더 많이 하고 자신의 성적 재산을 남자를 유혹하기 위해 기꺼이 내놓기도 하며 외모를 더 나아 보이게 하기 위해 치열하게 경쟁한다.

(다) 다수의 남자들이 소수의 여자들을 두고 경쟁해야 할 때는 상황이 여자에게 유리하게 바뀐다. 남자들은 매력적인 여자를 유혹하기 위해 재산을 모으려 노력하고 아버지가 되는 투자를 자청하게 되므로 결혼생활이 안정적으로 유지된다. 그러나 남자의 비율이 높다고 모든 상황이 여자에게 유리하게 되는 것은 아니다. 남자의 비율이 높으면 결혼한 여자들은 선택의 여지가 많아져서 가정을 떠나겠다는 위협이 더 큰 효력을 발휘하게 된다. 이는 남자들의 질투심을 자극하여 아내를 통제하기 위한 위협과 폭력, 그리고 자신의 짝을 유혹하려는 다른 남자에 대한 폭력을 증가시킨다.

(라) 여자들은 지위가 높고 재산이 많은 남자를 선호하기 때문에 젊은 남자들은 보통 여자의 공급이 부족한 세계에 살게 된다. 그래서 젊은 남자들은 성폭력이나 구타, 살인과 같은 위험한 전략을 구사하는 경우가 많다. 남자들이 이러한 위험을 잘 극복하고 재산과 지위를 가지게 되면 성비는 남자 쪽에 유리하게 된다. 그들이 선택할 수 있는 잠재적인 여자들의 집합도 커지고 짝짓기 시장에서의 그들의 가치도 올라가게 된다. 그들은 일시적인 연애나 혼외정사, 그리고 반복적인 결혼이나 일부다처제의 형식을 통해 다양한 짝을 유혹할 수 있게 된다. 그러나 어떤 연령대이든 짝으로서의 바람직한 자질을 갖추지 못한 남자들은 이러한 혜택을 얻지 못하거나 짝짓기에서 완전히 배제되기도 한다.

① (가)~(라)는 짝짓기를 위한 동성 간의 경쟁이 어떻게 전개되는지를 설명하고 있다.

② (나)~(라)는 수요와 공급의 원리에 근거하여 사회현상을 해석하고 있다.

③ (가), (다), (라)는 남자들이 짝짓기 경쟁에서 더 큰 위험에 노출됨을 말하고 있다.

④ (가), (라)에서는 남자의 입장이, (나)에서는 여자의 입장이 강조되고 있다.

⑤ (가), (다)는 짝짓기 경쟁으로 인하여 성비의 불균형이 발생한다고 보고 있고, (나), (라)는 성비이 불균형으로 인하여 짝짓기 경쟁이 발생한다고 보고 있다.

9. 다음 글의 주제로 가장 적절한 것은?

뉴스는 언론이 현실을 '틀짓기[framing]' 하여 전달한 것이다. 여기서 틀 짓기란 일정한 선택과 배제의 원리에 따라 현실을 구성하는 것을 말한다. 그런데 수용자는 이러한 뉴스를 그대로 받아들이지는 않는다. 수용자는 수동적인 존재가 아닌 능동적인 행위자가 되어 언론이 전하는 뉴스의 의미를 재구성한다. 이렇게 재구성된 의미들을 바탕으로 여론이 만들어지고, 이것은 다시 뉴스 구성의 '틀[frame]'에 영향을 준다. 이를 뉴스 틀 짓기에 대한 수용자의 '다시 틀 짓기[reframing]'라고 한다. '다시 틀 짓기'가 가능한 이유는 수용자가 주체적인 의미 해석자로, 사회 속에서 사회와 상호 작용하는 존재이기 때문이다.

그렇다면 수용자의 주체적인 의미 해석은 어떻게 가능할까? 그것은 수용자가 외부 정보를 해석하는 인지 구조를 갖고 있기 때문이다. 인지 구조는 경험과 지식, 편향성 등으로 구성

되는데, 뉴스 틀과 수용자의 인지 구조는 일치하기도 하고 갈등하기도 한다. 이 과정에서 수용자는 자신의 경험, 지식, 편향성 등에 따라 뉴스가 전달하는 의미를 재구성하게 된다. 수용자의 이러한 재구성, 즉 해석은 특정 화제에 대해 어떤 태도를 취할 것인가, 그 화제와 관련된 다른 화제나 행위자들을 어떻게 평가할 것인가 등을 결정하는 근거가 된다.

이렇게 특정 화제에 대한 수용자의 다양한 해석들은 수용자들이 사회 속에서 상호 작용하는 과정에서 여론의 형태로 나타난다. 여론은 사회적 차원에서 벌어지는 특정 화제에 대한 사회적 공방들과 개인적 차원에서의 대화, 논쟁들로 만들어지는 의견들을 모두 포괄한다. 이렇게 형성된 여론은 다시 뉴스 틀에 영향을 주며, 이에 따라 새로운 틀과 여론이 만들어진다. 새로운 틀이 만들어짐으로써 특정 화제에 대한 사회적 논의들은 후퇴하거나 발전할 수 있으며, 보다 다양해질 수 있다.

사회학자 갬슨은 뉴스와 뉴스 수용자의 관계를 주체와 객체의 고정된 관계가 아닌, 상호 작용을 바탕으로 하는 역동적인 관계로 보았다. 이러한 역동성은 수용자인 우리가 능동적인 행위자로 '다시 틀 짓기'를 할 때 가능하다. 그러므로 우리는 뉴스로 전해지는 내용들을 언제나 비판적으로 바라보고 능동적으로 해석해야 하며, 수용자의 해석에 따라 형성되는 여론에 대해서도 항상 관심을 가져야 한다.

① 언론의 '틀 짓기'는 현실을 왜곡하여 전달하기 때문에 비판받아야 한다.

② 뉴스 수용자는 여론을 형성하여 뉴스 구성의 '틀'에 영향을 주어야 한다.

③ 수용자들은 사회 속에서 상호 작용을 통해 자신의 인지 구조를 변화시켜야 한다.

④ 뉴스를 비판적으로 해석하고 여론에 관심을 갖는 수용자로서의 자세가 필요하다.

⑤ 사회적 차원에서 벌어지는 특정 화제에 대한 사회적 공방이 다양한 사회를 만드는 데 기여한다.

10. 다음은 은행을 사칭한 대출 주의 안내문이다. 이에 대한 설명으로 옳지 않은 것은?

> 항상 OO은행을 이용해 주시는 고객님께 감사드립니다.
>
> 최근 OO은행을 사칭하면서 대출 협조문이 Fax로 불특정 다수에게 발송되고 있어 각별한 주의가 요망됩니다. OO은행은 절대로 Fax를 통해 대출 모집을 하지 않으니 아래의 Fax 발견시 즉시 폐기하시기 바랍니다.
>
> > 아래 내용을 검토하시어 자금문제로 고민하는 대표이하 직원 여러분들에게 저의 은행의 금융정보를 공유할 수 있도록 업무협조 부탁드립니다.
> >
> > 수신 : 직장인 및 사업자
> > 발신 : OO은행 여신부
> > 여신상담전화번호 : 070-xxxx-xxxx
>
> | | |
> |---|---|
> | 대상 | 직장인 및 개인/법인 사업자 |
> | 금리 | 개인신용등급적용 (최저 4.8~) |
> | 연령 | 만 20세~만 60세 |
> | 상환 방식 | 1년만기일시상환, 원리금균등분할상환 |
> | 대출 한도 | 100만원~1억원 |
> | 대출 기간 | 12개월~최장 60개월까지 설정가능 |
> | 서류 안내 | 공통서류 – 신분증
직장인 – 재직, 소득서류
사업자 – 사업자 등록증, 소득서류 |
>
> ※ 기타사항
> - 본 안내장의 내용은 법률 및 관련 규정 변경시 일부 변경될 수 있습니다.
> - 용도에 맞지 않을 시, 연락 주시면 수신거부 처리 해드리겠습니다. 현재 OO은행을 사칭하여 문자를 보내는 불법업체가 기승입니다. OO은행에서는 본 안내장 외엔 문자를 발송치 않으니 이점 유의하시어 대처 바랍니다.

① Fax 수신문에 의하면 최대 대출 한도는 1억원까지이다.
② Fax로 수신되는 대출 협조문은 OO은행에서 보낸 것이 아니다.
③ 대출 주의 안내문은 수신거부 처리가 가능하다.
④ Fax로 수신되는 대출 협조문은 즉시 폐기하여야 한다.
⑤ OO은행에서는 대출 협조문을 문자로 발송한다.

11. 다음 글의 내용이 참이라고 할 때 반드시 참인 것만을 모두 고른 것은?

> 인간은 누구나 건전하고 생산적인 사회에서 타인과 함께 평화롭게 살아가길 원한다. 도덕적이고 문명화된 사회를 가능하게 하는 기본적인 사회 원리를 수용할 경우에만 인간은 생산적인 사회에서 평화롭게 살 수 있다. 기본적인 사회 원리를 수용한다면, 개인의 권리는 침해당하지 않는다. 인간의 본성에 의해 요구되는 인간 생존의 기본 조건, 즉 생각의 자유와 자신의 이성적 판단에 따라 행동할 수 있는 자유가 인정되지 않는다면, 개인의 권리는 침해당한다.
>
> 물리적 힘의 사용이 허용되는 경우에만 개인의 권리는 침해당한다. 어떤 사람이 다른 사람의 삶을 빼앗거나 그 사람의 의지에 반하는 것을 강요하기 위해서는 물리적 수단을 사용할 수밖에 없기 때문이다. 이성적인 수단인 토론이나 설득을 사용하여 다른 사람의 의견이나 행동에 영향을 미친다면, 개인의 권리는 침해당하지 않는다.
>
> 인간이 생산적인 사회에서 평화롭게 사는 것은 매우 중요하다. 왜냐하면 인간이 생산적인 사회에서 평화롭게 살 수 있을 경우에만 인간은 지식 교환의 가치를 사회로부터 얻을 수 있기 때문이다.

> ㉠ 생각의 자유와 자신의 이성적 판단에 따라 행동할 수 있는 자유가 인정될 경우에만 인간은 생산적인 사회에서 평화롭게 살 수 있다.
> ㉡ 물리적 힘이 사용되는 것이 허용되지 않는다면, 인간은 생산적 사회에서 평화롭게 살 수 있다.
> ㉢ 물리적 힘이 사용되는 것이 허용된다면, 생각의 자유와 자신의 이성적 판단에 따라 행동할 수 있는 자유가 인정되지 않는다.
> ㉣ 개인의 권리가 침해당한다면, 인간은 지식 교환의 가치를 사회로부터 얻을 수 없다.

① ㉠㉢ ② ㉠㉣
③ ㉡㉢ ④ ㉡㉣
⑤ ㉢㉣

12. **쓰레기를 무단 투기하는 사람을 찾기 위해 고심하던 아파트 관리인 세상씨는 다섯 명의 입주자 A, B, C, D, E를 면담했다. 이들은 각자 다음과 같이 이야기를 했다. 이 가운데 두 사람의 이야기는 모두 거짓인 반면, 세 명의 이야기는 모두 참이라고 한다. 다섯 명 가운데 한 명이 범인이라고 할 때 쓰레기를 무단 투기한 사람은 누구인가?**

> A : 쓰레기를 무단 투기하는 것을 나와 E만 보았다. B의 말은 모두 참이다.
> B : 쓰레기를 무단 투기한 것은 D이다. D가 쓰레기를 무단 투기하는 것을 E가 보았다.
> C : D는 쓰레기를 무단 투기하지 않았다. E의 말은 참이다.
> D : 쓰레기를 무단 투기하는 것을 세 명의 주민이 보았다. B는 쓰레기를 무단 투기하지 않았다.
> E : 나와 A는 쓰레기를 무단 투기하지 않았다. 나는 쓰레기를 무단 투기하는 사람을 아무도 보지 못했다.

① A ② B
③ C ④ D
⑤ E

13. **동건, 우성, 인성은 임의의 순서로 빨간색 · 파란색 · 노란색 지붕을 가진 집에 나란히 이웃하여 살고 있으며, 개 · 고양이 · 도마뱀이라는 서로 다른 애완동물을 기르며, 광부 · 농부 · 의사라는 서로 다른 직업을 갖고 있다. 알려진 정보가 다음과 같을 때 반드시 참이라고 할 수 없는 내용을 〈보기〉에서 모두 고른 것은?**

> (가) 인성은 광부이다.
> (나) 가운데 집에 사는 사람은 개를 키우지 않는다.
> (다) 농부와 의사의 집은 서로 이웃해 있지 않다.
> (라) 노란 지붕 집은 의사의 집과 이웃해 있다.
> (마) 파란 지붕 집에 사람은 고양이를 키운다.
> (바) 우성은 빨간 지붕 집에 산다.

> 〈보기〉
> ㉠ 동건은 빨간 지붕 집에 살지 않고, 우성은 개를 키우지 않는다.
> ㉡ 노란 지붕 집에 사는 사람은 도마뱀을 키우지 않는다.
> ㉢ 동건은 파란 지붕 집에 살거나, 우성은 고양이를 키운다.
> ㉣ 동건은 개를 키우지 않는다.
> ㉤ 우성은 농부다.

① ㉠㉡ ② ㉡㉢
③ ㉢㉣ ④ ㉠㉡㉤
⑤ ㉠㉢㉤

14. 5명(A ~ E)이 다음 규칙에 따라 게임을 하고 있다. 4→1→1의 순서로 숫자가 호명되어 게임이 진행되었다면 네 번째 술래는?

- A→B→C→D→E 순으로 반시계방향으로 동그랗게 앉아 있다.
- 한 명의 술래를 기준으로, 술래는 항상 숫자 3을 배정받고, 반시계방향으로 술래 다음 사람이 숫자 4를, 그 다음 사람이 숫자 5를, 술래 이전 사람이 숫자 2를, 그 이전 사람이 숫자 1을 배정받는다.
- 술래는 1 ~ 5의 숫자 중 하나를 호명하고, 호명된 숫자에 해당하는 사람이 다음 술래가 된다. 새로운 술래를 기준으로 다시 위의 조건에 따라 숫자가 배정되며 게임이 반복된다.
- 첫 번째 술래는 A다.

① A ② B
③ C ④ D
⑤ E

15. 지하철 10호선은 총 6개의 주요 정거장을 경유한다. 주어진 조건이 다음과 같을 경우, C가 4번째 정거장일 때, E 바로 전의 정거장이 될 수 있는 것은?

- 지하철 10호선은 순환한다.
- 주요 정거장을 각각 A, B, C, D, E, F라고 한다.
- E는 3번째 정거장이다.
- B는 6번째 정거장이다.
- D는 F의 바로 전 정거장이다.
- C는 A의 바로 전 정거장이다.

① F ② E
③ D ④ B
⑤ A

16. 다음은 유진이가 학교에 가는 요일에 대한 설명이다. 이들 명제가 모두 참이라고 가정할 때, 유진이가 학교에 가는 요일은?

㉠ 목요일에 학교에 가지 않으면 월요일에 학교에 간다.
㉡ 금요일에 학교에 가지 않으면 수요일에 학교에 가지 않는다.
㉢ 수요일에 학교에 가지 않으면 화요일에 학교에 간다.
㉣ 월요일에 학교에 가면 금요일에 학교에 가지 않는다.
㉤ 유진이는 화요일에 학교에 가지 않는다.

① 월, 수 ② 월, 수, 금
③ 수, 목, 금 ④ 수, 금
⑤ 목, 금

17. 다음 글을 근거로 유추할 경우 옳은 내용만을 바르게 짝지은 것은?

◎ 9명의 참가자는 1번부터 9번까지의 번호 중 하나를 부여 받고, 동시에 제비를 뽑아 3명은 범인, 6명은 시민이 된다.
◎ '1번의 오른쪽은 2번, 2번의 오른쪽은 3번, …, 8번의 오른쪽은 9번, 9번의 오른쪽은 1번'과 같이 번호 순서대로 동그랗게 앉는다.
◎ 참가자는 본인과 바로 양 옆에 앉은 사람이 범인인지 시민인지 알 수 있다.
◎ "옆에 범인이 있다."라는 말은 바로 양 옆에 앉은 2명 중 1명 혹은 2명이 범인이라는 뜻이다.
◎ "옆에 범인이 없다."라는 말은 바로 양 옆에 앉은 2명 모두 범인이 아니라는 뜻이다.
◎ 범인은 거짓말만 하고, 시민은 참말만 한다.

㉠ 1, 4, 6, 7, 8번의 진술이 "옆에 범인이 있다."이고, 2, 3, 5, 9번의 진술이 "옆에 범인이 없다."일 때, 8번이 시민임을 알면 범인들을 모두 찾아낼 수 있다.
㉡ 만약 모두가 "옆에 범인이 있다."라고 진술한 경우, 범인이 부여받은 번호의 조합은 (1, 4, 7) / (2, 5, 8) / (3, 6, 9) 3가지이다.
㉢ 한 명만이 "옆에 범인이 없다."라고 진술한 경우는 없다.

① ㉡　　　　② ㉢

③ ㉠㉡　　　④ ㉠㉢

⑤ ㉠㉡㉢

18. 다음은 건물주 甲이 판단한 입주 희망 상점에 대한 정보이다. 다음에 근거하여 건물주 甲이 입주시킬 두 상점을 고르면?

〈표〉 입주 희망 상점 정보

상점	월세(만 원)	폐업위험도	월세 납부일 미준수비율
중국집	90	중	0.3
한식집	100	상	0.2
분식집	80	중	0.15
편의점	70	하	0.2
영어학원	80	하	0.3
태권도학원	90	상	0.1

※ 음식점 : 중국집, 한식집, 분식집

※ 학원 : 영어학원, 태권도학원

〈정보〉

- 건물주 甲은 자신의 효용을 극대화하는 상점을 입주시킨다.
- 甲의 효용 : 월세(만 원)×입주 기간(개월)－월세 납부일 미준수비율×입주 기간(개월)×100(만 원)
- 입주 기간 : 폐업위험도가 '상'인 경우 입주 기간은 12개월, '중'인 경우 15개월, '하'인 경우 18개월
- 음식점 2개를 입주시킬 경우 20만 원의 효용이 추가로 발생한다.
- 학원 2개를 입주시킬 경우 30만 원의 효용이 추가로 발생한다.

① 중국집, 한식집

② 한식집, 분식집

③ 분식집, 태권도학원

④ 영어학원, 태권도학원

⑤ 분식집, 영어학원

19. G 음료회사는 신제품 출시를 위해 시제품 3개를 만들어 전직원을 대상으로 블라인드 테스트를 진행한 후 기획팀에서 회의를 하기로 했다. 독창성, 대중성, 개인선호도 세 가지 영역에 총 15점 만점으로 진행된 테스트 결과가 다음과 같을 때, 기획팀 직원들의 발언으로 옳지 않은 것은?

	독창성	대중성	개인선호도	총점
시제품 A	5	2	3	10
시제품 B	4	4	4	12
시제품 C	2	5	5	12

① 우리 회사의 핵심가치 중 하나가 창의성 아닙니까? 저는 독창성 점수가 높은 A를 출시해야 한다고 생각합니다.

② 독창성이 높아질수록 총점이 낮아지는 것을 보지 못하십니까? 저는 그 의견에 반대합니다.

③ 무엇보다 현 시점에서 회사의 재정상황을 타개하기 위해서는 대중성을 고려하여 높은 이윤이 날 것으로 보이는 C를 출시해야 하지 않겠습니까?

④ 저도 대중성과 개인선호도가 높은 C를 출시해야 한다고 생각합니다.

⑤ 그럼 독창성과 대중성, 개인선호도 점수가 비슷한 B를 출시하는 것이 어떻겠습니까?

20. 다음 〈쓰레기 분리배출 규정〉을 준수한 것은?

〈쓰레기 분리배출 규정〉

- 배출 시간 : 수거 전날 저녁 7시~수거 당일 새벽 3시까지 (월요일~토요일에만 수거함)
- 배출 장소 : 내 집 앞, 내 점포 앞
- 쓰레기별 분리배출 방법
  - 일반 쓰레기 : 쓰레기 종량제 봉투에 담아 배출
  - 음식물 쓰레기 : 단독주택의 경우 수분 제거 후 음식물 쓰레기 종량제 봉투에 담아서, 공동주택의 경우 음식물 전용용기에 담아서 배출
  - 재활용 쓰레기 : 종류별로 분리하여 투명 비닐봉투에 담아 묶어서 배출
    ① 1종(병류)
    ② 2종(캔, 플라스틱, 페트병 등)
    ③ 3종(폐비닐류, 과자 봉지, 1회용 봉투 등)
    ※ 1종과 2종의 경우 뚜껑을 제거하고 내용물을 비운 후 배출
    ※ 종이류 / 박스 / 스티로폼은 각각 별도로 묶어서 배출
  - 폐가전 · 폐가구 : 폐기물 스티커를 부착하여 배출
- 종량제 봉투 및 폐기물 스티커 구입 : 봉투판매소

① 甲은 토요일 저녁 8시에 일반 쓰레기를 쓰레기 종량제 봉투에 담아 자신의 집 앞에 배출하였다.

② 공동주택에 사는 乙은 먹다 남은 찌개를 그대로 음식물 쓰레기 종량제 봉투에 담아 주택 앞에 배출하였다.

③ 丙은 투명 비닐봉투에 캔과 스티로폼을 함께 담아 자신의 집 앞에 배출하였다.

④ 戊는 집에서 쓰던 냉장고를 버리기 위해 폐기물 스티커를 구입 후 부착하여 월요일 저녁 9시에 자신의 집 앞에 배출하였다.

⑤ 丁은 금요일 낮 3시에 병과 플라스틱을 분리하여 투명 비닐봉투에 담아 묶어서 배출하였다.

21. 다음에 제시된 도시철도운영기관별 교통약자 편의시설에 대한 표를 참고할 때, 표의 내용을 올바르게 이해한 것은? (단, 한 역에는 한 종류의 편의시설만 설치된다)

구분	A도시철도 운영기관		B도시철도 운영기관		C도시철도 운영기관	
	설치 역 수	설치 대수	설치 역 수	설치 대수	설치 역 수	설치 대수
엘리베이터	116	334	153	460	95	265
에스컬레이터	96	508	143	742	92	455
휠체어리프트	28	53	53	127	50	135

① B도시철도운영기관은 모든 종류의 교통약자 편의시설의 개수가 A, C도시철도운영기관보다 많다.

② 세 도시철도운영기관의 평균 휠체어리프트 설치 대수는 100개 미만이다.

③ 총 교통약자 편의시설의 설치 역당 설치 대수는 A도시철도운영기관이 가장 많다.

④ C도시철도운영기관의 교통약자 편의시설 중, 설치 역당 설치 대수는 엘리베이터가 가장 많다.

⑤ 휠체어리프트의 설치 역당 설치 대수는 C도시철도운영기관이 가장 많다.

22. 다음은 A, B 두 경쟁회사의 판매 제품별 시장 내에서의 기대 수익을 표로 나타낸 자료이다. 3분기의 양사의 수익 변동에 대한 설명으로 옳은 것은? (A회사의 3분기 수익은 월 평균 수익과 동일하다)

판매 제품별 수익체계

		B회사		
		X제품	Y제품	Z제품
A회사	P 제품	(4, −3)	(5, −1)	(−2, 5)
	Q 제품	(−1, −2)	(3, 4)	(−1, 7)
	R 제품	(−3, 5)	(11, −3)	(8, −2)

- 괄호 안의 숫자는 A회사와 B회사의 제품으로 얻는 수익(억 원)을 뜻한다. (A회사 월 수익 액, B회사의 월 수익 액)
- ex) A회사가 P제품을 판매하고 B회사가 X제품을 판매하였을 때 A회사의 월 수익 액은 4억 원이고, B회사의 월 수익액은 −3억 원이다.

B회사의 분기별 수익체계 증감 분포

	1분기	2분기	3분기	4분기
X제품	0%	30%	20%	−50%
Y제품	50%	0%	−30%	0%
Z제품	−50%	−20%	50%	20%

- 제품별로 분기에 따른 수익의 증감률을 의미한다.
- 50% : 월 수익에서 50% 증가, 월 손해에서 50% 감소
- −50% : 월 수익에서 50% 감소, 월 손해에서 50% 증가

① 두 회사의 수익의 합이 가장 커지는 제품의 조합은 변하지 않는다.

② X제품은 P제품과 판매하였을 때의 수익이 가장 많다.

③ 두 회사의 수익의 합이 가장 적은 제품의 조합은 Q제품과 X제품이다.

④ 3분기의 수익액 합이 가장 큰 B회사의 제품은 Y제품이다.

⑤ 3분기에는 B회사가 Y제품을 판매할 때의 양사의 수익액 합의 총합이 가장 크다.

23. 다음 표는 A지역 전체 가구를 대상으로 원자력발전소 사고 전·후 식수 조달원 변경에 대해 사고 후 설문조사한 결과이다. 사고 전에 비해 사고 후에 이용 가구 수가 감소한 식수 조달원의 수는 몇 개인가? (단, A지역 가구의 식수 조달원은 수돗물, 정수, 약수, 생수로 구성되며, 각 가구는 한 종류의 식수 조달원만 이용한다.)

〈원자력발전소 사고 전·후 A지역 조달원별 가구 수〉

(단위 : 가구)

사고 전 조달원 \ 사고 후 조달원	수돗물	정수	약수	생수
수돗물	40	30	20	30
정수	10	50	10	30
약수	20	10	10	40
생수	10	10	10	40

① 0개

② 1개

③ 2개

④ 3개

⑤ 4개

24. 다음 그림처럼 화살표에서 시작해서 시계방향으로 수와 사칙연산기호가 배열되어 있다. (?)에서 시작한 값이 마지막에 등호(=)로 연결되어 식을 완성한다. (?) 안에 알맞은 수로 옳은 것은? (단, 사칙연산기호의 연산순서는 무시하고, 그림에 있는 순서대로 계산한다)

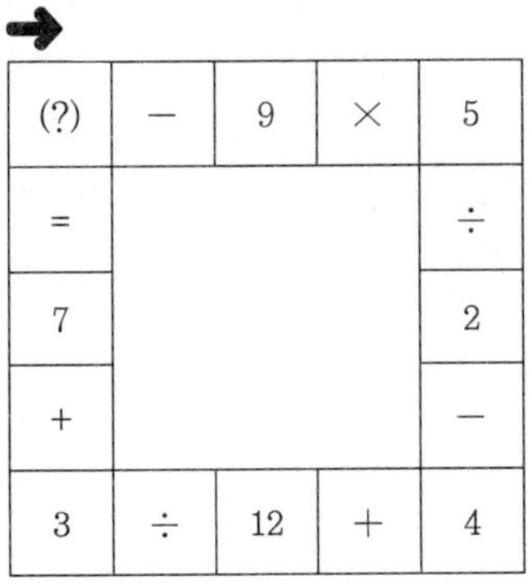

① 11

② 12

③ 13

④ 14

⑤ 15

25. 다음은 한 통신사의 요금제별 요금 및 할인 혜택에 관한 표이다. 이번 달에 전화통화와 함께 100건 이상의 문자메시지를 사용하였는데, A요금제를 이용했을 경우 청구되는 요금은 14,000원, B요금제를 이용했을 경우 청구되는 요금은 16,250원이다. 이번 달에 사용한 문자메시지는 모두 몇 건인가?

요금제	기본료	통화요금	문자메시지요금	할인 혜택
A	없음	5원/초	10원/건	전체 요금의 20% 할인
B	5,000원/월	3원/초	15원/건	문자메시지 월 100건 무료

① 125건
② 150건
③ 200건
④ 250건
⑤ 300건

26. 다음은 근무지 이동 전 ○○기업의 근무 현황에 대한 표이다. 표와 근무지 이동 지침에 따라 이동한 후 근무지별 인원수로 가능한 것은?

근무지	팀명	인원수
본관 1층	인사팀	10명
	지원팀	16명
	기획1팀	16명
본관 2층	기획2팀	21명
	영업1팀	27명
본관 3층	영업2팀	30명
	영업3팀	23명
별관	-	0명
전체		143명

※ 근무지는 본관 1, 2, 3층과 별관만 존재하며, 팀별 인원수의 변동은 없다.

[근무지 이동 지침]
- 본관 내 이동은 없고, 인사팀은 이동하지 않는다.
- 팀별로 전원 이동하며, 본관에서 별관으로 2개 팀만 이동한다.
- 1개 층에서는 최대 1개 팀만 별관으로 이동할 수 있다.
- 이동한 후 별관 인원수는 40명을 넘지 않도록 한다.

①

본관 1층	본관 2층	본관 3층	별관
26명	48명	30명	38명

②

본관 1층	본관 2층	본관 3층	별관
26명	27명	53명	37명

③

본관 1층	본관 2층	본관 3층	별관
42명	21명	43명	37명

④

본관 1층	본관 2층	본관 3층	별관
44명	21명	40명	38명

⑤

본관 1층	본관 2층	본관 3층	별관
42명	27명	30명	44명

27. 정수는 6명의 친구들과 저녁 식사를 했다. 평균 한 사람당 12,000원씩 낸 것과 같다면 친구들은 얼마씩 낸 것인가? (단, 정수가 음료수 값도 함께 계산하기로 하여 24,000원을 먼저 내고, 나머지 친구들은 동일한 금액으로 나누어 냈다.)

① 8,500원
② 9,000원
③ 9,500원
④ 10,000원
⑤ 10,500원

28. 다음은 8월 1 ~ 10일 동안 도시 5곳에 대한 슈퍼컴퓨터 예측 날씨와 실제 날씨를 정리한 표이다. 이에 대한 설명으로 옳은 내용만 모두 고른 것은?

도시	구분 \ 날짜	1	2	3	4	5	6	7	8	9	10
서울	예측	☂	☁	☼	☂	☼	☼	☂	☂	☼	☁
	실제	☂	☼	☂	☂	☼	☼	☂	☼	☼	☂
인천	예측	☼	☂	☼	☂	☁	☼	☂	☼	☼	☼
	실제	☂	☼	☼	☂	☁	☼	☂	☂	☼	☼
파주	예측	☂	☼	☂	☂	☼	☂	☼	☂	☂	☂
	실제	☂	☂	☼	☁	☂	☂	☁	☂	☂	☂
춘천	예측	☂	☂	☼	☼	☼	☂	☂	☼	☼	☂
	실제	☂	☁	☂	☂	☂	☂	☂	☂	☼	☼
태백	예측	☂	☼	☼	☂	☂	☂	☼	☁	☼	☂
	실제	☂	☂	☁	☂	☂	☼	☂	☼	☂	☼

㉠ 서울에서는 예측 날씨가 '비'인 날 실제 날씨도 모두 '비'였다.
㉡ 5개 도시 중 예측 날씨와 실제 날씨가 일치한 일수가 가장 많은 도시는 인천이다.
㉢ 8월 1 ~ 10일 중 예측 날씨와 실제 날씨가 일치한 도시 수가 가장 적은 날은 8월 2일이다.

① ㉠
② ㉡
③ ㉢
④ ㉡㉢
⑤ ㉠㉡㉢

29. 다음은 면접관 A ~ E가 신용보증기금 응시자 갑 ~ 정에게 부여한 면접 점수이다. 이에 대한 설명으로 옳은 내용만 모두 고른 것은?

(단위 : 점)

면접관 \ 응시자	갑	을	병	정	범위
A	7	8	8	6	2
B	4	6	8	10	( )
C	5	9	8	8	( )
D	6	10	9	7	4
E	9	7	6	5	4
중앙값	( )	( )	8	( )	-
교정점수	( )	8	( )	7	-

※ 범위는 해당 면접관이 각 응시자에게 부여한 면접 점수 중 최댓값에서 최솟값을 뺀 값이다.

※ 중앙값은 해당 응시자가 면접관에게서 받은 모든 면접 점수를 크기순으로 나열할 때 한가운데 값이다.

※ 교정점수는 해당 응시자가 면접관에게 받은 모든 면접 점수 중 최댓값과 최솟값을 제외한 면접 점수의 산술 평균값이다.

㉠ 면접관 중 범위가 가장 큰 면접관은 B이다.
㉡ 응시자 중 중앙값이 가장 작은 응시자는 정이다.
㉢ 교정점수는 병이 갑보다 크다.

① ㉠
② ㉡
③ ㉠㉢
④ ㉡㉢
⑤ ㉠㉡㉢

30. 한국사능력검정시험 고급에 남자가 75명, 여자가 25명이 응시하고, 시험 평균은 여자가 76점이다. 남녀 전체 평균 점수가 73점일 때 남자의 평균 점수는?

① 72점
② 73점
③ 74점
④ 75점
⑤ 76점

31. 다음 중 아래 워크시트에서 참고표를 참고하여 55,000원에 해당하는 할인율을 [C6]셀에 구하고자 할 때의 적절한 함수식은?

	A	B	C	D	E	F
1		<참고표>				
2		금액	30,000	50,000	80,000	150,000
3		할인율	3%	7%	10%	15%
4						
5		금액	55,000			
6		할인율	7%			

① =LOOKUP(C5,C2:F2,C3:F3)

② =HLOOKUP(C5,B2:F3,1)

③ =VLOOKUP(C5,C2:F3,1)

④ =VLOOKUP(C5,B2:F3,2)

⑤ =HLOOKUP(C5,C2:F3,)

32. 아래 워크시트에서 부서명[E2 : E4]을 번호[A2 : A11] 순서대로 반복하여 발령부서[C2 : C11]에 배정하고자 한다. 다음 중 [C2] 셀에 입력할 수식으로 옳은 것은?

	A	B	C	D	E
1	번호	이름	발령부서		부서명
2	1	황현아	기획팀		기획팀
3	2	김지민	재무팀		재무팀
4	3	정미주	총무팀		총무팀
5	4	오민아	기획팀		
6	5	김혜린	재무팀		
7	6	김윤중	총무팀		
8	7	박유미	기획팀		
9	8	김영주	재무팀		
10	9	한상미	총무팀		
11	10	서은정	기획팀		

① =INDEX($E$2:$E$4, MOD(A2, 3))

② =INDEX($E$2:$E$4, MOD(A2, 3)+1)

③ =INDEX($E$2:$E$4, MOD(A2−1, 3)+1)

④ =INDEX($E$2:$E$4, MOD(A2−1, 3))

⑤ =INDEX($E$2:$E$4, MOD(A2−1, 3+1))

33. 아래 워크시트에서 매출액[B3 : B9]을 이용하여 매출 구간별 빈도수를 [F3 : F6] 영역에 계산하고자 한다. 다음 중 이를 위한 배열수식으로 옳은 것은?

	A	B	C	D	E	F
1						
2		매출액		매출구간		빈도수
3		75		0	50	1
4		93		51	100	2
5		130		101	200	3
6		32		201	300	1
7		123				
8		257				
9		169				

① {=PERCENTILE(B3:B9, E3:E6)}

② {=PERCENTILE(E3:E6, B3:B9)}

③ {=FREQUENCY(B3:B9, E3:E6)}

④ {=FREQUENCY(E3:E6, B3:B9)}

⑤ {=FREQUENCY(D3:D6, B3:B9)}

34. 다음의 알고리즘에서 인쇄되는 S는?

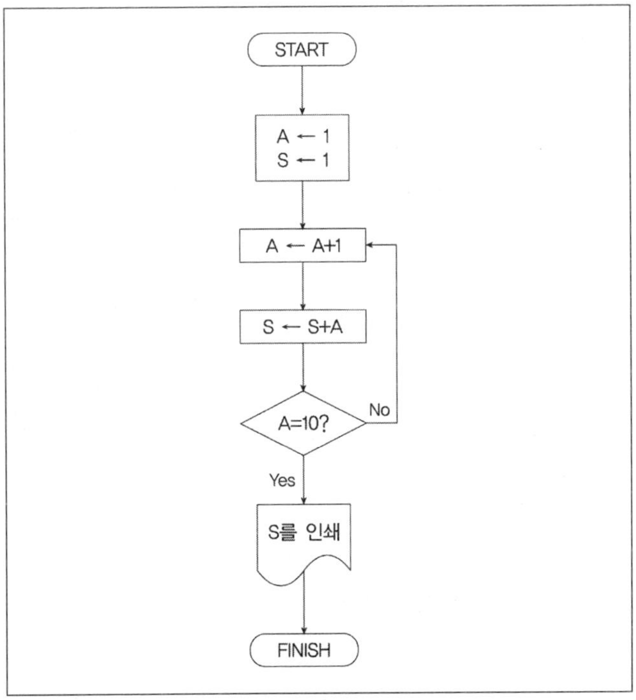

① 36
② 45
③ 55
④ 66
⑤ 77

35. 다음 워크시트에서 영업2부의 보험실적 합계를 구하고자 할 때, [G2] 셀에 입력할 수식으로 옳은 것은?

	A	B	C	D	E	F	G
1	성명	부서	성별	보험실적		부서	보험실적 합계
2	윤진주	영업1부	여	13		영업2부	
3	임성민	영업2부	남	12			
4	김옥순	영업1부	여	15			
5	김은지	영업3부	여	20			
6	최준오	영업2부	남	8			
7	윤한성	영업3부	남	9			
8	하은영	영업2부	여	11			
9	남영호	영업1부	남	17			

① =DSUM(A1:D9, 3, F1:F2)
② =DSUM(A1:D9,“보험실적”, F1:F2)
③ =DSUM(A1:D9,“보험실적”, F1:F3)
④ =SUM(A1:D9,“보험실적”, F1:F2)
⑤ =SUM(A1:D9, 4, F1:F2)

36. 검색엔진을 사용하여 인터넷에서 이순신 장군이 지은 책이 무엇인지 알아보려고 한다. 정보검색 연산자를 사용할 때 가장 적절한 검색식은 무엇인가? (단, 사용하려는 검색엔진은 AND 연산자로 ‘&’, OR 연산자로 ‘+’, NOT 연산자로 ‘!’, 인접검색 연산자로 ‘~’을 사용한다)

① 이순신 + 책
② 장군 & 이순신
③ 책 ! 장군
④ 이순신 & 책
⑤ 장군 ~ 이순신

▎37~38 ▎ 다음 사례를 읽고 물음에 답하시오.

A그룹의 이 대리는 상사로부터 스마트폰 신상품에 대한 기획안을 제출하라는 업무를 받았다. 이에 이 대리는 먼저 기획안을 작성하기 위해 필요한 정보가 무엇인지 생각을 하였는데 이번에 개발하고자 하는 신상품이 노년층을 주 고객층으로 한 실용적이면서도 조작이 간편한 제품이기 때문에 우선 50 ~ 60대의 취향을 파악할 필요가 있었다. 따라서 이 대리는 50 ~ 60대 고객들이 현재 사용하고 있는 스마트폰의 모델과 좋아하는 디자인, 사용하면서 불편해 하는 사항, 지불 가능한 액수 등에 대한 정보가 필요함을 깨달았고 이러한 정보는 사내에 저장된 고객정보를 통해 얻을 수 있음을 인식하였다. 이 대리는 다음 주까지 기획안을 작성하여 제출해야 하기 때문에 이번 주에 모든 정보를 수집하기로 마음먹었고 기획안 작성을 위해서는 방대한 고객정보 중에서도 특히 노년층에 대한 정보만 선별할 필요가 있었다. 이렇게 사내에 저장된 고객정보를 이용할 경우 따로 정보수집으로 인한 비용이 들지 않는다는 사실도 이 대리에게는 장점으로 작용하였다. 여기까지 생각이 미치자 이 대리는 고객정보를 얻기 위해 고객센터에 근무하는 조 대리에게 관련 자료를 요청하였고 가급적 연령에 따라 분류해 줄 것을 당부하였다.

37. 다음 중 이 대리가 수집하고자 하는 고객정보 중에서 반드시 포함되어야 할 사항으로 옳지 않은 것은?

① 연령

② 사용하고 있는 모델

③ 거주지

④ 사용 시 불편사항

⑤ 좋아하는 디자인

38. 다음 〈보기〉의 사항들 중 위 사례에 포함된 사항은 모두 몇 개인가?

〈보기〉

- WHAT(무엇을?)
- WHERE(어디에서?)
- WHEN(언제까지?)
- WHY(왜?)
- WHO(누가?)
- HOW(어떻게?)
- HOW MUCH(얼마나?)

① 3개 ② 4개

③ 5개 ④ 6개

⑤ 7개

39. 다음 워크시트에서 [A2] 셀 값을 소수점 첫째자리에서 반올림하여 [B2] 셀에 나타내도록 하고자 한다. [B2] 셀에 알맞은 함수식은?

	A	B
1	숫자	반올림한 값
2	987.9	
3	247.6	
4	864.4	
5	69.3	
6	149.5	
7	75.9	

① ROUND(A2, −1)

② ROUND(A2, 0)

③ ROUNDDOWN(A2, 0)

④ ROUNDUP(A2, −1)

⑤ ROUND(A3, 0)

40. '수량'과 '품목코드'별 단가를 이용하여 금액을 다음과 같이 산출하였다. 다음 중 'D2' 셀에 사용된 함수식으로 올바른 것은?

	A	B	C	D
1	매장명	품목코드	수량	총금액
2	갑 지점	ST-03	15	45,000
3	을 지점	KL-15	25	125,000
4	병 지점	ST-03	30	90,000
5	정 지점	DY-20	35	245,000
6				
7		품목코드	단가	
8		ST-03	3000	
9		KL-15	7000	
10		DY-20	5000	

① =C2*VLOOKUP(B2, $B$8:$C$10, 1, 1)

② =B2*HLOOKUP(C2, $B$8:$C$10, 2, 0)

③ =B2*VLOOKUP(B2, $B$8:$C$10, 1, 1)

④ =C2*VLOOKUP(B2, $B$8:$C$10, 2, 0)

⑤ =C2*HLOOKUP($B$8:$C$10, 2, B2)

41. 다음에서 설명하고 있는 미래의 활용 기술을 일컫는 말은 어느 것인가?

> • 재난 안전 관리 기관과 지하시설물 관리 기관, 지반정보 활용 기관에서 공유함으로써 안전 관리, 시설물 관리, 지하개발 등에 유용하게 활용한다.
> • 국민의 실생활과 밀접한 건축, 토지, 부동산, 주택 거래, 아파트 관리 등 민원 행정업무 처리와 지하시설물 등 복잡하고 다양한 정보를 효과적으로 제공하기 위해 건축, 토지, 부동산, 주택, 도시계획 등의 업무 시스템을 구축, 운영할 수 있게 해 준다.
> • 최근 다양한 산업과 융·복합해 새로운 부가가치를 창출하고 있는 핵심 정보로, 자율주행차 등 4차 산업혁명의 기반으로 수요가 계속 증가하고 있다.

① 딥러닝 알고리즘
② 도시개발 정보
③ 빅 데이터
④ 공간정보
⑤ ICT 융복합 정보

┃42~45┃ 다음 표를 참고하여 물음에 답하시오.

스위치	기능
♤	1번과 2번 기계를 오른쪽으로 180도 회전시킨다.
♠	1번과 3번 기계를 오른쪽으로 180도 회전시킨다.
♡	2번과 3번 기계를 오른쪽으로 180도 회전시킨다.
♥	3번과 4번 기계를 오른쪽으로 180도 회전시킨다.
♧	1번 기계와 4번 기계의 작동상태를 다른 상태로 바꾼다. (운전→정지, 정지→운전)
♣	2번 기계와 3번 기계의 작동상태를 다른 상태로 바꾼다. (운전→정지, 정지→운전)
◉	모든 기계의 작동상태를 다른 상태로 바꾼다. (운전→정지, 정지→운전)
△=운전, ▲=정지	

42. 처음 상태에서 스위치를 세 번 눌렀더니 화살표 모양과 같은 상태로 바뀌었다. 어떤 스위치를 눌렀는가?

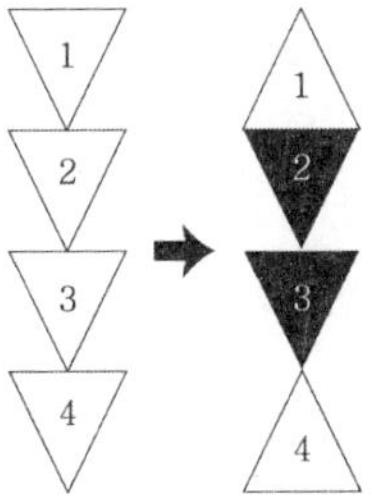

① ♤ ♡ ♧
② ♠ ♥ ♣
③ ♤ ♥ ♧
④ ♠ ♡ ♣
⑤ ♠ ♡ ♧

43. 처음 상태에서 스위치를 세 번 눌렀더니 화살표 모양과 같은 상태로 바뀌었다. 어떤 스위치를 눌렀는가?

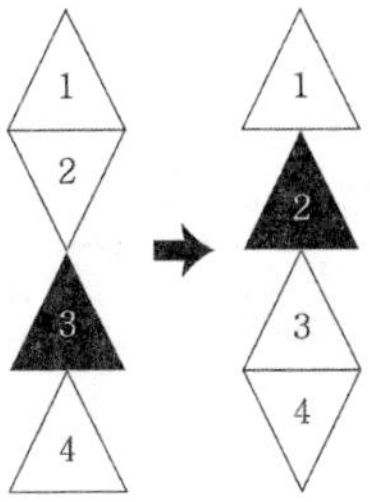

① ♤ ♠ ♣
② ♡ ♥ ♧
③ ♡ ♥ ♣
④ ♠ ♥ ♣
⑤ ♠ ♡ ♣

44. **처음 상태에서 스위치를 세 번 눌렀더니 화살표 모양과 같은 상태로 바뀌었다. 어떤 스위치를 눌렀는가?**

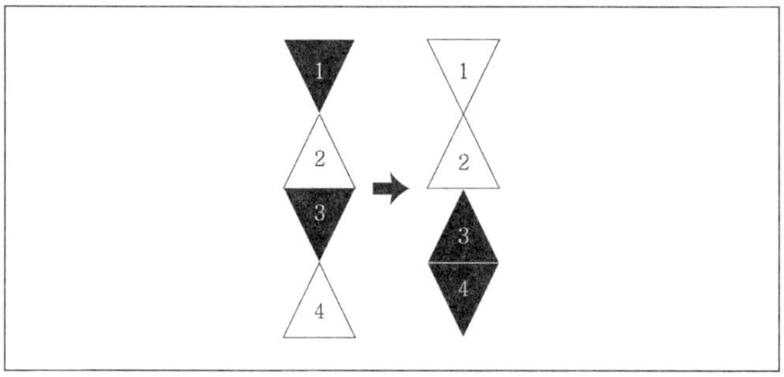

① ◉ ♡ ♤　　② ♡ ♧ ♥

③ ♥ ♧ ♣　　④ ♥ ◉ ♣

⑤ ◉ ♥ ♤

45. **처음 상태에서 스위치를 세 번 눌렀더니 화살표 모양과 같은 상태로 바뀌었다. 어떤 스위치를 눌렀는가?**

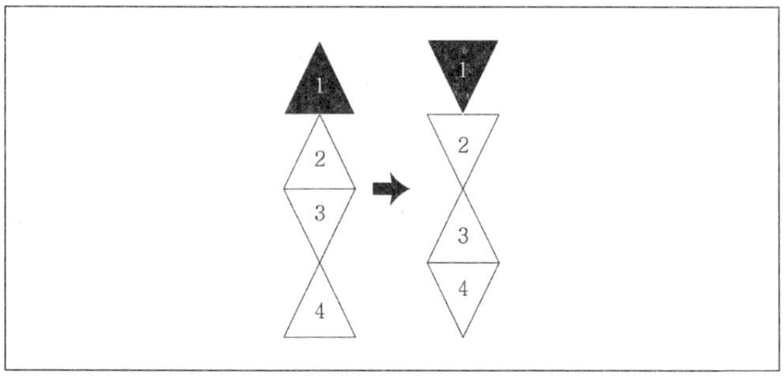

① ♡ ♠ ♧　　② ♡ ♥ ♠

③ ♥ ♡ ♧　　④ ♥ ♤ ♣

⑤ ♥ ♠ ♣

46. **다음 중 기술 혁신의 특징을 올바르게 파악하지 못한 것은 어느 것인가?**

① 개발자에게 응분의 보상을 함으로써 그들의 개발의욕을 북돋아주어야 투입된 자금과 인력의 최대 효과를 기대할 수 있다.

② 기술 혁신은 노동 집약적인 활동이다.

③ 기술 혁신은 그 과정 자체가 매우 불확실하고 장기간의 시간을 필요로 한다.

④ 혁신 과정의 불확실성과 모호함은 기업 내에서 많은 논쟁과 갈등을 유발할 수 있다.

⑤ 기술 혁신은 조직의 경계를 넘나드는 특성을 갖고 있다.

47. **기술이란 물리적인 것뿐만 아니라 사회적인 것으로서, 지적인 도구를 특정한 목적에 사용하는 지식체계를 의미한다. 다음 중 이러한 기술에 대한 설명으로 올바르지 않은 것은 어느 것인가?**

① 기술 중 know-how는 특허권을 얻은 과학자, 엔지니어 등이 가지고 있는 체화된 기술로 어떻게 기술이 성립하고 작용하는가에 관한 원리적 측면에 중심을 두었다.

② 기술은 원래 know-how 개념이 강했으나 점차 know-why가 결합하게 되었다.

③ 현대적 기술은 주로 과학을 기반으로 하는 기술로 이루어져 있다.

④ 제품이나 용역을 생산하는 원료, 생산공정, 생산방법, 자본재 등에 관한 지식의 종합을 기술이라 한다.

⑤ know-how는 경험적이고 반복적인 행위에 의해 얻어진다.

48. 사내 기술관리자로서 기술이나 추세에 대한 이해능력과 기술팀을 통합할 수 있는 능력을 겸비하고 있는 A씨가 기술경영자로 한 단계 도약을 하기 위하여 요구되는 능력을 다음에서 모두 고른 것은 어느 것인가?

㉠ 기술을 기업의 전략 목표에 통합시키는 능력 ㉡ 기술을 효과적으로 평가할 수 있는 능력 ㉢ 시스템적인 관점에서 인식하는 능력 ㉣ 신제품 개발 시간을 단축할 수 있는 능력 ㉤ 기술 전문 인력을 운용할 수 있는 능력

① ㉠, ㉡, ㉣
② ㉠, ㉡, ㉤
③ ㉡, ㉣, ㉤
④ ㉠, ㉣, ㉤
⑤ ㉠, ㉡, ㉣, ㉤

49. 기술무역(Technology Trade)은 기술지식과 기술서비스 등과 관련된 국제적·상업적 비용의 지출 및 수입이 있는 거래를 지칭하는 것으로 특허 판매 및 사용료, 발명, 노하우의 전수, 기술지도, 엔지니어링 컨설팅, 연구개발 서비스 등이 여기에 포함된다. 다음 중 이러한 기술무역에 대한 올바른 설명이 아닌 것은 어느 것인가?

① 국가 간 기술 흐름과 해당 국가의 기술 및 산업구조 변화를 측정하는 중요한 지표로 활용될 수 있다.
② 기술무역을 통해 개발도상국의 경우 선진기술을 도입하고 흡수하여 자체개발 능력을 확충하고 산업구조를 고도화시켜 나갈 수 있다.
③ 기술개발의 결과물은 곧바로 상품수출로 이어질 수 있어 빠른 이익 창출을 기대할 수 있는 효과적인 무역 방법이다.
④ 우리나라는 외국의 선진기술을 빠르게 도입하여 상품을 제조·수출하여 발전해 왔으므로 기술무역수지 적자가 상품무역 흑자에 기여하는 측면이 있다.
⑤ 글로벌 기업의 경우 해외 생산 및 판매 거점을 만들면서 본국으로부터의 기술과 노하우의 이전 과정을 통해 부가가치를 창출할 수 있다.

50. 기술능력이라 함은 통상적으로 직업에 종사하기 위해 모든 사람들이 필요로 하는 능력을 의미하는데 다음의 내용은 기술능력의 중요성에 대해 설명하는 어느 기술명장에 관한 것이다. 이를 기초로 하여 기술능력이 뛰어난 사람이 갖추는 요소를 잘못 설명하고 있는 항목을 고르면?

△△중공업 ○○○ 명장은 고졸의 학력에도 불구하고 끊임없는 노력과 열정으로 국내 최다 국가기술자격증 보유, 5개 국어 구사, 업계 최초의 기술명장으로 인정을 받고 있다. 김규환 명장은 고졸이라는 학력 때문에 정식사원으로 입사를 하지 못하고 사환으로 입사를 시작하였으나, 새벽 5시에 출근하여 기계의 워밍업을 하는 등 남다른 성실함으로 정식기능공, 반장 등으로 승진을 하여 현재의 위치에 오르게 되었다. 하루는 무서운 선배 한명이 세제로 기계를 모두 닦아 놓으라는 말에 2612개나 되는 모든 기계를 다 분리하여 밤새 닦아서 놓았다. 그 후에도 남다른 실력으로 서로 다른 기계를 봐 달라고 하는 사람들이 점점 늘어났다. 또한 정밀기계 가공 시 1℃변할 때 쇠가 얼마나 변하는지 알기 위해 국내외 많은 자료를 찾아보았지만 구할 수 없어 공장 바닥에 모포를 깔고 2년 6개월간 연구를 한 끝에 재질, 모형, 종류, 기종별로 X-bar값을 구해 1℃ 변할 때 얼마나 변하는지 온도 치수 가공조견표를 만들었다. 이를 산업인력공단의 〈기술시대〉에 기고하였으며 이 자료는 기계가공 분야의 대혁명을 가져올 수 있는 자료로 인정을 받았다.

① 기술적인 해결에 대한 효용성을 평가한다.
② 인식된 문제를 위한 다양한 해결책을 개발하고 평가한다.
③ 여러 가지 상황 속에서 기술의 체계 및 도구 등을 사용하고 배울 수 있다.
④ 주어진 한계 속에서, 그리고 무한한 자원을 가지고 일한다.
⑤ 실제적인 문제해결을 위해 지식이나 기타 자원 등을 선택, 최적화시키며, 이를 적용한다.

절 취 선

한국농어촌공사
7급 신입사원(채용형인턴)

성 명

(자 필 성 명)

생 년 월 일

⓪	⓪	⓪	⓪	⓪	⓪	⓪	⓪
①	①	①	①	①	①	①	①
②	②	②	②	②	②	②	②
③	③	③	③	③	③	③	③
④	④	④	④	④	④	④	④
⑤	⑤	⑤	⑤	⑤	⑤	⑤	⑤
⑥	⑥	⑥	⑥	⑥	⑥	⑥	⑥
⑦	⑦	⑦	⑦	⑦	⑦	⑦	⑦
⑧	⑧	⑧	⑧	⑧	⑧	⑧	⑧
⑨	⑨	⑨	⑨	⑨	⑨	⑨	⑨

1	①	②	③	④	⑤	21	①	②	③	④	⑤	41	①	②	③	④	⑤
2	①	②	③	④	⑤	22	①	②	③	④	⑤	42	①	②	③	④	⑤
3	①	②	③	④	⑤	23	①	②	③	④	⑤	43	①	②	③	④	⑤
4	①	②	③	④	⑤	24	①	②	③	④	⑤	44	①	②	③	④	⑤
5	①	②	③	④	⑤	25	①	②	③	④	⑤	45	①	②	③	④	⑤
6	①	②	③	④	⑤	26	①	②	③	④	⑤	46	①	②	③	④	⑤
7	①	②	③	④	⑤	27	①	②	③	④	⑤	47	①	②	③	④	⑤
8	①	②	③	④	⑤	28	①	②	③	④	⑤	48	①	②	③	④	⑤
9	①	②	③	④	⑤	29	①	②	③	④	⑤	49	①	②	③	④	⑤
10	①	②	③	④	⑤	30	①	②	③	④	⑤	50	①	②	③	④	⑤
11	①	②	③	④	⑤	31	①	②	③	④	⑤						
12	①	②	③	④	⑤	32	①	②	③	④	⑤						
13	①	②	③	④	⑤	33	①	②	③	④	⑤						
14	①	②	③	④	⑤	34	①	②	③	④	⑤						
15	①	②	③	④	⑤	35	①	②	③	④	⑤						
16	①	②	③	④	⑤	36	①	②	③	④	⑤						
17	①	②	③	④	⑤	37	①	②	③	④	⑤						
18	①	②	③	④	⑤	38	①	②	③	④	⑤						
19	①	②	③	④	⑤	39	①	②	③	④	⑤						
20	①	②	③	④	⑤	40	①	②	③	④	⑤						

SEOWONGAK
(주)서원각

한국농어촌공사

7급 신입사원(채용형인턴)

- 정답 및 해설 -

제1회 정답 및 해설

1 ①

② 관습이론의 특징에 해당한다.
③ 구조이론에서 보는 관습이론의 특징이다.
④ 갈등이론에서 법은 사회적 통합을 위한 합의의 산물이 아니라, 지배 집단의 억압 구조를 유지·강화하여 자신들의 이익을 영위하려는 하나의 수단이라고 주장한다.
⑤ 갈등이론은 전체로서의 사회적 이익이 아니라 지배집단의 이익을 영위하려 한다.

2 ③

㉠ 뚜껑과 도자기 몸체는 한 점으로 분류된다.
㉡ 파편을 찾을 수 없으면 결손이고 결손은 복원의 대상이 된다.
㉢ 재료만 동일하고 제작기법, 문양, 형태는 모두 다르다.
㉣ 한 쌍일 때도 한 점, 한 짝만 있을 때도 한 점으로 계산된다.
㉤ 파편이 발견되면 기존의 철불과 일괄로 한 점 처리된다.

3 ②

공동의 온도에 따른 복사에너지량에 대해서는 글에 제시되지 않았다.

4 ③

수정	⇨	배아 (2주)	⇨	태아 (6개월)	⇨	진통	⇨	배 밖
D, F		E		C		B		A

5 ②

첫 번째 의미 – 기적적인 것의 반대
두 번째 의미 – 흔하고 일상적인 것
세 번째 의미 – 인위적의 반대
① 기적적인 것의 반대는 맞으나 인위적인 것의 반대는 아니다.
② 흔하고 일상적인 것이 아니고, 인위적인 행위에 해당한다.
③④ 기적적인 것의 반대가 아니고 흔하고 일상적인 것도 아니다.
⑤ 흔하고 일상적인 것이며, 인위적인 것의 반대가 맞다.

6 ②

① 긍정적이고 능동적으로 활동하는 성질
② 괴로움이나 어려움을 참고 견딤
③ 정성스럽고 참됨
④ 무리를 다스리거나 이끌어 가는 지도자로서의 능력
⑤ 새로운 의견을 생각하여 냄. 또는 그 의견

7 ②

'일절'과 '일체'는 구별해서 써야 할 말이다. '일절'은 부인하거나 금지할 때 쓰는 말이고, '일체'는 전부를 나타내는 말이다.

8 ⑤

스프링클러를 통해 방출되는 물의 온도가 낮아지면, 끓는점인 100℃까지 올리는 데 드는 열량이 많아지므로 연소물로부터 흡수할 수 있는 열량도 많아진다.
① 물 입자의 크기가 작을수록 단위 부피당 표면적이 커지므로 증발 효율은 높아지게 된다.
② 25℃의 물 1kg을 끓는점인 100℃까지 올리기 위해 75kcal, 이를 기체로 변하게 하기 위해 539kcal가 필요하므로 총 614kcal의 열량을 흡수할 수 있다.
③ 냉각 작용으로 불을 끄려면 물이 흡수하는 열량이 연소물로부터 방출되는 열량보다 커야 모든 열을 흡수하고 불을 끌 수 있게 된다.
④ 스프링클러가 화재 초기에 작동하면 화재에 견딜 수 있는 상황을 만들어 주므로 피난 시간이 확보된다.

9 ③

A요금제와 B요금제를 계산해 보면 6개월에 A요금은 650,000원, B요금은 770,000원이 나오므로 A요금이 더 저렴하다는 것을 보고해야 한다. 그러나 본인에게 검토해서 보고하라고 하였으므로 타인의 의견이 아닌 본인이 직접 검토해 보아야 한다.

10 ①

(다) 무한한 지식의 종류와 양 → (가) 인간이 얻을 수 있는 지식의 한계 → (라) 체험으로써 배우기 어려운 지식 → (나) 체험으로 배우기 위험한 지식의 예 → (마) 체험으로써 모든 지식을 얻기란 불가능함

11 ②

- A와 B 모두 문을 열지는 않았다. → A 또는 B가 문을 열었다.
- A가 문을 열었다면, C도 문을 열었다. → A가 문을 열지 않으면 C도 문을 열지 않는다.
- A가 문을 열지 않았다면, B가 문을 열었거나 C가 문을 열었다. → B가 문을 열었다.
- C는 문을 열지 않았다. → C가 열지 않았으므로 A도 열지 않았다.
- D가 문을 열었다면, B가 문을 열지 않았다. → B가 문을 열었으므로 D는 열지 않았다.
- D가 문을 열지 않았다면, E도 문을 열지 않았다.

  A, C, D, E는 문을 열지 않았다.

12 ②

	㉠	㉡	㉢	㉣
(가)	×	○	×	○
(나)	×	○	○	×
(다)	○	알 수 없음	×	알 수 없음
(라)	○	알 수 없음	○	○

13 ⑤

- 수요일의 지하철 비용

  막힐 경우 (6,000+1,000)×0.3=2,100원

  막히지 않을 경우 (6,000+1,000)×0.7=4,900원

  7,000원
- 수요일의 버스 비용

  막힐 경우 (1,200+9,000)×0.3=3,060원

  막히지 않은 경우 (1,200+3,000)×0.7=2,940원

  6,000원

그러므로 수요일 지하철과 버스의 비용 차이는 1,000원이다.

14 ①

1명은 맞고 2명은 틀리다는 것을 생각하면

간부 1의 말이 참이면, 간부 3의 말도 참이다. 그러면 모순이다.

간부 2의 말이 참이면, 간부 1의 말은 거짓이고, 간부 3의 말도 반드시 거짓이 되어야 한다.

만약 간부 2의 말이 0명을 가리킨다면 간부 1과 간부 3의 말은 거짓이 된다.

간부 3의 말이 참이면, 간부 1 또는 간부 2의 말이 참이 된다. 그러면 모순이다.

15 ⑤

- 블랙은 이 열이 실제로 온도계에 변화를 주지 않기 때문에 이를 '잠열(潛熱)'이라 불렀다.

  → ㉠ A의 온도계로는 잠열을 직접 측정할 수 없었다. – 참
- 눈이 녹는점에 있음에도 불구하고 많은 양의 뜨거운 물은 눈을 조금밖에 녹이지 못했다. 이는 잠열 때문이다.

  → ㉡ 얼음이 녹는점에 이르러도 완전히 녹지 않는 것은 잠열 때문이다. – 참
- A에서는 얼음이 녹으면서 생긴 물과 녹고 있는 얼음의 온도가 녹는점에서 일정하게 유지되었는데 이 상태는 얼음이 완전히 녹을 때까지 지속되었다.

  → ㉢ A의 얼음이 완전히 물로 바뀔 때까지, A의 얼음물 온도는 일정하게 유지된다. – 참

16 ③

경제가 어려워지거나 부동산이 폭락한다고 했는데 부동산이 폭락한 것은 아니므로, 경제가 어려워진다. 두 번째 조건의 대우에 의하면 긴축정책을 시행하면 물가가 오르지 않는다. 즉, 경제가 어려워진다면 긴축정책이 시행되고, 긴축정책을 시행하면 물가가 오르지 않는다.

17 ①

甲과 丙의 진술로 볼 때, C = 삼각형이라면 D = 오각형이고, C = 원이라면 D = 사각형이다. C = 삼각형이라면 戊의 진술에서 A = 육각형이고, 丁의 진술에서 E ≠ 사각형이므로 乙의 진술에서 B = 오각형이 되어 D = 오각형과 모순된다. 따라서 C = 원이다. C = 원이라면 D = 사각형이므로, 丁의 진술에서 A = 육각형, 乙의 진술에서 B = 오각형이 되고 E = 삼각형이다. 즉, A = 육각형, B = 오각형, C = 원, D = 사각형, E = 삼각형이다.

18 ③

인천에서 모스크바까지 8시간이 걸리고, 6시간이 인천이 더 빠르므로

09 : 00시 출발 비행기를 타면 $9+(8-6)=11$시 도착

19 : 00시 출발 비행기를 타면 $19+(8-6)=21$시 도착

02 : 00시 출발 비행기를 타면 $2+(8-6)=4$시 도착

19 ③

① A 단체는 자유무역협정을 체결한 필리핀에 드라마 콘텐츠를 수출하고 있지만 올림픽과 관련된 사업은 하지 않는다. 최종 선정 시 올림픽 관련 단체를 엔터테인먼트 사업 단체보다 우선하므로 B, C와 같이 최종 후보가 된다면 A는 선정될 수 없다.

② 올림픽의 개막식 행사를 주관하는 모든 단체는 이미 보건복지부로부터 지원을 받고 있다. B 단체는 올림픽의 개막식 행사를 주관하는 단체이다. → B 단체는 선정될 수 없다.

③ A와 C 단체 중 적어도 한 단체가 최종 후보가 되지 못한다면, 대신 B와 E 중 적어도 한 단체는 최종 후보가 된다. 보기 ②⑤를 통해 B, E 단체를 후보가 될 수 없다. 후보는 A와 C가 된다.

④ D가 최종 후보가 된다면, 한국과 자유무역협정을 체결한 국가와 교역을 하는 단체는 모두 최종 후보가 될 수 없다. D가 최종 후보가 되면 A가 될 수 없고 A가 된다면 D는 될 수 없다.

⑤ 후보 단체들 중 가장 적은 부가가치를 창출한 단체는 최종 후보가 될 수 없고, 한국 음식문화 보급과 관련된 단체의 부가가치 창출이 가장 저조하였다. E 단체는 오랫동안 한국 음식문화를 세계에 보급해 온 단체이다. → E 단체는 선정될 수 없다.

20 ③

- 기본요금 : $70.0\times120=8,400$원
- 사용요금 :
  $(163.7\times125)+(163.7\times5)=20,462.5+818.5=21,281$원
- 요금합계 : $8,400+21,281=29,681$원

21 ②

㉠ 습도가 70%일 때 연간소비전력량은 790으로 A가 가장 적다.

㉡ 60%와 70%를 많은 순서대로 나열하면 60%일 때 D-E-B-C-A, 70%일 때 E-D-B-C-A이다.

㉢ 40%일 때 E=660, 50%일 때 B=640이다.

㉣ 40%일 때의 값에 1.5배를 구하여 80%와 비교해 보면 E는 1.5배 이하가 된다.

$A=550\times1.5=825$	840
$B=560\times1.5=840$	890
$C=580\times1.5=870$	880
$D=600\times1.5=900$	950
$E=660\times1.5=990$	970

22 ⑤

㉠ 200달러인 스마트폰 중 종합품질점수가 가장 높은 스마트폰은 g이다.

㉡ 소매가격이 가장 낮은 스마트폰은 h이며, 종합품질점수가 가장 낮은 스마트폰은 f이다.

㉢ A : $\frac{1+2+1}{3}=\frac{4}{3}$, B : $\frac{1+1+1}{3}=1$,

C : $\frac{2+1+2}{3}=\frac{5}{3}$

㉣ 화질 : $3+2+3+3+2+2+3+3+3=24$

내비게이션 : $3+2+3+3+3+1+3+2+2=22$

멀티미디어 : $3+3+3+3+3+3+3+3+2=26$

배터리 수명 : $3+1+1+2+2+2+2+2+3=18$

통화성능 : $1+2+1+1+1+1+2+1+2=12$

23 ①

① 기계체조를 기준으로 하면 A, B국의 메달 수 합은 1+1+4+2+1=9로 다른 종목들에 비해 가장 많다.

② A국이 획득한 금메달 수 3+3+3+3+1+1=14
C국이 획득한 동메달 수 2+2+1+2+1+3=11

③ A국이 복싱, 사이클 트랙, 소프트볼 종목에서 획득한 모든 메달 수의 합
3+1+2+3+1+1=11
C국이 레슬링 종목에서 획득한 모든 메달 수 7+4+3=14

④ A국 5+6+7+4+2+1+4+1+1=31
B국 1+1+1+7+1+1+3+1+1+4+2=23
C국 1+6+5+4+7+1+14+1=39
D국 2+2+5+4+2+2+1+7+4=29

⑤ 획득한 은메달의 수
A국 1+1+1+1+1+1+3+1=10
B국 1+1+1+2+1+2=8
C국 1+3+1+1+4+4=14
D국 1+1+2+1+1+2=8

24 ②

① 2월은 국내 8,900명, 국외 6,282명이다.

② 툼레이더스는 국외제작영화이다.

③ 월별 개봉편수를 보면 국외제작영화 개봉편수가 매달 많다.

④ 7월의 국외제작영화 개봉작은 어벤져스팀, 빨간 스페로 2편이다.

⑤ 1위의 관객 수는 12,100천 명
국내제작영화 전체 관객 수
12,100+8,540+7,817+6,851+6,592+5,636+5,316+4,018+4,013+3,823+3,279
=67,985천 명

25 ④

SOC 투자규모는 계속적으로 감소하는 방향이나 총지출 대비 SOC 투자규모 비중은 2023년에 증가하다가 계속 감소하는 방향이므로 증감방향은 동일하지 않다.

26 ⑤

조건을 잘 보면 병의 가방에 담긴 물품 가격의 합이 44,000원
병의 가방에는 B, D, E가 들어 있고 E의 가격은 16,000원
그럼 B와 D의 가격의 합이(㉠+㉢) 44,000−16,000=28,000원이 되어야 한다.
①은 답이 될 수 없다.
가방에 담긴 물품 가격의 합이 높은 사람부터 순서대로 나열하면 갑 > 을 > 병 순이므로
을은 A와 C를 가지고 있는데 A는 24,000원, 병 44,000원보다 많아야 하므로 C의 가격(㉡)은 적어도
44,000−24,000=20,000원 이상이 되어야 한다.
②③④는 답이 될 수 없다.

27 ⑤

㉠ 해남군의 논 면적은 23,042ha 해남군 밭 면적은 12,327ha로 2배가 되지 않는다.

㉡ 서귀포시 논 면적은 31,271 − 31,246 = 25ha이고, 제주시 논 면적은 31,585 − 31,577 = 8ha이므로 서귀포시 논 면적이 더 크다.

㉢ 서산시의 밭 면적은 27,285 − 21,730 = 5,555ha이고, 김제시 밭 면적은 28,501 − 23,415 = 5,086ha이므로 서산시의 밭 면적이 더 크다.

㉣ 익산시의 논 면적은 19,067ha이고 상주시의 논 면적은 경지 면적이 5위 안에 들지 않으므로 27,285ha보다 적어야 한다. 그러므로 상주시의 논 면적은 아무리 커도 16,238ha가 된다. 익산시 논 면적의 90%는 17,160ha이므로 상주시의 논 면적은 익산시 논 면적의 90% 이하가 맞다.

28 ③

터널을 완전히 통과한다는 것은 터널의 길이에 열차의 길이를 더한 것을 의미한다. 따라서 열차의 길이를 x라 하면, '거리 = 시간 × 속력'을 이용하여 다음과 같은 공식이 성립한다.
$(840 + x) \div 50 = 25$, $x = 410$m가 된다. 이 열차가 1,400m의 터널을 통과하게 되면 $(1,400 + 410) \div 50 = 36.2$초가 걸리게 된다.

29 ④

갑씨가 선택할 수 있는 방법은 총 세 가지이다.

- 오늘 상·하의를 모두 구입하는 방법(추가할인적용)
(250,000×0.7)×0.95+5,000=171,250(원)
- 오늘 상의를 구입하고, 세일기간이 아닌 기간에 하의를 구입하는 방법(할인쿠폰사용)
(100,000×0.7)+(150,000×0.6)+10,000=170,000(원)

• 오늘 하의를 구입하고, 세일기간이 아닌 기간에 상의를 구입하는 방법(할인쿠폰사용)

$(150,000\times0.7)+(100,000\times0.6)+10,000=175,000$(원)

∴ ㉠ 가장 싸게 구입하는 방법은 오늘 상의를 구입하고, 세일기간이 아닌 기간에 하의를 구입하는 것이다.

㉡ 상 · 하의를 가장 싸게 구입하면 17만원의 비용이 소요된다.

30 ③

처음 소금의 양을 x라 하면

농도$=\dfrac{\text{소금의 양}}{\text{소금물의 양}}\times100$이므로

소금물 300g에서 물 110g을 증발시킨 후 소금 10g을 더 넣은 농도=처음 농도의 2배

$$\frac{x+10}{300-110+10}\times100=2\times\frac{x}{300}\times100$$

$x=30$

처음 소금의 양이 30g이므로 처음 소금물의 농도는

$\dfrac{30}{300}\times100=10\%$

31 ③

F4셀의 수식은 =SUM(C4:E4)이며, G4셀의 수식은 =RANK(F$4:F$7)이다.

32 ③

a=0, b=1 → 1

a=1+1=2, b=2+1=3 → 5

a=3+1=4, b=4+3=7 → 11

a=7+1=8, b=7+8=15 → 23

33 ④

구하고자 하는 값은 "생산부 사원"의 승진시험 점수의 평균이다. 주어진 조건에 따른 평균값을 구하는 함수는 AVERAGEIF와 AVERAGEIFS인데 조건이 1개인 경우에는 AVERAGEIF, 조건이 2개 이상인 경우에는 AVERAGEIFS를 사용한다.

[=AVERAGEIFS(E3:E20,B3:B20,"생산부",C3:C20,"사원")]

34 ①

엑셀 통합 문서 내에서 다음 워크시트로 이동하려면 〈Ctrl〉+〈Page Down〉을 눌러야 하며, 이전 워크시트로 이동하려면 〈Ctrl〉+〈Page Up〉을 눌러야 한다.

35 ③

2025년 10월 생산품이므로 2510의 코드가 부여되며, 일본 '왈러스' 사는 5K, 여성용 02와 블라우스 해당 코드 006, 10,215번째 입고품의 시리얼 넘버 10215가 제품 코드로 사용되므로 2510 – 5K – 02006 – 10215가 된다.

36 ③

2024년 10월에 생산되었으며, 멕시코 Fama사의 생산품이다. 또한, 아웃도어용 신발을 의미하며 910번째로 입고된 제품임을 알 수 있다.

37 ①

RANK(number,ref,[order]) : number는 순위를 지정하는 수이므로 B2, ref는 범위를 지정하는 것이므로 $B$2:$B$8이다. oder는 0이나 생략하면 내림차순으로 순위가 매겨지고 0이 아닌 값을 지정하면 오름차순으로 순위가 매겨진다.

38 ①

②③ 현재 통합문서를 닫는 기능이다.

④ 새 통합문서를 만드는 기능이다.

⑤ 작성한 문서를 인쇄하는 기능이다.

39 ④

제시된 내용은 폰 노이만에 의해 소개된 '프로그램 내장방식'이다. 이 개념은 데이터뿐만 아니라 컴퓨터의 명령을 컴퓨터 내부 기억 장치 내에 기억하는 것으로, 이 명령은 더 빠르게 접근되고, 더 쉽게 변경된다.

40 ④

입력기능은 자료를 처리하기 위해서 필요한 자료를 받아들이는 기능이다.

41 ①

• 1단계

9	3	8	1	5	9	3	3	4	7	1	2
×1	×3	×1	×3	×1	×3	×1	×3	×1	×3	×1	×3
=9	=9	=8	=3	=5	=27	=3	=9	=4	=21	=1	=6

• 2단계 : 9 + 9 + 8 + 3 + 5 + 27 + 3 + 9 + 4 + 21 + 1 + 6 = 105

• 3단계 : 105 ÷ 10 = 10 나머지 5

• 4단계 : 10 − 5 = 5

따라서 체크기호는 5가 된다.

42 ④

네트워크 혁명의 3가지 법칙

• 무어의 법칙 : 컴퓨터의 파워가 18개월마다 2배씩 증가한다는 법칙

• 메트칼피의 법칙 : 네트워크의 가치는 사용자 수의 제곱에 비례한다는 법칙

• 카오의 법칙 : 창조성은 네트워크에 접속되어 있는 다양한 지수함수로 비례한다는 법칙

43 ⑤

OJT란 조직 안에서 피교육자인 종업원이 직무에 종사하면서 받게 되는 교육 훈련방법으로 집합교육으로는 기본적 · 일반적 사항 밖에 훈련시킬 수 없어 피교육자인 종업원에게 '업무수행의 중단되는 일이 없이 업무수행에 필요한 지식 · 기술 · 능력 · 태도를 가르치는 것'을 말한다. 다른 말로 직장훈련 · 직장지도 · 직무상 지도 등이라고도 한다. OJT는 모든 관리자 · 감독자가 업무수행상의 지휘감독자이자 업무수행 과정에서 부하직원의 능력향상을 책임지는 교육자이어야 한다는 생각을 기반으로 직장 상사나 선배가 지도 · 조언을 해주는 형태로 훈련이 행하여지기 때문에, 교육자와 피교육자 사이에 친밀감을 조성하며 시간의 낭비가 적고 조직의 필요에 합치되는 교육훈련을 할 수 있다는 장점이 있다.

44 ②

첫 번째 상태와 나중 상태를 비교해 보았을 때, 기계의 모양이 바뀐 것은 2번과 3번이며, 모든 기계의 작동 상태가 바뀌었다. 모든 기계의 작동 상태를 바꾸고(♥), 2번과 3번을 회전시키면(♧) 된다.

45 ③

첫 번째 상태와 나중 상태를 비교해 보았을 때, 기계의 모양이 바뀐 것은 1번과 4번이며, 모든 기계의 작동 상태가 바뀌어 있다. 1번과 2번 기계를 회전시키고(○), 2번과 4번을 회전시키면(♣) 2번은 원래의 모양으로 돌아온다. 이 상태에서 모든 기계의 작동 상태를 바꾸면(♥) 된다.

46 ④

첫 번째 상태와 나중 상태를 비교해 보았을 때, 기계의 모양이 바뀐 것은 3번과 4번이며 작동 상태가 바뀌어 있는 것도 3번과 4번이다. 2번과 3번을 회전시키고(♧) 2번 4번을 회전시키면(♣) 2번은 원래의 모양으로 돌아온다. 이 상태에서 3번과 4번의 작동 상태를 바꾸면(◐) 된다.

47 ④

Q : 직사각형, E : 타원형, D : 마름모, P : 색칠된 경우, L : 색칠 안 된 경우

이를 적용하여 좌표를 구하면 된다.

48 ③

W6 / L5

Q(5, 1) : P / E(4, 5) : L / D(2, 3) : L

49 ④

OJT는 On the Job Training(직장 내 교육훈련)의 줄임말이며, 제시된 각 내용은 다음과 같은 교육 방법의 특징이다.

㉠ 실무 중심의 기술교육 가능 → 상급학교 진학을 통한 기술교육

㉡ 업무수행의 중단되는 일이 없이 교육훈련 가능 → OJT를 통한 기술교육

㉢ 원하는 시간과 장소에서 교육이 가능 → e-learning을 활용한 기술교육

㉣ 체계적이고 현장과 밀착된 교육이 가능 → 전문 연수원을 통한 기술과정 연수

㉤ 조직의 필요에 합치되는 교육이 가능 → OJT를 통한 기술교육

50 ②

기술선택이란 기업이 어떤 기술을 외부로부터 도입하거나 자체 개발하여 활용할 것인가를 결정하는 것으로, 의사결정은 크게 다음과 같은 두 가지 방법이 있을 수 있다.

- 상향식 기술선택(bottom up approach): 기업 전체 차원에서 필요한 기술에 대한 체계적인 분석이나 검토 없이 연구자나 엔지니어들이 자율적으로 기술을 선택하는 것이다.
- 하향식 기술선택(top down approach): 기술경영진과 기술기획담당자들에 의한 체계적인 분석을 통해 기업이 획득해야 하는 대상기술과 목표기술수준을 결정하는 것이다.

제시된 보기의 ㉡은 상향식 기술선택, 나머지 네 개의 제시문은 모두 하향식 기술선택의 모습으로 볼 수 있다. 해외금융기법 개발도 금융기술로 볼 수 있다.

제2회 정답 및 해설

1. ①

사이버공간과 인간 공동체를 비교해 보면 사이버공간은 사이버 공간 전체의 힘은 다양한 접속점들 간의 연결을 얼마나 잘 유지하느냐에 달려 있고, 인간 공동제의 힘 역시 접속점 즉 개인과 개인, 다양한 집단과 집단 간의 견고한 관계유지에 달려 있다고 본다.

그러므로 유사성을 부정하고 아닌 차이를 부각하는 내용이어야만 한다.

2. ①

상충되는 것은 지문의 내용과 양립할 수 없다는 것을 찾는 것이다. 틀린 것과는 다른 의미임을 명심하여야 한다.

㉠ 창충사는 거창의 여러 향리 가운데 신씨가 중심이 되어 세운 사당이다.

㉡ 향리들이 건립한 사당은 양반들이 건립한 사당에 비하면 얼마 되지 않는다.

㉢ 향리가 세운 서원이 존재하는지 안 하는지 알 수 없다.

㉣ 창충사에 모셔진 향리는 다섯 명이다. 원래 무신란에 죽은 향리는 일곱 명이었으나 두 명의 신씨는 사당에 모셔지지 않았다.

3. ⑤

운석이 우주 공간에 머물 때는 태양과 은하로부터 오는 복사선의 영향으로 새로운 동위 원소인 헬륨3, 네온21 등이 생성되는데, 그들의 생성률과 구성비를 측정하면 운석이 우주 공간에 머문 기간을 추정할 수 있다. ALH는 1,600만 년을 우주 공간에서 떠돌았다.

⑤ 스닉스가 아닌 ALH에 대한 내용이다.

4. ②

① mtDNA와 같은 하나의 영역만이 연구된 상태에서는 그 결과가 시사적이기는 해도 결정적이지는 않다.

③ 그 수형도는 인류학자들이 상상한 장엄한 떡갈나무가 아니라 윌슨이 분석해 놓은 약 15만 년밖에 안 된 키 작은 나무와 매우 유사하였다.

④ 언더힐의 가계도도 윌슨의 가계도와 마찬가지로 아프리카 지역의 인류 원조 조상에 뿌리를 두고 갈라져 나오는 수형도였다.

⑤ Y염색체가 하나씩 존재하는 특성이 있어 재조합을 일으키지 않고, 그 점은 연구 진행을 수월하게 하기 때문이다.

5. ④

① 단절 전 형성 방식은 이동단말기와 기존 기지국 간의 통화 채널이 단절되기 전에 새로운 기지국과의 통화 채널을 형성하는 방식이다.

각 기지국이 같은 주파수를 사용하고 있다면, 그런 주파수 조정이 필요 없으며 새로운 통화 채널을 형성하고 나서 기존 통화 채널을 단절할 수 있다.

② 신호의 세기가 특정값 이하로 떨어지게 되면 핸드오버가 명령되어 이동단말기와 새로운 기지국 간의 통화 채널이 형성된다. 형성 전 단절 방식과 단절 전 형성 방식의 차이와는 상관 없다.

③ 새로운 기지국 간의 통화 채널이 형성되어야 함도 포함되어야 한다.

⑤ 핸드오버는 신호 세기가 특정값 이하로 떨어질 때 발생하는 것이지 이동단말기와 기지국 간 상대적 신호 세기와는 관계가 없다.

6. ④

여행을 일상의 권태로부터의 탈출과 해방의 이미지, 생존의 치욕을 견디게 할 수 있는 매혹과 자발적 잠정적 탈출이라고 하고 있다.

7. ④

한국의 관광 관련 고용자 수는 50만 명으로 전체 2% 수준이다. 이를 세계 평균 수준인 8% 이상으로 끌어 올리려면 150만 여명 이상을 추가로 고용해야 한다. 백만 달러당 50명의 일자리가 추가로 창출되므로 150만 명 이상을 추가로 고용하려면 대략 300억 달러 이상이 필요하다.

① 약 1조 8,830억 달러 정도이다.

② 2017년 기준으로 지난해인 2016년도의 내용이므로 2015년의 종사자 규모는 알 수 없다. 2016년 기준으로는 전 세계 통신 산업의 종사자는 자동차 산업의 종사자의 약 3배 정도이다.

③ 간접 고용까지 따지면 2억 5,500만 명이 관광과 관련된 일을 하고 있어, 전 세계적으로 근로자 12명 가운데 1명이 관광과 연계된 직업을 갖고 있는 셈이다. 추측해보면 2017년 전 세계 근로자 수는 20억 명을 넘는다.

⑤ 2010년부터 2030년 사이 이 지역으로 여행하는 관광객이 연평균 9.7% 성장하여 2030년 5억 6,500명이 동북아시아를 찾을 것으로 전망했으므로 2020년에 동북아시아를 찾는 관광객의 수는 연간 약 2억 8,000명을 넘을 수 없다.

8. ④

제시된 작업명세서를 보면 컴퓨터 파손에 대한 책임이나 한계에 대한 내용은 어디에도 없다.

편집디자이너가 컴퓨터 파손에 대한 책임을 갖는 것은 아니다.

9. ①

상하이와 요코하마에서는 영국인에 의해 영자신문이 창간되었다고 언급했다. 그러나 주어진 글로는 이들이 서양 선교사들인지는 알 수 없다.

② 정부 차원에서 관료들에게 소식을 전하는 관보가 있었으나 민간인을 독자로 하는 신문은 개항 이후 새롭게 나타난 신문들이다.

③ ‘ㅇㅇ신보’라는 용어가 유래된 것은 「상하이신보」로 영국의 민간회사에서 만들었고, ‘△△일보’라는 용어가 유래된 것은 「순후안일보」로 상인에 의해 창간되었다.

④ 자국민에 의한 중국어 신문은 1874년에 출간된 「순후안일보」가 최초이고, 자국민에 의한 일본어 신문은 1871년에 출간된 「요코하마마이니치신문」이 최초이다.

⑤ 상하이와 요코하마에서는 유럽과 미국 회사들에게 필요한 정보를 제공하는 영자신문이 창간되었다.

10. ③

위 글에서 보면 성인 흡연자의 대부분이 흡연을 시작한 시기가 청소년기라고 했으며, 흡연행동과 그에 따른 니코틴 중독을 고려하면, 청소년 흡연율과 성인 흡연율간의 강한 양의 상관관계가 있다고 추론이 가능하므로 청소년의 흡연율은 낮추면 성인 흡연율도 장기적으로 낮아질 가능성이 있다.

11. ③

A : 영어 → 중국어

B : ~영어 → ~일본어, 일본어 → 영어

C : 영어 또는 중국어

D : 일본어 ↔ 중국어

E : 일본어

㉠ B는 참이고 E는 거짓인 경우

영어와 중국어 중 하나는 반드시 수강한다(C).

영어를 수강할 경우 중국어를 수강(A), 일본어를 수강(D)

중국어를 수강할 경우 일본어를 수강(D), 영어를 수강(E는 거짓이므로) → 중국어도 수강(A)

그러므로 B가 참인 경우 일본어, 중국어, 영어 수강

㉡ B가 거짓이고 E가 참인 경우

일본어를 수강하고 영어를 수강하지 않으므로(E) 반드시 중국어를 수강한다(C).

중국어를 수강하므로 일본어를 수강한다(D).

그러므로 E가 참인 경우 일본어, 중국어 수강

영식이가 반드시 수강할 과목은 일본어, 중국어이다.

12. ③

① 19일 수요일 오후 1시 울릉도 도착, 20일 목요일 독도 방문, 22일 토요일은 복귀하는 날인데 종아는 매주 금요일에 술을 마시므로 멀미로 인해 선박을 이용하지 못하므로 불가능

② 20일 목요일 오후 1시 울릉도 도착, 독도는 화요일과 목요일만 출발하므로 불가능

③ 23일 일요일 오후 1시 울릉도 도착, 24일 월요일 호박엿 만들기 체험, 25일 화요일 독도 방문, 26일 수요일 포항 도착

④ 25일 화요일 오후 1시 울릉도 도착, 27일 목요일 독도 방문, 28일 금요일 호박엿 만들기 체험은 오후 6시인데, 복귀하는 선박은 오후 3시 출발이라 불가능

⑤ 26일 수요일 오후 1시 울릉도 도착, 27일 목요일 독도 방문, 28일 금요일 호박엿 만들기 체험, 매주 금요일은 술을 마시므로 다음날 선박을 이용하지 못하며, 29일은 파고가 3m를 넘어 선박이 운항하지 않아 불가능

13. ④

가위바위보를 해서 모두 이기면 $30\times5=150$점이 된다.

여기서 한 번 비기면 총점에서 4점이 줄고, 한 번 지면 총점에서 6점이 줄어든다.

만약 29번 이기고 1번 지게 되면 $(29\times5)+(-1)=144$점이 된다.

즉, 150점에서 −6, 또는 −4를 통해서 나올 수 있는 점수를 가진 사람만이 참말을 하는 것이다.

정의 점수 140점은 1번 지고, 1번 비길 경우 나올 수 있다.

$(28\times5)+1-1=140$

14. ③

범인은 두 개의 진술 중 어느 것이라도 참말이 되어서는 안 되지만, 형사라면 두 개의 진술 중 하나만 참말이 되어도 된다.

A가 범인이라면 "나는 범인이다."라고 참말을 할 수 없다. 또한 "B는 형사이다."라는 말이 거짓이더라도 이미 참말을 한 것이 되므로 A는 범인일 수 없다.

따라서 A가 형사라면 "나는 범인이다."라는 말이 거짓이 되고, "B는 형사이다."라는 말도 거짓이 되면 둘 다 거짓이 되므로 A는 형사일 수 없다.

그러므로 "B는 형사이다."는 참이 되어야 하므로 A, B 모두 형사가 되어야 한다.

15. ④

조건에 따라 순번을 매겨 높은 순으로 정리하면 BDAEC가 된다.

16. ②

남자사원의 경우 ㉡, ㉥, ㉦에 의해 다음과 같은 두 가지 경우가 가능하다.

	월요일	화요일	수요일	목요일
경우 1	치호	영호	철호	길호
경우 2	치호	철호	길호	영호

[경우 1]

옥숙은 수요일에 보낼 수 없고, 철호와 영숙은 같이 보낼 수 없으므로 옥숙과 영숙은 수요일에 보낼 수 없다. 또한 영숙은 지숙과 미숙 이후에 보내야 하고, 옥숙은 지숙 이후에 보내야 하므로 조건에 따르면 다음과 같다.

	월요일	화요일	수요일	목요일
남	치호	영호	철호	길호
여	지숙	옥숙	미숙	영숙

[경우 2]

		월요일	화요일	수요일	목요일
	남	치호	철호	길호	영호
경우 2−1	여	미숙	지숙	영숙	옥숙
경우 2−2	여	지숙	미숙	영숙	옥숙
경우 2−3	여	지숙	옥숙	미숙	영숙

문제에서 영호와 옥숙을 같이 보낼 수 없다고 했으므로, [경우 1], [경우 2−1], [경우 2−2]는 해당하지 않는다. 따라서 [경우 2−3]에 의해 목요일에 보내야 하는 남녀사원은 영호와 영숙이다.

17. ③

㉠ $20=2^{\prime}\times5^{\prime}=(2+1)(1+1)=3\times2=6$

20번 지점은 6번 방문한다.

㉡ 2회만 방문한 지점은 1 ~ 20의 소수를 구하면 된다.

2, 3, 5, 7, 11, 13, 17, 19 → 8개

㉢ 한 지점을 8번 방문하려면 최소 24개가 있어야 하는데 20개 밖에 없으므로 성립될 수 없다.

18. ③

주어진 조건으로 두 가지 경우가 존재한다. 미경이의 앞의 말이 진실이고 뒤의 말이 거짓인 경우와 그 반대의 경우를 표로 나타내면 다음과 같다.

	나	타인	케이크
미경	참	거짓	먹음
진희	거짓	참	먹음
소라	참	거짓	안 먹음

	나	타인	케이크
미경	거짓	참	안 먹음
진희	참	거짓	안 먹음
소라	거짓	참	먹음

19. ②

아들, 딸은 직계 존비속이다. 본인은 100%, 직계 존비속 80%, 형제 · 자매는 50%

(가) – 본인 $300+$동생 $200\times0.5=100$

(나) – 딸 $200\times0.8=160$

(다) – 본인 $300+$아들 $400\times0.8=320$

(라) – 본인 $200+$딸 $200\times0.8=160$

모두 합하면

$300+100+160+300+320+200+160=1{,}540$만 원

20. ④

이웃한 레인끼리는 동일한 수영 방식을 사용할 수 없음을 주의하며 위의 조건에 따라 정리하면

구간 \ 레인	1번 레인	2번 레인	3번 레인	4번 레인	5번 레인
	을	병	갑	정	무
첫 번째 구간	자유형	접영	배영	접영	평영
두 번째 구간	접영	배영	자유형	평영	접영
세 번째 구간	평영	자유형	평영	자유형	배영
네 번째 구간	배영	평영	접영	배영	자유형

21. ⑤

피자 1판의 가격을 x, 치킨 1마리의 가격을 y라고 할 때, 피자 1판의 가격이 치킨 1마리의 가격의 2배이므로 $x=2y$가 성립한다.

피자 3판과 치킨 2마리의 가격의 합이 80,000원이므로, $3x+2y=80{,}000$이고

여기에 $x=2y$를 대입하면 $8y=80{,}000$이므로 $y=10{,}000$, $x=20{,}000$이다.

22. ③

A사는 대규모기업에 속하므로 양성훈련의 경우 총 필요예산인 1억 3,000만 원의 60%를 지원받을 수 있다. 따라서 1억 3,000만 원 × 0.6 = 7,800만 원이 된다.

23. ④

④ I공장의 2024년 전체 판매율 : $\frac{702}{794}\times100=88.4\%$

24. ②

현재 아버지의 나이를 x라 하면, 어머니의 나이는 $\frac{4}{5}x$

2년 후 아들과 어머니의 나이의 조건을 살펴보면

$\left(\frac{4}{5}x+2\right)+\left\{\frac{1}{3}(x+2)\right\}=65$

$x=55$

아버지의 나이는 55세, 어머니는 44세, 아들은 17세이므로

$55+44+17=116$

25. ⑤

2023년까지는 증가 후 감소하였으나 이후 3.2% → 3.7% → 5.4%로 줄곧 증가하고 있음을 알 수 있다.

① 2022년, 2024년에는 전년대비 증감 추세가 다르게 나타나고 있다.

② 2024년, 2025년에는 50%p보다 적은 차이를 보인다.

③ 줄곧 증가한 것은 아니며, 급격하게 변화하지도 않았다.

④ 2021년부터 두 개 지표의 차이를 보면, 53.0%p, 51.1%p, 51.6%p, 49.4%p, 49.8%p로 나타난다. 따라서 비중 차이가 가장 작은 해는 2024년이다.

26. ①

수계별로 연도별 증감 추이는 다음과 같다.

- 한강수계 : 감소 – 감소 – 감소 – 감소
- 낙동강수계 : 증가 – 감소 – 감소 – 감소
- 금강수계: 증가 – 증가 – 감소 – 감소
- 영 · 섬강수계 : 증가 – 감소 – 감소 – 감소

따라서 낙동강수계와 영 · 섬강수계의 증감 추이가 동일함을 알 수 있다.

27. ②

각 지점 전체의 인원수를 알 수 없으므로 비율이 아닌 지점 간의 인원수를 직접 비교할 수는 없다.

① 여직원 대비 남직원의 비율은 남직원 수÷여직원 수로 계산되므로 C지점이 가장 높고 D지점이 가장 낮다.

③ B지점, C지점 모두 남직원의 비율이 여직원의 비율보다 낮으므로 두 곳을 더해도 남녀 직원 수의 많고 적음은 비율의 크고 작음과 동일하다.

④ 두 지점의 인원수가 같다면 비율의 평균을 구해서 확인할 수도 있고, 계산이 편리한 인원수를 대입하여 계산해 볼 수도 있다. 각각 총 인원이 100명이라면 남직원은 200명 중 88명인 것이므로 44%가 된다.

⑤ 남직원 1인당 여직원의 수는 '여직원 수÷남직원 수'로 계산되므로 D지점이 60 ÷ 40 = 1.5로 가장 많음을 알 수 있다.

28. ①

신용대출이므로 적용요율이 0.8% 적용된다.

500만 원×0.8%×(100/365)=10,958원

원단위 절사하면 10,950원이다.

29. ③

㉠ 출고가 대비 공시지원금의 비율을 계산해 보면

- $A=\frac{210,000}{858,000}\times100=24.48\%$
- $B=\frac{230,000}{900,000}\times100=25.56\%$
- $C=\frac{150,000}{780,000}\times100=19.23\%$
- $D=\frac{190,000}{990,000}\times100=19.19\%$

그러므로 '병'과 '정'은 C아니면 D가 된다.

㉡ 공시지원금을 선택하는 경우 월 납부액보다 요금할인을 선택하는 경우 월 납부액이 더 큰 스마트폰은 '갑'이다. A와 B를 비교해보면

- A

–공시지원금

$=\frac{858,000-(210,000\times1.1)}{24}+51,000=77,120$원

–요금할인$=51,000\times0.8+\frac{858,000}{24}=76,550$원

- B

–공시지원금

$=\frac{900,000-(230,000\times1.1)}{24}+51,000=77,950$원

–요금할인$=51,000\times0.8+\frac{900,000}{24}=78,300$원

B가 '갑'이 된다.

㉢ 공시지원금을 선택하는 경우 월 기기값이 가장 작은 스마트폰 기종은 '정'이다.

C와 D를 비교해 보면

- $C=\frac{780,000-(150,000\times1.1)}{24}=25,620$원
- $D=\frac{990,000-(190,000\times1.1)}{24}=32,540$원

C가 '정'이 된다.

그러므로 A=을, B=갑, C=정, D=병이 된다.

30. ④

외국계기업은 11.8%와 4.1%를 보이고 있어 7.7%p의 가장 큰 차이를 나타내고 있음을 알 수 있다.

31. ②

'#,###,'이 서식은 천 단위 구분 기호 서식 맨 뒤에 쉼표가 붙은 형태로 소수점 이하는 없애고 정수 부분은 천 단위로 나타내면서 동시에 뒤에 있는 3자리를 없애준다. 반올림 대상이 있을 경우 반올림을 한다.

2451648.81 여기에서 소수점 이하를 없애주면 2451648이 되고, 그 다음 정수 부분에서 뒤에 있는 3자리를 없애주는데 맨 뒤에서부터 3번째 자리인 6이 5 이상이므로 반올림이 된다. 그러므로 결과는 2,452가 된다.

32. ④

=SUM($B$2:C2) 이렇게 수식을 입력을 하고 아래로 채우기 핸들을 하게 되면 셀 주소가 다음과 같이 변하게 된다.

=SUM($B$2:C2) → D2셀

=SUM($B$2:C3) → D3셀

=SUM($B$2:C4) → D4셀

B2셀은 절대참조로 고정하였으므로 셀 주소가 변하지 않고, 상대참조로 잡은 셀은 열이 C열로 고정되었고 행 주소가 바뀌게 된다.

그러면 각각 셀에 계산된 결과가 다음과 같이 나온다.

D2셀에 나오는 값 결과 : 15 (5+10=15)

D3셀에 나오는 값 결과 : 36 (5+7+10+14=36)

D4셀에 나오는 값 결과 : 63 (5+7+9+10+14+18=63)

33. ③

XOR 또는 Exclusive OR이라고도 하며, 모든 인수의 논리 배타적 OR을 반환한다.

34. ③

(가) [C1] 셀의 수식 '=SUM(A1:B1)'를 채우기 핸들로 드래그하면, 상대주소는 변경되어야 하므로 [D1] 셀에 '=SUM(B1:C1)'이 복사되어 결과 값은 '50'이 출력된다.

(나) [C1] 셀의 수식 '=SUM($A$1:B1)'를 채우기 핸들로 드래그하면, 절대주소는 변경되지 않으므로 [D1] 셀에 '=SUM($A$1:C1)'이 복사되어 결과 값은 '60'이 출력된다.

35. ⑤

프레젠테이션은 소리, 이미지, 애니메이션 등을 추가하여 발표 자료를 쉽게 만들 수 있는 응용 소프트웨어로서 파워포인트, 프리랜스 등이 있다.

36. ③

=COUNTIF를 입력 후 범위를 지정하면 지정한 범위 내에서 중복값을 찾는다.

㉠ COUNT함수 : 숫자가 입력된 셀의 개수를 구하는 함수

㉡ COUNTIF함수 : 조건에 맞는 셀의 개수를 구하는 함수

'철'을 포함한 셀을 구해야 하므로 조건을 구하는 COUNTIF함수를 사용하여야 한다.

A2행으로부터 한 칸씩 내려가며 '철'을 포함한 셀을 찾아야 하므로 A2만 사용한다.

37. ②

마우스로 채우기 핸들을 아래로 드래그하여 숫자가 증가되도록 하려면 〈Ctrl〉을 같이 눌러줘야 한다.

38. ⑤

지정 범위에서 인수의 순위를 구하는 경우 'RANK' 함수를 사용한다. 이 경우, 수식은 '=RANK(인수, 범위, 결정 방법)'이 된다. 결정 방법은 0 또는 생략하면 내림차순, 0 이외의 값은 오름차순으로 표시하게 된다.

39. ③

'#NULL!'은 교차하지 않은 두 영역의 교차점을 참조 영역으로 지정하였을 경우 발생하는 오류 메시지이며, 잘못된 인수나 피연산자를 사용했을 경우 발생하는 오류 메시지는 #VALUE!이다.

40. ④

수식에서 직접 또는 간접적으로 자체 셀을 참조하는 경우를 순환 참조라고 한다. 열려있는 통합 문서 중 하나에 순환 참조가 있으면 모든 통합 문서가 자동으로 계산되지 않는다. 이 경우 순환 참조를 제거하거나 이전의 반복 계산(특정 수치 조건에 맞을 때까지 워크시트에서 반복되는 계산) 결과를 사용하여 순환 참조와 관련된 각 셀이 계산되도록 할 수 있다.

41. ②

② 세 번째에 누른 스위치(▣)를 먼저 고려하면 ②와 ③이 정답이 될 수 있다. 이 중 첫 번째 스위치(▲)와 두 번째 스위치(☆)에 의해 2번째 기계는 원래 모양대로 있게 되므로 ②가 정답이 된다.

42. ③

③ 3, 4번 기계의 방향만 바꾸기 위해서는 ★, ☆, ▲를 누르면 된다(1, 2번 기계는 원위치로 돌아감). 또, 운전 조작 스위치 중 ▣, ◉를 누르면 모든 기계가 작동되는데, 이후 ◈를 누르면 작동되던 2, 3번 기계는 한 번 더 조작되었으므로 정지된다.

43. ③

인간의 욕구와 창의성을 무시한 기술은 오히려 조직의 유효성과 성과를 떨어뜨리는 결과를 초래할 수 있으며, 기술의 진보는 조직과 근로자를 관심과 몰입으로 유도할 때 효과적인 것이다. 따라서 주어진 글의 가장 큰 시사점은 바로 '기술과 사람의 혼합, 조정을 통한 사회기술 시스템의 발전이 유의미하다는 것'이라고 볼 수 있다.

44. ③

벤치마킹의 4단계 절차는 1단계 계획 단계, 2단계 자료수집 단계, 3단계 분석 단계, 4단계 개선 단계로 이루어진다.

계획 단계에서 기업은 반드시 자사의 핵심 성공요인, 핵심 프로세스, 핵심 역량 등을 파악해야 하고, 벤치마킹 되어야 할 프로세스는 문서화되어야 하고 그 특성이 기술되어야 한다. 그리고 벤치마킹 파트너 선정에 필요한 요구조건도 작성되어야 한다.

45. ②

예시의 그래프를 분석하면 W는 가로축(Width), L은 세로축(Length)의 눈금수이다. X, Y, Z는 그래프 내의 도형 ○, △, ㅁ를 지칭하며, 괄호 안의 수는 도형의 가로세로 좌표이다. 좌표 뒤의 B, W는 도형의 색깔로 각각 Black(검정색), White(하얀색)를 의미한다.

주어진 그래프의 가로축 눈금은 4, 세로축 눈금은 3이므로 W4/L3이며, 둥근 도형의 좌표는 X(1, 1) : W, 세모 도형의 좌표는 Y(4, 3) : B, 네모 도형의 좌표는 Z(3, 1) : B이다.

∴ W4/L3

X(1, 1) : W, Y(4, 3) : B, Z(3, 1) : B

46. ②

주어진 그래프의 가로축 눈금은 6, 세로축 눈금은 4이므로 W6/L4이며, 둥근 도형의 좌표는 X(6, 3) : B, 세모 도형의 좌표는 Y(2, 4) : W, 네모 도형의 좌표는 Z(4, 2) : W이다.

∴ W6/L4

X(6, 3) : B, Y(2, 4) : W, Z(4, 2) : W

47. ④

네모 도형 Z(2, 4) : B에서 오류가 발생하였다. B이므로 네모 도형은 검은색이어야 한다. 옳게 산출된 그래프는 다음과 같다.

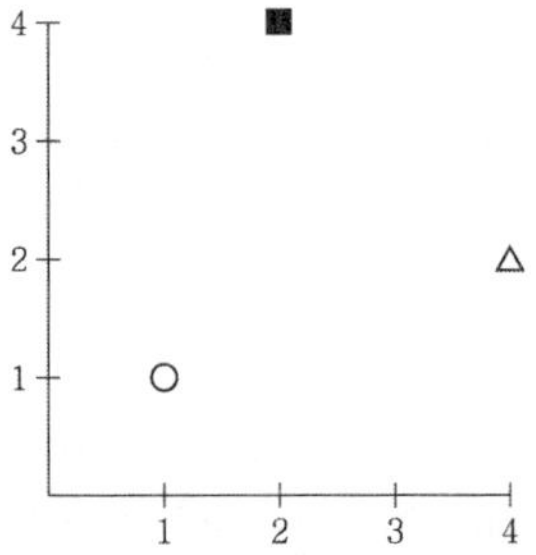

48. ③

주어진 발생원인 중 가장 많은 수를 차지한 기본적 원인은 작업 관리상 원인[안전관리 조직의 결함(45), 작업준비 불충분(162)]이다.

※ 산업재해의 기본적 원인

㉠ **교육적 원인**: 안전 지식의 불충분, 안전 수칙의 오해, 경험이나 훈련의 불충분, 작업관리자의 작업 방법의 교육 불충분, 유해 · 위험 작업 교육 불충분 등

㉡ **기술적 원인**: 건물 · 기계 장치의 설계 불량, 구조물의 불안정, 재료의 부적합, 생산 공정의 부적당, 점검 · 정비 · 보존의 불량 등

㉢ **작업 관리상 원인**: 안전 관리 조직의 결함, 안전 수칙 미제정, 작업준비 불충분, 인원 배치 및 작업 지시 부적당 등

※ 산업재해의 직접적 원인

㉠ **불안전한 행동**: 위험 장소 접근, 안전장치 기능 제거, 보호 장비의 미착용 및 잘못된 사용, 운전 중인 기계의 속도 조작, 기계 · 기구의 잘못된 사용, 위험물 취급 부주의, 불안전한 상태 방치, 불안전한 자세와 동작, 감독 및 연락 잘못

㉡ **불안전한 상태**: 시설물 자체 결함, 전기 시설물의 누전, 구조물의 불안정, 소방기구의 미확보, 안전 보호 장치 결함, 복장 · 보호구의 결함, 시설물의 배치 및 장소 불량, 작업 환경 결함, 생산 공정의 결함, 경계 표시 설비의 결함 등

49. ②

② 기술관리자에게 요구되는 능력은 기술을 적용할 수 있는 능력이다.

50. ④

☆, ▲, ☆을 차례로 눌러서 다음과 같은 순서로 변화하게 된다.

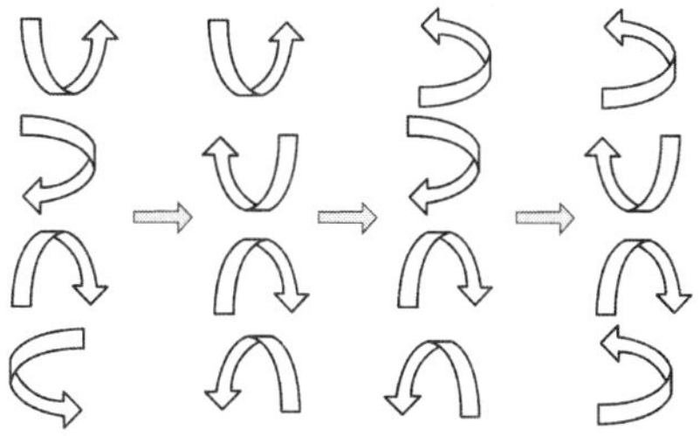

제3회 정답 및 해설

1. ②

자신의 핸드폰 번호를 바꾸더라도 헤어진 애인에게 자신이 전화를 할 수 없게 된 것은 아니므로 사전조치에 해당하지 않는다.

2. ④

먹는 손과 배변을 처리하는 손이 다르게 된 것을 한쪽 손을 주로 쓰는 경향은 뇌의 좌우반구의 기능 분화와 관련이 있다고 언급하였으나 이것이 행위에 요구되는 뇌 기능의 차이 때문이라고 말할 수는 없다. 좌우반구 기능 분화는 논리적 사고와 직관적 사고와 관련된 것이지 먹는 행위와 배변 처리 행위의 차이라고 할 수는 없다.

① 위생에 대한 관습으로 왼손은 배변 처리에 이용하고 오른손을 먹고 인사하는 일에 이용했다는 예를 들고 있다. 이는 관습이 규범이 아니라 주로 사용하는 한쪽 손의 경향에 따른 것이다.

② 왼쪽 손을 주로 사용하는 경향은 뇌의 좌우반구의 기능 분화와 관련이 있고, 논리적 사고는 좌반구 기능과 관련이 있다. 또한 직관적 사고는 우반구와 관련이 있다. 오른손잡이는 좌반구 기능이 우반구 기능보다 상대적으로 기민한 경우가 많다. 현대인의 약 80%가 오른손잡이이므로 직관적 사고보다는 논리적 사고가 더 지배적이라 볼 수 있다.

③ 인류를 제외한 포유류는 대게 왼발을 사용하므로 뇌의 좌반구보다는 우반구의 기능이 더 기민하다고 볼 수 있다.

⑤ 관습은 오른손잡이가 많은 것에 대한 근본적인 설명은 아니다.

3. ④

㉠ 사건의 확률로 미래를 예측 → 도박사의 오류가 아니다.

㉡ 도박사의 오류 B(확률이 낮은 사건이 일어난 것은 시행을 많이 해봤을 것이다)

㉢ 도박사의 오류는 특정사건을 예측하거나 과거를 추측하는 문제이지 확률이 높고 낮음을 추론하는 것이 아니다. 도박사의 오류 A, B 둘 다 아니다.

4. ③

㉠은 적응의 과정을 ㉡은 이질성의 극복 방안, ㉢은 동질성 회복이 쉽다는 이야기로 ㉣은 이질화의 극복에 대한 문제 제기를 하고 있다. 그러므로 ㉢→㉣→㉡→㉠이 가장 자연스럽다.

5. ④

㉠ 한국표준산업 분류표에서 대분류에 해당하는 것을 '업태'라고 한다. 업태 중에서 세분화된 사업의 분류는 '업종'이라고 한다.

㉡ 본체의 수량이 5개이고, 공급가액이 2,600,000원이므로 단가, 즉 한 단위의 가격은 520,000원임을 알 수 있다.

6. ①

이 글에서 말하고 있는 '이것'은 자기 자신의 관심에 따라 세상을 규정하는 사고방식에 따라 세상을 보고 결정을 한다는 것을 의미한다. 다이어트를 하고 있는 여대생은 그렇지 않은 여대생에 비해 식품광고가 늘었다고 생각하고, 5년 사이에 아이를 낳은 사람은 5년 전에 비하여 아동들이 직면하고 있는 위험요소가 증가했다고 생각하는 것을 보면 알 수 있다.

7. ④

㉠ 미국에서 손해배상소송이 급증한 것은 당연위법원칙이나 배심원 제도 때문이었는데 1980년대 들어서 당연위법원칙이 후퇴하였으므로 손해배상소송이 줄어들었다.

㉡ 가해자에게 과징금을 부과한다 하더라도 국고로 편입되기 때문에 피해자는 만족하지 못하게 되며 공정거래절차의 효용성이 크게 떨어지고 국민의 불신이 높아진다.

8. ⑤

제시문은 라디오 대담 상황으로, 진행자와 전문가의 대담을 통해 '정당행위'의 개념과 배상 책임 면제에 관한 법리를 쉽게 설명해 주고 있다. 전문가는 마지막 말에서 추가적인 정보를 제시하고 있지만 그것을 통해 진행자의 오해를 바로잡고 있는 것은 아니다.

9. ④

④ 해당 영상물의 제작 의도는 탈춤에 무관심한 젊은 세대를 대상으로 하여 우리 고유의 문화유산인 탈춤에 대한 관심을 불러일으키기 위한 것이다. 따라서 탈춤에 대한 학술적 이견들을 깊이 있게 제시하는 것은 제작 의도와 맞지 않는다.

10. ④

바이러스 Y는 람다-파지 방식으로 감염되므로 나선형이 될 수 없다.

① 바이러스 X는 람다-파지 방식으로 감염되므로 원통형일 수도 있고 아닐 수도 있다.

② 바이러스 X는 람다-파지 방식으로 감염되므로 호흡기에 감염될 수 있다.

③ 바이러스 Y는 람다-파지 방식으로 감염되므로 호흡기에 감염될 수도 있고 아닐 수도 있다.

⑤ 나선형 바이러스는 뮤-파지 방식으로 감염되고 이는 중추신경계에 감염되지 않는다.

11. ②

- C의 진술이 참이면, C는 출장을 가는 사람이고 A는 출장을 가지 않는다. → A는 출장을 가지 않으므로 A의 진술은 거짓이며, 그 부정인 'E가 출장을 가지 않는다면, D는 출장을 가지 않는다.'는 참이다. → 이 경우, E와 D의 진술은 거짓이다.
- E의 진술이 거짓이면, E는 출장을 가지 않는 사람이고 E의 진술의 부정인 'C가 출장을 간다면, A는 출장을 가지 않는다.'는 참이다. → C는 출장을 가는 사람이므로 C의 진술은 참이고, A는 출장을 가지 않으므로 A의 진술은 거짓이다. → 따라서 A의 진술의 부정인 'E가 출장을 가지 않는다면, D는 출장을 가지 않는다.'는 참이고, D는 출장을 가지 않는다.
- D의 진술이 거짓이면, 실제 출장을 가는 사람은 2명 미만으로 1명만 출장을 간다. 이 경우, E의 진술은 거짓이고, 그 부정인 'C가 출장을 간다면 A는 출장을 가지 않는다.'는 참이다. → A는 출장을 가지 않으므로 A의 진술은 거짓이며, 그 부정인 'E가 출장을 가지 않는다면, D는 출장을 가지 않는다.'는 참이다. → 따라서 B의 진술 역시 거짓이다.

12. ①

사절 1과 사절 2의 주장으로 보면 서로 반대되는 내용이 있다.

- 사절 1 – 문화적으로 미개 / 봉건적 지배권 약화
- 사절 2 – 독창적이고 훌륭한 문화 / 봉건적 지배권이 약화되었다고 보기 어려움

각 사절의 주장 중 2개는 옳고 나머지 한 개는 거짓이므로 이 두 가지 주장을 제외한 한 주장은 무조건 옳은 것이 된다.

즉, 사절 1의 첫 번째 주장이 참이고, 사절 3의 두 번째 주장이 거짓일 경우 사절 3의 나머지 주장은 참이 된다. 그런데 사절 3의 첫 번째 주장이 참이라면 사절 2의 첫 번째 주장은 참이고 사절 1의 3번째 주장은 거짓이 된다. 사절 1의 세 번째 주장이 거짓이면 사절 1의 나머지 주장들은 참이 된다. B국이 문화적으로 미개하다는 사절 1의 두 번째 주장이 참이면 사절 2의 두 번째 주장은 거짓이 되고, 사절 2의 나머지 주장들은 참이 된다.

그러므로 B국은 문화적으로 미개하다는 주장이 옳다.

13. ②

- 은이만 범인이면 목격자 A 참, 목격자 B 거짓, 목격자 C 참
- 영철이만 범인이면 목격자 A 참, 목격자 B 참, 목격자 C 참
- 숙이만 범인이면 목격자 A 거짓, 목격자 B 참, 목격자 C 참

14. ③

아르바이트 일수가 갑은 3일, 병은 2일임을 알 수 있다.

무는 갑이나 병이 아르바이트를 하는 날 항상 함께 한다고 했으므로 5일 내내 아르바이트를 하게 된다.

을과 정은 일, 월, 화, 목 4일간 아르바이트를 하게 된다.

①⑤ 수요일에는 2명, 나머지 요일에는 4명으로 인원수는 확정된다.

② 갑은 3일, 을은 4일, 병은 2일, 무는 5일이므로 갑과 을, 병과 무의 아르바이트 일수를 합한 값은 7로 같다.

③ 병에 따라 갑이 아르바이트를 하는 요일이 달라지므로 아르바이트 하는 요일이 확정되는 사람은 세 명이다.

④ 일별 인원수는 4명 또는 2명으로 모두 짝수이다.

15. ②

실제 전투능력을 정리하면 경찰(3), 헌터(4), 의사(2), 사무라이(8), 폭파전문가(2)이다.

이를 토대로 탈출 통로의 좀비수와 처치 가능 좀비수를 계산해 보면

① 동쪽 통로 11마리 좀비
폭파전문가(2), 사무라이(8)하면 10마리의 좀비를 처치 가능

② 서쪽 통로 7마리 좀비
헌터(4), 경찰(3)하면 7마리의 좀비 모두 처치 가능

③ 남쪽 통로 11마리 좀비
헌터(4), 폭파전문가(2) 6마리의 좀비 처치 가능

④ 남쪽 통로 11마리 좀비
폭파전문자(2), 헌터(4)-전투력 강화제(2), 의사(2) 10마리의 좀비 처치 가능

⑤ 북쪽 통로 9마리 좀비
경찰(3), 의사(2)-전투력 강화제(1) 6마리의 좀비 처치 가능

16. ④

양적완화를 실시하면 달러화 가치가 하락하고 달러 환율이 하락하면 우리나라의 수출이 감소하고 경제지표가 악화된다.

양적완화를 중단하면 미국의 금리가 상승하고 우리나라의 금리도 상승하며 외국인의 투자가 증가한다. 또한 우리나라의 금리가 상승하면 가계부채 문제가 심화되고 이는 국내 소비를 감소시키며 경제 침체를 유발한다.

① 수출이 증가하면 달러화 가치는 상승한다.

② 우리나라의 가계부채가 미국의 양적완화에 영향을 미치지는 않는다.

③⑤ 외국인 투자가 우리나라 경제에 미치는 영향은 알 수 없다.

17. ⑤

명제 2와 명제 1을 이용해 결론을 얻기 위해서는, '밤이 오면 해가 들어간다→(해가 들어가면 밝지 않다)→밝지 않으면 별이 뜬다'로 연결할 수 있다. 따라서 필요한 명제 3은 '해가 들어가면 밝지 않다' 또는 그 대우인 '밝으면 해가 들어가지 않는다'가 된다.

18. ③

③ 장마가 시작되면 비가 오는 날이 평소보다 많아진다는 것은 가치 있는 정보로 보기 어렵다. '오늘부터 장마가 시작된다'는 사실을 통해 도출할 수 있는 가치 있는 정보로는 '폭우에 대비하여 시설물을 점검한다' 등이 있을 수 있다.

19. ①

㉠ : '이해관계자 참여를 통한 사업계획의 정당성 확보 노력 미흡'에 대한 개선방안이다.

㉢ : '교통수요 예측 및 사업타당성 검토의 신뢰성 · 적정성 부족'에 대한 개선방안이다.

㉥ : '사업주관 지자체의 행정구역만을 고려한 폐쇄적 계획 수립'에 대한 개선방안이다.

20. ①

㉠ 갑 : 가중치가 가장 높은 브랜드명성이 가장 좋게 평가된 A 브랜드 제품을 선택한다.

㉡ 을 : 각 제품의 속성을 가중치에 따라 평가하면 다음과 같다.

A : $10(0.4)+4(0.3)+8(0.2)+9(0.1)=4+1.2+1.6+0.9=7.7$

B : $7(0.4)+8(0.3)+6(0.2)+6(0.1)=2.8+2.4+1.2+0.6=7$

C : $7(0.4)+5(0.3)+7(0.2)+3(0.1)=2.8+1.5+1.4+0.3=6$

∴ A 브랜드 제품을 선택한다.

㉢ 병 : 모든 속성이 4점 이상인 A, B 브랜드 중 디자인 점수가 더 높은 A 브랜드 제품을 선택한다.

21. ②

이웃을 신뢰하는 사람의 비중은 20대(36.5%)가 10대(38.5%)보다 낮으며, 20대 이후에는 연령이 높아질수록 각 연령대별로 신뢰하는 사람의 비중이 커졌다. 이러한 추이는 연령별 평점의 증감 추이와도 일치하고 있음을 알 수 있다.

22. ⑤

㉠ 오류를 바로 잡으면,

• '나'의 면적은 '다'와 동일하다.

∴ '나'의 면적 = 101(천 ㎡)

• '라'의 면적은 실제보다 '나'의 면적의 2배 값이 더해졌다.

∴ '라'의 면적 = 385 − 2 × 101 = 183(천 ㎡)

• '바'의 면적은 '가', '나', '다'의 면적 합보다 22(천 ㎡)이 크다.

∴ '바'의 면적 = 166 + 101 + 101 + 22 = 390(천 ㎡)

㉡ 따라서 7개 건축물 면적의 평균은

$$\frac{166+101+101+183+195+390+158}{7} \fallingdotseq 184.9(\text{천 m}^2)$$

※ 수정된 자료

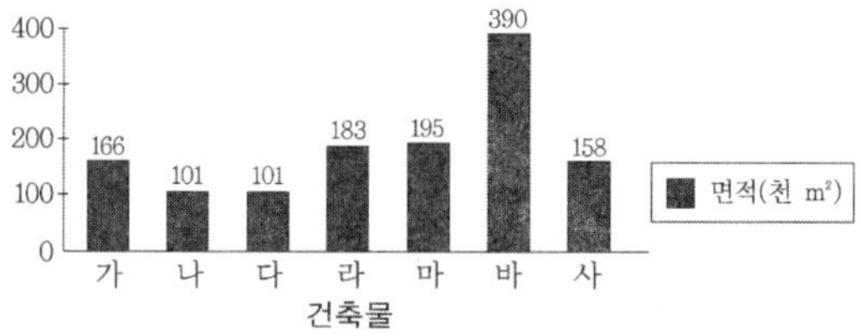

23. ②

합격자 120명 중, 남녀 비율이 7 : 5이므로 남자는 $120 \times \frac{7}{12}$명이 되고, 여자는 $120 \times \frac{5}{12}$가 된다. 따라서 남자 합격자는 70명, 여자 합격자는 50명이 된다. 지원자의 남녀 성비가 5 : 4이므로 남자를 $5x$, 여자를 $4x$로 치환할 수 있다. 이 경우, 지원자에서 합격자를 빼면 불합격자가 되므로 $5x-70$과 $4x-50$이 1 : 1이 된다. 따라서 $5x-70 = 4x-50$이 되어, $x = 20$이 된다. 그러므로 총 지원자의 수는 남자 100명(=5×20)과 여자 80명(=4×20)의 합인 180명이 된다.

24. ③

③ 두 상품을 따로 경매한다면 A는 戊에게 50,000원에, B는 己에게 70,000원에 낙찰되므로 얻는 수입은 120,000원이다.

① 두 상품을 묶어서 경매한다면 최고가 입찰자는 己이다. 己가 낙찰 받는 금액은 110,000원으로 5% 할인을 해주어도 그 금액이 100,000원이 넘는다. 입찰자는 낙찰가의 총액이 100,000원을 초과할 경우 구매를 포기한다는 조건에 의해 己는 구매를 포기하게 되므로 낙찰자는 丙이 된다.

② 지헌이가 얻을 수 있는 예상 수입은 두 상품을 따로 경매할 경우 120,000원, 두 상품을 묶어서 경매할 경우 95,000원으로 동일하지 않다.

④ 두 상품을 따로 경매한다면 A의 낙찰자는 戊이다.

⑤ 입찰자는 낙찰가의 총액이 100,000원을 초과할 경우 구매를 포기한다.

25. ②

㉠ [○] $\frac{408-350}{408} \times 100 \fallingdotseq 14\%$

㉡ [×] 실제 여우 중 AI가 여우로 식별($\frac{600}{635}$) > 실제 돼지 중 AI가 돼지로 식별($\frac{350}{399}$)

㉢ [○] $\frac{457+600+350+35+76+87}{1,766} \times 100 \fallingdotseq 90.88\%$

㉣ [×] 실제 염소를 AI가 '고양이로 식별한 수(2) > 양으로 식별한 수(1)'

26. ①

걷는 속도를 분당 x라 하면

$30 \times 0.5 + 20 \times x = 19$

$\therefore x = 0.2km$

27. ④

A방식

구분	미연	수정	대현	상민
총점	347	325	330	340
순위	1	4	3	2

B방식

구분	미연	수정	대현	상민
등수의 합	8	12	11	9
순위	1	4	3	2

C방식

구분	미연	수정	대현	상민
80점 이상 과목 수	3	3	2	3
순위	1	3	4	2

28. ②

㉠ A 지역의 노인복지관, 자원봉사자 수를 각각 4배할 경우 전국의 노인복지관, 자원봉사자 수를 초과한다. 그러므로 A 지역의 노인복지관, 자원봉사자 수는 각각 전국의 25% 이상이다.

㉡ D 지역의 경우 복지종합지원센터 1개소당 노인복지관 수는 104개로 100개소를 초과한다.

㉢ 복지종합지원센터 1개소당 자원봉사자 수 또는 등록노인 수가 가장 많으려면 분모에 해당하는 복지종합지원센터의 수는 작고, 자원봉사자 수 또는 등록노인의 수가 많아야 한다. E 지역의 경우 복지종합지원센터의 수가 1개소인 지역(C, E, F, I) 중 자원봉사자 수와 등록노인 수 각각에서 가장 많은 수를 차지하고 있으며, 그 외 지역과 비교해 보아도 상대적으로 많은 자원봉사자 수와 등록노인 수를 보유하고 있어 복지종합지원센터 1개소당 자원봉사자 및 등록노인 수 각각에서 가장 많은 지역에 해당한다.

㉣ H 지역과 C 지역의 노인복지관 1개소당 자원봉사자 수를 비교하면 C 지역은 $\frac{970}{121} \fallingdotseq 8$명, H 지역은 $\frac{2,185}{362} \fallingdotseq 6$명이므로 H 지역이 더 적다.

29. ①

㉠ 업무목적 통행 비율이 하루 중 가장 높은 시간대은 06 : 00 ~ 09 : 00이고 전체통행 횟수가 하루 중 가장 많은 시간대는 06 : 00 ~ 09 : 00대로 동일하다.

㉡ 일일 통행목적별 통행횟수는 x를 업무, y를 여가, z를 쇼핑이라 놓고

$3x+y+1.5z=2.25$

$4.5x+1.5y+1.5z=3.15$

$40.5x+1.5y+6z=24.3$

위 방정식을 계산하면 $x=0.55$, $y=0.15$, $z=0.3$으로 업무, 쇼핑, 여가의 순으로 많다.

㉢ 여가목적 통행 비율이 가장 높은 시간대는 18 : 00 ~ 21 : 00

여가목적 통행횟수는 $0.15\times50=7.5$

09 : 00 ~ 12 : 00시간대의 통행횟수는 14.8이므로 전체통행 횟수가 많다.

㉣ 쇼핑목적 통행비율이 가장 높은 시간대는 12 : 00 ~ 15 : 00

쇼핑목적 통행횟수는 $0.3\times31.5=9.45$

쇼핑목적 통행횟수와 같은 시간대의 업무목적 통행횟수는 $0.55\times8=4.4$이므로 2.5배 보다 낮다.

30. ③

㉠ 2025년 전체 로봇 시장규모는 15,000백만 달러이며, 이 중 70%는 10,500백만 달러이다. 2025년 제조용 로봇 시장규모는 9,719백만 달러에 불과하여 전체 규모 대비 70%에 미치지 못하고 있다.

㉡ 2025년 제조용 로봇 평균단가(54.6천 달러/개)의 3배는 160천 달러가 넘는 반면, 2025년 전문 서비스용 로봇 평균단가는 159.0천 달러/개로 이에 미치지 못하고 있다.

㉢ 전문 서비스용 로봇은 건설, 물류, 의료, 국방 분야에 사용되고 있음을 알 수 있다. 이들 분야에서의 전체 로봇 R&D 예산 대비 비중의 합을 구하면 50%이므로 옳은 설명이다.

㉣ 분야별 로봇 시장규모를 보면 개인 서비스용 로봇 중 교육 분야의 경우에는 매년 시장규모가 감소하고 있다.

31. ③

상품코드별 단가가 수직(열)형태로 되어 있으므로, 그 단가를 가져오기 위해서는 VLOOKUP함수를 이용해야 되며, 상품코드별 단가에 수량(C2)를 곱한다. $B$8:$C$10에서 단가는 2열이고 반드시 같은 상품코드 (B2)를 가져와야 되므로, 0 (False)를 사용하여 VLOOKUP (B2,$B$8:$C$10, 2, 0)처럼 수식을 작성해야 한다.

32. ③

디도스(DDoS)는 분산 서비스 거부 공격으로, 특정 사이트에 오버플로우를 일으켜서 시스템이 서비스를 거부하도록 만드는 것이다. 한편, 보기에 제시된 설명은 '트로이 목마'를 의미하는 내용이다.

33. ③

MID(text, start_num, num_chars)는 텍스트에서 원하는 문자를 추출하는 함수이다. 주민등록번호가 입력된 [B1] 셀에서 8번째부터 1개의 문자를 추출하여 1이면 남자, 2면 여자라고 하였으므로 답이 ③이 된다.

34. ②

DCOUNT는 조건을 만족하는 개수를 구하는 함수로, [A2:F7] 영역에서 '2015'(2015년도 종사자 수)가 25보다 작고 '2019'(2019년도 종사자 수)가 19보다 큰 레코드의 수는 1이 된다. 조건 영역은 [A9:B10]이 되며, 조건이 같은 행에 입력되어 있으므로 AND 조건이 된다.

35. ④

EBCDIC코드는 8비트의 조합에서 1자를 표현하는 부호체계로 이 8bit를 1byte라 하고, 1byte로 영자(A~Z), 숫자(0~9), 특수기호 등 256종의 문자를 표현할 수 있다.

36. ②

'COUNT' 함수는 인수 목록에서 숫자가 들어 있는 셀의 개수를 구할 때 사용되는 함수이며, 인수 목록에서 공백이 아닌 셀과 값의 개수를 구할 때 사용되는 함수는 'COUNTA' 함수이다.

37. ④

POWER(number, power) 함수는 number 인수를 power 인수로 제곱한 결과를 반환한다. 따라서 5의 3제곱은 125이다.

38. ②

전위 순회 방식 … 노드 방문 → 왼쪽 서브트리 방문 → 오른쪽 서브트리 방문

39. ①

① #NAME? : 지정하지 않은 이름을 사용한 때나 함수 이름을 잘못 사용한 때, 인식할 수 없는 텍스트를 수식에 사용했을 때

② #REF! : 수식이 있는 셀에 셀 참조가 유효하지 않을 때

③ #VALUE! : 잘못된 인수나 피연산자를 사용하거나 수식 자동고침 기능으로 수식을 고칠 수 없을 때

④ #DIV/0 : 나누는 수가 빈 셀이나 0이 있는 셀을 참조하였을 때

⑤ #NUM! : 표현할 수 있는 숫자의 범위를 벗어났을 때

40. ②

한 셀에 두 줄 이상 입력하려고 하는 경우 줄을 바꿀 때는 〈Alt〉+〈Enter〉를 눌러야 한다.

41. ①

S는 육각형을 의미하지만, 항상 가장 큰 크기로 표시되는 것이 아니며, 1, 2, 3 숫자에 의해 어떤 크기로도 표시될 수 있다.

② H는 Horizontal의 약자로 가로축을, V는 Vertical의 약자로 세로축을 의미하므로 네 칸씩 있는 그래프는 H4 / V4로 표시된다.

③ N은 내부 채색을, R은 내부 무채색을 의미한다.

④⑤ 가장 마지막 N 또는 R 다음에 표시된 숫자가 도형의 크기를 의미한다.

42. ④

가로축이 네 칸, 세로축이 다섯 칸이므로 그래프는 H4 / V5의 형태가 된다.

삼각형, 평행사변형, 평행사변형, 육각형이 차례로 표시되어 있으므로 J, E, E, S가 도형의 모양을 나타내는 기호가 되며, 각 좌표를 괄호 안에 표시한다. 첫 번째와 세 번째 도형은 내부 무채색이므로 R, 두 번째와 네 번째 도형은 내부 채색이므로 N이 표시되며, 세 번째 도형은 2의 크기, 나머지 도형은 모두 3의 크기가 된다.

따라서 선택지 ④와 같은 명령어가 정답인 것을 알 수 있다.

43. ④

벤치마킹의 종류

㉠ 내부 벤치마킹 : 같은 기업 내의 다른 지역, 타 부서 간의 유사한 활용을 비교대상으로 함

㉡ 경쟁적 벤치마킹 : 동일 업종에서 고객을 직접적으로 공유하는 경쟁기업을 대상으로 함

㉢ 비경쟁적 벤치마킹 : 제품, 서비스 및 프로세스의 단위 분야에 있어 가장 우수한 실무를 보이는 비경쟁적 기업 내의 유사 분야를 대상으로 하는 방법

㉣ 글로벌 벤치마킹 : 프로세스에 있어 최고로 우수한 성과를 보유한 동일업종의 비경쟁적 기업을 대상으로 함

㉤ 간접적 벤치마킹 : 인터넷 및 문서형태의 자료를 통해서 수행하는 방법임

44. ②

■, ◇을 누르면 다음과 같은 순서로 변화하게 된다.

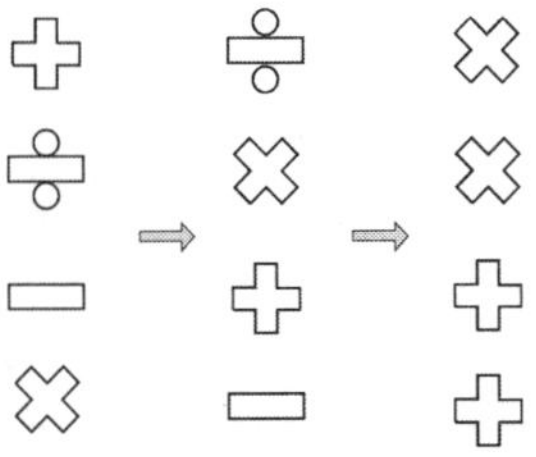

45. ①

□, ◆, ○을 누르면 다음과 같은 순서로 변화하게 된다.

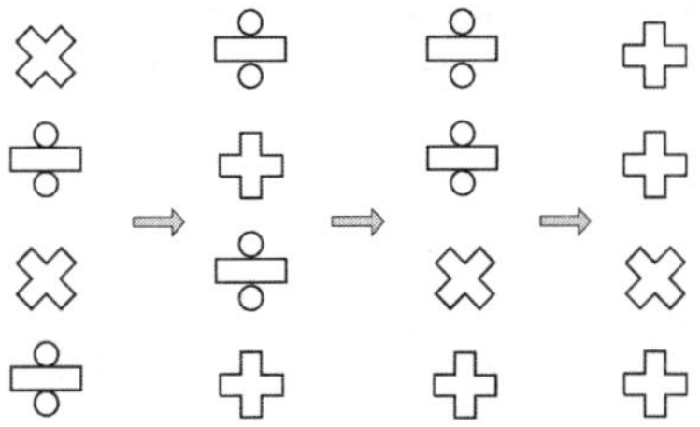

46. ③

■, ◇, ●을 누르면 다음과 같은 순서로 변화하게 된다.

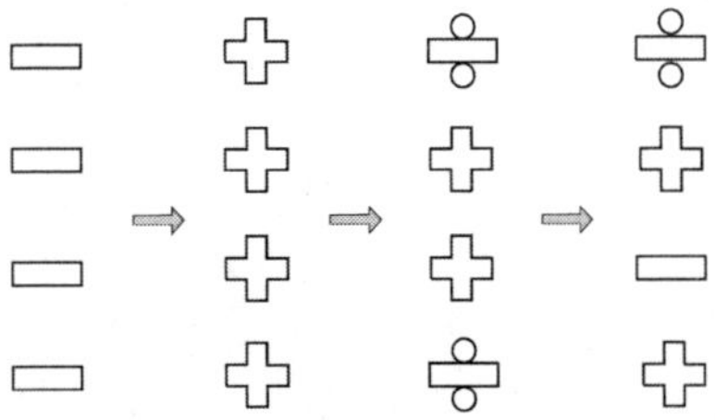

47. ⑤

⑤ 친환경 하이브리드 자동차는 연료 체계와 전력 계통 기술 발달의 결과이므로, 언급된 4대 핵심기술 융합의 결과로 보기에는 적절하지 않다. 나머지 선택지들에서 언급한 기술은 정보기술과 인지과학이 융합된 사례가 된다. 자동차 산업에는 정보기술과 인지과학의 융합이 주요 분야로 개발되고 있다.

48. ⑤

처음 상태와 나중 상태를 비교해보았을 때, 기계의 모양이 바뀐 것은 1번과 4번이다.

스위치가 두 번 눌러서 1번과 4번의 모양만 바꾸기 위해서는 1번, 2번 기계를 회전(☆)시키고 다시 2번, 4번 기계를 회전(◆)시키는 스위치를 누르면 된다.

49. ③

처음 상태와 나중 상태를 비교해보았을 때, 기계의 모양이 바뀐 것은 3번과 4번이다.

스위치가 두 번 눌러서 3번과 4번의 모양만 바꾸기 위해서는 2번, 3번 기계를 회전(◇)시키고 다시 2번, 4번 기계를 회전(◆)시키는 스위치를 누르면 된다.

50. ④

스위치를 세 번 눌러 처음 상태와 나중 상태에서 모양이 변화한 기계가 없으므로 1번, 2번 기계를 회전(☆)하고, 1번, 3번 기계를 회전(★)하면 1번 기계는 원래대로 돌아가서 2번, 3번 기계는 처음 상태에서 회전되어 있는 상태이므로 2번, 3번 기계를 회전(◇)시켜주면 처음과 똑같은 상태가 된다.

제4회 정답 및 해설

1. ②

㉠ 가산 : 더하여 셈함

㉡ 지체 : 의무 이행을 정당한 이유 없이 지연하는 일

㉢ 승낙 : 청약(請約)을 받아들이어 계약을 성립시키는 의사 표시

2. ①

'만약 "W"라는 용어의 의미가 당신만이 느끼는 그 감각에만 해당한다면, "W"라는 용어의 올바른 사용과 잘못된 사용을 구분할 방법은 어디에도 없게 될 것이다. 올바른 적용에 관해 결론을 내릴 수 없는 용어는 아무런 의미도 갖지 않는다.'를 통해 알 수 있다.

3. ①

배경지식이 전혀 없던 상태에서는 X선 사진을 관찰하여도 아무 것도 찾을 수 없었으나 이론과 실습 등을 통하여 배경지식을 갖추고 난 후에는 X선 사진을 관찰하여 생리적 변화, 만성질환의 병리적 변화, 급성질환의 증세 등의 현상을 알게 되었다는 것을 보면 관찰은 배경지식에 의존한다고 할 수 있다.

4. ③

㉠ 자율성주의는 예술작품에 대한 도덕적 가치판단을 범주착오에 해당하는 것으로 보기 때문에 극단적 도덕주의와 온건적 도덕주의 모두를 범주착오로 본다.

㉡ 모든 도덕적 가치가 예술작품을 통해 구현된다는 말은 언급한 적이 없다.

㉢ 극단적 도덕주의는 모든 예술작품을, 온건적 도덕주의는 일부 예술작품을 도덕적 판단의 대상으로 본다.

5. ②

관점 A – 객관적인 정보에 의해서 결정

관점 B – 객관적 요소 뿐 아니라 주관적 인지와 평가에 좌우

관점 C – 개인의 심리적 과정과 속한 집단의 문화적 배경에도 의존

㉠ 관점 B는 객관적인 요소에 영향을 받는다.

㉡ 관점 B는 주관적 인지와 평가, 관점 C는 문화적 배경

㉢ 민주화 수준이 높은 사회는 개인이 속한 집단의 문화적 배경에 해당하므로 관점 C에 해당하며, 관점 A는 사회 구성원들이 기후변화의 위험에 더 민감한 태도를 보인다는 것을 설명할 수 없다.

6. ③

2문단과 3문단에서 용승이 일어나면 동태평양 페루 연안의 해수면 온도가 같은 위도의 다른 해역보다 낮아진다고 설명하고 있다.

① 3문단에서 표층 해수의 온도가 높아지면 따뜻한 해수가 공기를 데워 상승 기류를 발생시킨다고 설명하고 있다.

② 2문단에서 평상시 무역풍이 동쪽의 따뜻한 표층수를 서쪽으로 운반한다고 설명하고 있다.

⑤ 2문단에서 무역풍이 따뜻한 표층수를 서쪽 방향으로 이동시켜 동쪽에서는 따뜻한 해수층의 두께가 얇아진다고 설명하고 있다.

7. ②

문서를 작성하는 데 있어 근거 자료의 제시는 정보의 신뢰성을 높여 준다.

8. ③

㉠㉡을 통해 노인인구 증가에 대한 문제제기를 제기하고, ㉢을 통해 노인 복지 정책의 바람직한 방향을 금전적인 복지보다는 경제적인 독립, 즉 일자리 창출 등으로 잡아야 한다고 논지를 전개해야 한다.

9. ③

①④ 주차대행 서비스가 유료이다.

②⑤ 장애인 차량은 장애인증 확인 후 일반주차요금의 50%가 할인된다.

10. ④

Fast Track 이용 가능한 교통약자는 보행장애인, 7세 미만 유소아, 80세 이상 고령자, 임산부, 동반여객 2인이다.

11. ⑤

병과 정의 진술이 상이하므로 모순이 된다.

우선 병의 진술이 거짓일 경우 을은 윗마을에 살고, 여자이다. 정의 진술은 참이므로 을과 병은 윗마을에 산다. 을은 윗마을 여자이므로 거짓말을 하고, 병은 윗마을에서 거짓말을 하므로 여자이다.

을과 병이 윗마을에 살기 때문에 갑, 정은 아랫마을에 산다.

정은 아랫마을에 살며 참말을 하므로 여자이고 갑은 아랫마을 여자이므로 참말을 한다.

12. ⑤

사원과 근무부서를 표로 나타내면

배정부서	기획팀	영업팀	총무팀	홍보팀
처음 배정 부서	갑	을	병	정
2번째 배정 부서				
3번째 배정 부서				병

㉠ 규칙 1을 2번째 배정에 적용하고 규칙 2를 3번째 배정에 적용하면

기획팀 ↔ 총무팀 / 영업팀 ↔ 홍보팀이므로

갑 ↔ 병 / 을 ↔ 정

규칙 2까지 적용하면 다음과 같다.

배정부서	기획팀	영업팀	총무팀	홍보팀
처음 배정 부서	갑	을	병	정
2번째 배정 부서	병	정	갑	을
3번째 배정 부서			을	갑

㉡ 규칙 3을 먼저 적용하고 규칙 2를 적용하면

배정부서	기획팀	영업팀	총무팀	홍보팀
처음 배정 부서	갑	을	병	정
2번째 배정 부서	을	갑	병	정
3번째 배정 부서	을	갑	정	병

13. ①

㉠ 관상의 원리는 받아들일 만한 것이 아니다. → 얼굴이 검붉은 사람은 육체적 고생을 한다고 하나 얼굴이 검붉은 사람이 편하게 사는 것을 보았다.(참)

㉡ 선입견이 있으면 관상의 원리를 받아들일 만하다.

㉢ 사람의 인상이 평생에 걸쳐 고정되어 있다고 할 수 있는 경우에만 관상의 원리를 받아들일 만하다.

㉣ 관상의 원리에 대한 과학적 근거를 찾으려는 노력은 헛된 것이다. → 관상의 원리가 받아들일 만하지 않다면 관상의 원리에 대한 과학적 근거를 찾으려는 노력은 헛된 것이다. (참)

㉤ 관상의 원리가 과학적 근거를 갖는다고 기대하는 사람들은 우리가 관상의 원리에 의존하면 삶의 위안을 얻을 것이라고 믿는다. → 관상의 원리에 대하여 과학적 근거가 있을 것이라고 기대하는 사람은 우리의 삶에 위안을 얻기 위해 관상의 원리에 의존한다고 믿는다.

14. ③

철수는 같은 수로 과일 A와 B를 먹었으므로 각각 2개씩 먹었다는 것을 알 수 있다. 철수는 영수보다 과일 A를 1개 더 먹었으므로, 영수는 과일 A를 1개 먹었다.

	A과일	B과일	씨의 개수
철수	2개	2개	6개
영수	1개	3개	5개

15. ③

③ C는 정원이 50명이 넘으므로 기타공공기관이 아니며, 자체수입비율이 55%이므로 자체수입액이 총수입액의 2분의 1 이상이기 때문에 공기업이다. 시장형 공기업 조건에 해당하지 않으므로 C는 준시장형 공기업이다.

16. ③

5점을 맞힌 화살의 개수가 동일하다고 했으므로 5점의 개수에 따라 점수를 정리하면 다음과 같다.

	1개	2개	3개	4개	5개	6개	7개
박과장	5+18 =23	10+15 =25	15+12 =27	20+9 =29	25+6 =31	30+3 =33	35+0 =35
김과장	5+21 =26	10+18 =28	15+15 =30	20+12 =32	25+9 =34	30+6 =36	35+3 =38

17. ③

독미는 민희와 같은 종류의 우유를 2개 구매하였고, 영진이와도 같은 종류의 우유를 하나 구매하였다. 따라서 독미는 우유를 3개 이상을 구매하게 되는데 딸기우유와 바나나우유를 구매하지 않았다고 했으므로 흰우유, 초코우유, 커피우유를 구매했다. 독미와 영진이가 구매한 우유 중에 같은 종류가 하나 있다고 하였고 영진이가 흰우유와 커피우유를 구매하지 않았다고 하였으므로 영진이는 초코우유를 구매했다. 이로서 초코우유는 독미와 영진이가 구매하였고, 민희는 4종류의 우유를 구매했다고 했으므로 초코우유를 제외한 흰우유, 바나나우유, 딸기우유, 커피우유를 구매하였다. 민희와 영진이가 구매한 우유 중에 같은 종류가 하나 있다고 하였는데 그 우유가 바나나우유이다. 따라서 바나나우유를 구매한 사람은 민희와 영진이다.

18. ⑤

㉠ 갑과 을이 함께 당첨이 될 경우 갑이 최대로 받기 위해서는 3장의 응모용지에 모두 같은 수를 써서 당첨이 되어야 하고, 을은 1장만 당첨이 되어야 한다. 갑은 총 4장의 응모용지 중 3장이 당첨된 것이므로 $\frac{3}{4}\times100=75$개, 을은 25개를 받는다. 갑은 최대 75개의 사과를 받는다.

㉡ ㉠과 같은 맥락으로 갑이 최소로 받게 되는 사과의 개수는 25개가 된다.

㉢ 갑이 1장만으로 당첨이 되었을 경우 받을 수 있는 사과의 개수는 $\frac{100}{1}=100$개 갑이 3장을 써서 모두 같은 수로 당첨이 되었을 경우 받을 수 있는 사과의 개수는 $\frac{100}{3}\times3=100$개 모두 같은 개수의 사과를 받는다.

19. ④

㉣㉤에 의해 B, D가 지하철을 이용함을 알 수 있다.

㉢㉥에 의해 E는 신용보증기금에 지원했음을 알 수 있다.

㉤에 의해 B는 회계법인에 지원했음을 알 수 있다.

A와 C는 버스를 이용하고, E는 택시를 이용한다.

A는 서원각, B는 회계법인, C와 D는 한국전력공사 또는 한국가스공사, E는 신용보증기금에 지원했다.

20. ③

③ H가 두 번째 칸에 탄다면 D 앞에는 B와 C가 나란히 탈 자리가 없으므로 B와 C는 D보다 뒤에 타게 된다.

① F가 D보다 앞에 탄다면 D 앞에 F와 H가 타게 되어 B와 C가 나란히 탈 자리가 없으므로 B와 C는 D보다 뒤에 타게 된다.

② G가 D보다 뒤에 탄다는 사실을 알더라도 B와 C가 어디에 타는지 알 수 없다.

④ B가 D의 바로 뒤 칸에 탄다면 E는 일곱 번째 칸 또는 마지막 칸에 타게 된다.

⑤ C가 두 번째 칸에 탄다면 H는 첫 번째 칸 또는 세 번째 칸에 타게 된다.

21. ⑤

① 팀 선수 평균 연봉 $=\frac{\text{총 연봉}}{\text{선수 인원수}}$

A : $\frac{15}{5}=3$

B : $\frac{25}{10}=2.5$

C : $\frac{24}{8}=3$

D : $\frac{30}{6}=5$

E : $\frac{24}{6}=4$

② C팀 2024년 선수 인원수 $\frac{8}{1.333}=6$명, 2025년 선수 인원수 8명

D팀 2024년 선수 인원수 $\frac{6}{1.5}=4$명, 2025년 선수 인원수

6명

C, D팀은 모두 전년대비 2명씩 증가하였다.

③ A팀의 2024년 총 연봉은 $\frac{15}{1.5}=10$억 원, 2024년 선수 인원수는 $\frac{5}{1.25}=4$명

2024년 팀 선수 평균 연봉은 $\frac{10}{4}=2.5$억 원

2025년 팀 선수 평균 연봉은 3억 원

④ 2024년 선수 인원수를 구해보면 A-4명, B-5명, C-6명, D-4명, E-5명

전년대비 증가한 선수 인원수는 A-1명, B-5명, C-2명, D-2명, E-1명

2024년 총 연봉을 구해보면 A-10억, B-10억, C-20억, D-25억, E-16억

전년대비 증가한 총 연봉은 A-5억, B-15억, C-4억, D-5억, E-8억

⑤ 2024년 총 연봉은 A팀이 10억 원, E팀이 16억 원으로 E팀이 더 많다.

22. ②

출발시각과 도착시각은 모두 현지 시각이므로 시차를 고려하지 않으면 A → B가 4시간, B → A가 12시간 차이가 난다. 비행시간은 양 구간이 동일하므로 $\frac{4+12}{2}=8$, 비행시간은 8시간이 된다.

비행시간이 8시간인데 시차를 고려하지 않은 A → B 구간의 이동시간이 4시간이므로 A가 B보다 4시간 빠르다는 것을 알 수 있다.

23. ③

㉠ $1\times2^4+0\times2^3+0\times2^2+0\times2^1+1\times2^0=17$

㉡ $1\times5^3+2\times5^2+2\times5^1+0\times5^0=185$

$\therefore 17+185=202$

24. ④

편차는 변량에서 평균을 뺀 값이므로 편차의 총합은 항상 0이 된다는 사실을 이용하여 계산할 수 있다. 따라서 편차를 모두 더하면 3-1+(　)+2+0-3=0이 되므로 '병'의 편차는 -1임을 알 수 있다.

분산은 편차를 제곱한 값들의 합을 변량의 개수로 나눈 값이므로 (9+1+1+4+0+9)÷6=4가 되어 분산은 4이다. 분산의 양의 제곱근이 표준편차가 되므로 표준편차는 2가 되는 것을 알 수 있다. 따라서 분산과 표준편차를 합한 값은 6이 된다.

25. ④

분기별 판매량과 판매액의 합을 구하면 다음과 같다.

실적 / 제품	분기별 판매량(단위 : 만 개)				분기별 판매액(단위 : 억 원)			
	1분기	2분기	3분기	합계	1분기	2분기	3분기	합계
A	70	100	140	310	65	120	160	345
B	55	50	80	185	70	60	130	260
C	85	80	110	275	75	120	130	325
D	40	70	70	180	65	60	100	225
합계	250	300	400	950	275	360	520	1,155

④ 3분기 A제품의 판매량은 3분기 전체의 판매량 중 $\frac{140}{400}\times100=35\%$를 차지하며, 3분기 A제품의 판매액은 3분기 전체의 판매액 중 $\frac{160}{520}\times100=$ 약 31%를 차지한다.

따라서 3분기 A제품의 판매액은 3분기 전체 판매액의 1/3을 넘지 못했다.

① 1분기부터 3분기까지 판매액 합계 상위 2개 제품은 345억 원의 A와 325억 원의 C이다.

② 제품 A는 1분기 대비 2분기에 판매량과 판매액 모두가 증가하였다.

③ 판매 단가는 전체 분기별 판매액을 분기별 판매량으로 나누어 구할 수 있다. 분기별 평균 판매 단가는 1분기 11,000원, 2분기 12,000원, 3분기 13,000원이다.

⑤ B 제품은 2분기에 1분기 대비 판매량 5만 개, 판매액 10억 원이 감소했으나 3분기에 다시 회복되었다.

26. ③

30일 동안 최대 수익을 올릴 수 있는 진행공정은 다음과 같다.

<table>
<tr><td colspan="3">F(20일, 70명)</td><td rowspan="2">C(10일, 50명)</td></tr>
<tr><td>B(10일, 30명)</td><td>A(5일, 20명)</td><td></td></tr>
</table>

F(85억) + B(20억) + A(15억) + C(40억) = 160억 원

27. ③

사원별로 성과상여금을 계산해보면 다음과 같다.

사원	평점 합	순위	산정금액
현우	20	5	200만 원×100%=200만 원
미현	25	3	200만 원×130%=260만 원
소영	22	4	500만 원×80%=400만 원
상민	18	6	500만 원×80%=400만 원
유주	28	1	400만 원×150%=600만 원
정민	27	2	400만 원×150%=600만 원

가장 많이 받은 금액은 600만 원이고 가장 적게 받은 금액은 200만 원이므로 이 둘의 차는 400만 원이다.

28. ③

③ 같은 지역 안에서는 월간 가격 비교가 가능하다. '다' 지역의 경우 3월 아파트 실거래 가격지수가 100.0이므로 3월의 가격과 1월의 가격이 서로 같다는 것을 알 수 있다.

① 각 지역의 아파트 실거래 가격지수의 기준이 되는 해당 지역의 1월 아파트 실거래 가격이 제시되어 있지 않으므로 다른 월의 가격도 알 수 없으므로 비교가 불가능하다.

② 아파트 실거래 가격지수가 높다고 하더라도 기준이 되는 1월의 가격이 다른 지역에 비하여 현저하게 낮다면 실제 가격은 더 낮아질 수 있으나 가격이 제시되어 있지 않으므로 비교가 불가능하다.

④ '가' 지역의 7월 아파트 실거래 가격지수가 104.0이므로 1월 가격이 1억 원일 경우, 7월 가격은 1억 4천만 원이 아니라 1억 4백만 원이 된다.

⑤ '다' 지역의 경우 12월 아파트 실거래 가격지수가 11월에 비하여 하락한 것으로 볼 때, 12월에는 전월에 비하여 가격이 하락하였음을 알 수 있다.

29. ③

회계적 이익률은 $\frac{\text{연평균 순이익}}{\text{초기투자액}} \times 100$이므로

연평균 순이익 $= \frac{200,000 + 300,000 + 400,000}{3} = 300,000$

이익률 $= \frac{300,000}{2,240,000} \times 100 = 13.392 \cdots ≒ 13.4\%$

30. ④

- 갑 = (145×3) + (72×4) = 435 + 288 = 723$
- 을 = (170×3×0.8) + (72×4×1.2) = 408 + 345.6 = 753.6$
- 병 = (110×3) + (60×5×1.2) = 330 + 360 = 690$
- 정 = (100×4×0.8) + (45×6) = 320 + 270 = 590$
- 무 = (75×5) + (35×6×1.2) = 375 + 252 = 627$

순서대로 나열하면 을, 갑, 병, 무, 정

31. ③

'A'와 'B'가 번갈아 가면서 나타나므로 [A5] 셀에는 'A'가 입력되고 13.9에서 1씩 증가하면서 나타나므로 [B5] 셀에는 '17.9'가 입력된다.

32. ①

'EOMONTH(start_date, months)' 함수는 시작일에서 개월수만큼 경과한 이전/이후 월의 마지막 날짜를 반환한다. 따라서 [C3] 셀에 있는 날짜 2014년 3월 22일의 1개월이 지난 4월의 마지막 날은 30일이다.

33. ①

㉠ 1회전

5	3	8	1	2

1	3	8	5	2

㉡ 2회전

1	3	8	5	2

1	2	8	5	3

34. ④

㉠ 1회전

55	11	66	77	22

11	55	66	77	22

㉡ 2회전

11	55	66	77	22

11	22	66	77	55

㉢ 3회전

11	22	66	77	55

11	22	55	77	66

35. ④

의심 가는 메일은 열어보지 않고 삭제해야 한다.

36. ②

ISBN코드의 9자리 숫자는 893490490이다. 따라서 다음과 같은 단계를 거쳐 EAN코드의 체크기호를 산출할 수 있다.

- 1단계 : ISBN코드의 맨 앞에 3자리 EAN 도서번호인 978을 추가 → 978893490490
- 2단계 : 좌측 첫 자리 수부터 순서대로 번갈아 1과 3을 곱한 값을 모두 더함 → (9 × 1) + (7 × 3) + (8 × 1) + (8 × 3) + (9 × 1) + (3 × 3) + (4 × 1) + (9 × 3) + (0 × 1) + (4 × 3) + (9 × 1) + (0 × 3) = 132
- 3단계 : 2단계 결과값을 10으로 나누기 → 132 ÷ 10 = 13 … 2
- 4단계 : 3단계 결과값 중 나머지 2의 체크기호는 8
- 5단계 : 처음 12자리에 체크기호를 추가 → 9788934904908

따라서 13자리의 EAN코드는 EAN 9788934904908이 된다.

37. ③

CHOOSE 함수는 'CHOOSE(인수,값1,값2,...)'과 같이 표시하며, 인수의 번호에 해당하는 값을 구하게 된다. 다시 말해, 인수가 1이면 값1을, 인수가 2이면 값2를 선택하게 된다. 따라서 두 번째 인수인 B4가 해당되어 B2:B4의 합계를 구하게 되므로 정답은 267이 된다.

38. ③

주어진 설명에 해당하는 파일명은 다음과 같다.

㉠ BMP

㉡ JPG(JPEG) : 사용자가 압축률을 지정해서 이미지를 압축하는 압축 기법을 사용할 수 있다.

㉢ GIF : 여러 번 압축하여도 원본과 비교해 화질의 손상이 없는 특징이 있다.

㉣ WMF

㉤ TIF(TIFF)

㉥ PNG

39. ③

COUNTBLANK 함수는 비어있는 셀의 개수를 세어준다. COUNT 함수는 숫자가 입력된 셀의 개수를 세어주는 반면 COUNTA 함수는 숫자는 물론 문자가 입력된 셀의 개수를 세어준다. 즉, 비어있지 않은 셀의 개수를 세어주기 때문에 이 문제에서는 COUNTA 함수를 사용해야 한다.

40. ④

$n=1,\ A=3$

$n=1,\ A=2 \cdot 3$

$n=2,\ A=2^2 \cdot 3$

$n=3,\ A=2^3 \cdot 3$

…

$n=11,\ A=2^{11} \cdot 3$

∴ 출력되는 A의 값은 $2^{11} \cdot 3$이다.

41. ②

★, ▲, △ 스위치를 눌러서 다음과 같은 순서로 변화된 것이다.

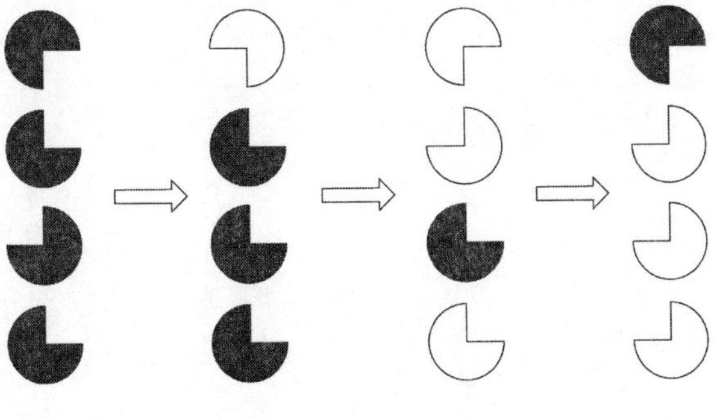

42. ①

첫 번째 상태와 나중 상태를 비교해 보았을 때, 기계의 모양이 바뀐 것은 1번과 2번이다. 스위치를 두 번 눌러서 1번과 2번의 모양을 바꾸려면 1번과 3번을 회전시키고(●), 2번과 3번을 다시 회전시키면(♧) 된다.

43. ④

첫 번째 상태와 나중 상태를 비교해 보았을 때, 기계의 모양이 바뀐 것은 3번과 4번이다. 스위치를 두 번 눌러서 3번과 4번의 모양을 바꾸려면 2번과 3번을 회전시키고(♧), 2번과 4번을 다시 회전시키면(♣) 된다.

44. ②

첫 번째 상태와 나중 상태를 비교해 보았을 때, 기계의 모양이 바뀐 것은 3번과 4번이다. 1번과 2번을 회전시키고(○), 1번과 3번을 회전 시키면(●) 1번은 원래 모양으로 돌아간다. 이 상태에서 2번과 4번을 회전시키면(♣) 2번도 원래 모양으로 돌아가고 3번과 4번의 모양만 바뀌게 된다.

45. ③

삼각형의 색깔이 W이므로 흰색이 되어야 한다.

46. ①

예시의 그래프에서 W는 가로축의 눈금 수를 나타내는 것이고, L은 세로축의 눈금수를 나타낸다. S, T, C는 그래프 내의 도형 S(star)=☆, T(triangle)=△, C(circle)=○을 나타내며, 괄호 안의 수는 도형의 가로세로 좌표이다. 좌표 뒤의 B, W는 도형의 색깔로 각각 Black(검정색), White(흰색)을 의미한다.

주어진 조건에 따라 좌표를 나타내면 S(1,2) : B, T(3,3) : W, C(2,1) : B 가 된다.

47. ③

가로축의 눈금은 4개이고, 세로축의 눈금은 5이므로 W4/L5

별모양의 좌표는 (3,1)이며 색깔은 흰색이므로 S(3,1) : W

삼각형의 좌표는 (2,2)이며 색깔은 검정색이므로 T(2,2) : B

동그라미의 좌표는 (4,4)이며 색깔은 흰색이므로 C(4,4) : W

48. ④

④ **경쟁적 벤치마킹**: 동일 업종에서 고객을 직접적으로 공유하는 경쟁기업을 대상으로 함

① **글로벌 벤치마킹**: 프로세스에 있어 최고로 우수한 성과를 보유한 동일업종의 비경쟁적 기업을 대상으로 함

② **내부 벤치마킹**: 같은 기업 내의 다른 지역, 타 부서, 국가 간의 유사한 활용을 비교 대상으로 함

③ **비경쟁적 벤치마킹**: 제품, 서비스 및 프로세스의 단위 분야에 있어 가장 우수한 실무를 보이는 비경쟁적 기업 내의 유사 분야를 대상으로 하는 방법임

⑤ **간접적 벤치마킹**: 인터넷 및 문서형태의 자료를 통해서 수행하는 방법임

49. ②

주어진 보기는 모두 기술경영자에게 필요한 능력이지만 자료는 A기업 기술최고책임자(CTO) T가 기존의 기술이 갖고 있던 단점을 보완하여 새로운 기술을 개발해 낸 사례이기 때문에 가장 적절한 답은 ②가 된다.

※ 기술경영자에게 필요한 능력

㉠ 기술을 기업의 전반적인 전략 목표에 통합시키는 능력

㉡ 빠르고 효과적으로 새로운 기술을 습득하고 기존의 기술에서 탈피하는 능력

㉢ 기술을 효과적으로 평가할 수 있는 능력

㉣ 기술 이전을 효과적으로 할 수 있는 능력

㉤ 새로운 제품개발 시간을 단축할 수 있는 능력

㉥ 크고 복잡하고 서로 다른 분야에 걸쳐 있는 프로젝트를 수행할 수 있는 능력

㉦ 조직 내의 기술 이용을 수행할 수 있는 능력

㉧ 기술 전문 인력을 운용할 수 있는 능력

50. ①

제품 매뉴얼 … 사용자를 위해 제품의 특징이나 기능 설명, 사용방법과 고장 조치방법, 유지 보수 및 A/S, 폐기까지 제품에 관련된 모든 서비스에 대해 소비자가 알아야 할 모든 정보를 제공하는 것

제5회 정답 및 해설

1. ⑤

선과 악의 대결에서 항상 선이 승리한다는 내용은 어디에도 찾아볼 수 없다.

2. ⑤

저출산 문제의 원인으로 '직장 일과 육아 병행의 어려움'이 있으므로 해결 방안으로 '가정을 배려하는 직장 문화 조성'이 들어가야 적절하다.

3. ④

왓슨의 추론은 필요한 모든 정보가 있음에도 이와 무관하게 엉터리 이유로 범인을 지목했기 때문에 박수를 받을 수 없다. 그러므로 "올바른 추론에 필요한 정보를 가지고 있긴 했지만 그 정보와 무관하게 범인을 지목했기 때문이다."가 빈칸에 들어가야 한다.

4. ④

① 정약용은 청렴을 당위의 차원에서 주장하는 기존의 학자들과 달리 행위자 자신에게 실질적 이익이 된다는 점을 들어 설득하고자 하였다.

② 정약용은 "지자(知者)는 인(仁)을 이롭게 여긴다."라는 공자의 말을 빌려 "지혜로운 자는 청렴함을 이롭게 여긴다."라고 하였다.

③ 청렴은 큰 이득이 남는 장사라고 말하면서, 지혜롭고 욕심이 큰 사람은 청렴을 택하지만 지혜가 짧고 욕심이 작은 사람은 탐욕을 택한다고 설명한다.

⑤ 이황과 이이는 청렴을 사회 규율이자 개인 처세의 지침으로 강조하였다.

5. ③

토크빌은 시민들의 정치적 결사가 소수자들이 다수의 횡포를 견제할 수 있는 수단으로 온전히 가능하기 위해서는 도덕의 권위에 호소해야 한다고 보았다.

6. ④

이 글의 핵심은 바른말 쓰기 운동의 제언이다. 바른말 쓰기 운동을 제언하는 것은 혼돈된 언어생활을 바로잡고 남북 언어의 이질화를 최소화해 통일에 대비하기 위해서이다.

7. ①

"희생제의의 기원이나 형식을 밝히기 위한 종교현상학적 연구들이 시도되어 왔다. 그리고 인류학적 연구에서는 희생제의에 나타난 인간과 문화의 본질에 대한 탐색이 있어 왔다."를 보면 인간 사회의 특성과 사회 갈등 형성 및 해소를 희생제의와 희생양의 관계를 통해 설명하는 것은 인류학적 연구이다.

8. ⑤

(가)는 짝짓기 경쟁으로 인해 성비의 불균형이 나타난다고 본다. 그러나 (다)는 남자에 비해 여성이 소수인 경우 짝짓기 경쟁의 원인을 성비 불균형으로 보고 있다.

9. ④

이 글이 주제는 마지막 문단에 '그러므로 ~' 뒤로 이어지는 부분이라고 할 수 있다.

10. ⑤

⑤ OO은행에서는 본 안내장 외엔 문자를 발송하지 않는다.

11. ②

㉡ 물리적인 힘이 사용되는 것이 허용되지 않는다면 개인의 권리를 침해당하지 않으며, 자유가 인정되지 않는다면, 개인의 권리는 침해당한다고 했으므로 자유가 인정됨을 알 수 있으나 생산적인 사회에서 평화롭게 살 수 있다와는 연결되지 않으므로 반드시 참이라고 볼 수 없다.

㉢ 물리적 힘의 사용이 허용되는 경우에만 개인의 권리는 침해당한다. 이성적인 수단인 토론이나 설득을 사용하여 다른 사람의 의견이나 행동에 영향을 미친다면, 개인의 권리는 침해당하지 않는다 라는 내용을 가지고 추론할 수 있는 내용이 아니다.

12. ③

㉠ A가 참인 경우

E는 무단 투기하는 사람을 못 봤다고 했으므로 E의 말은 거짓이 된다.

A는 B가 참이라고 했으므로 B에 의해 D가 범인이 된다.

그러나 C는 D가 무단 투기 하지 않았다고 했으므로 C도 거짓이 된다.

거짓말을 한 주민이 C, E 두 명이 되었으므로 D의 말은 참이 된다.

그러나 D는 쓰레기를 무단 투기하는 사람을 세 명이 주민이 보았다고 했는데 A는 본인과 E만 보았다고 했으므로 D는 범인이 될 수 없다.

㉡ A가 거짓인 경우

A의 말이 거짓이면 B의 말도 모두 거짓이 된다.

거짓말을 한 사람이 A, B이므로 C, D, E는 참말을 한 것이 된다.

C에 의하면 D는 범인이 아니다.

D에 의하면 B는 범인이 아니다.

E에 의하면 A는 범인이 아니다.

그러면 C가 범인이다.

13. ④

하나씩 표를 통해 대입해 보면 다음과 같다.

이름	우성(동건)	인성	동건(우성)
지붕 색	빨간색(파란색)	노란색	파란색(빨간색)
애완동물	개(고양이)	도마뱀	고양이(개)
직업	농부(의사)	광부	의사(농부)

㉠ 동건은 빨간 지붕 집에 살지 않고, 우성은 개를 키우지 않는다. → 거짓

㉡ 노란 지붕 집에 사는 사람은 도마뱀을 키우지 않는다. → 거짓

㉢ 동건은 파란 지붕 집에 살거나, 우성은 고양이를 키운다. → 동건이 파란 지붕에 사는 것이므로 참

㉣ 동건은 개를 키우지 않는다. → 참

㉤ 우성은 농부다. → 농부일 수도 있고 아닐 수도 있다.

14. ③

조건에 따라 그림으로 나타내면 다음과 같다. 네 번째 술래는 C가 된다.

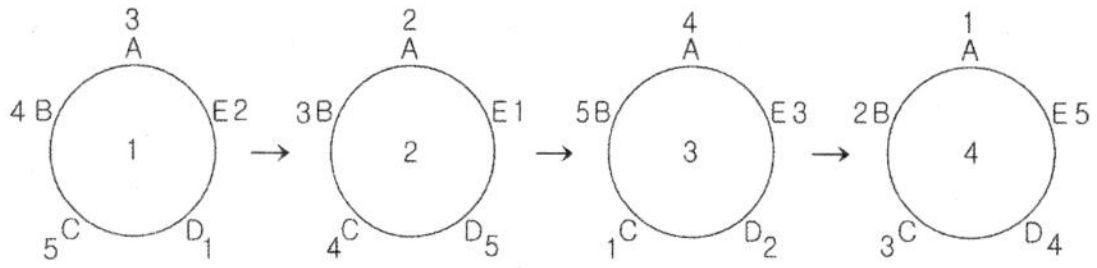

15. ①

C가 4번째 정거장이므로 표를 완성하면 다음과 같다.

순서	1	2	3	4	5	6
정거장	D	F	E	C	A	B

따라서 E 바로 전의 정거장은 F이다.

16. ③

㉤에서 유진이는 화요일에 학교에 가지 않으므로 ㉢의 대우에 의하여 수요일에는 학교에 간다.

수요일에 학교에 가므로 ㉡의 대우에 의해 금요일에는 학교에 간다.

금요일에는 학교에 가므로 ㉣의 대우에 의해 월요일에는 학교를 가지 않는다.

월요일에 학교에 가지 않으므로 ㉠의 대우에 의해 목요일에는 학교에 간다.

따라서 유진이가 학교에 가는 요일은 수, 목, 금이다.

17. ③

㉠ "옆에 범인이 있다."고 진술한 경우를 ○, "옆에 범인이 없다."고 진술한 경우를 ×라고 하면

1	2	3	4	5	6	7	8	9
○	×	×	○	×	○	○	○	×
							시민	

• 9번이 범인이라고 가정하면

9번은 "옆에 범인이 없다."고 진술하였으므로 8번과 1번 중에 범인이 있어야 한다. 그러나 8번이 시민이므로 1번이 범인이 된다. 1번은 "옆에 범인이 있다."라고 진술하였으므로 2번과 9번에 범인이 없어야 한다. 그러나 9번이 범인이므로 모순이 되어 9번은 범인일 수 없다.

• 9번이 시민이라고 가정하면

9번은 "옆에 범인이 없다."라고 진술하였으므로 1번도 시민이 된다. 1번은 "옆에 범인이 있다."라고 진술하였으므로 2번은 범인이 된다. 2번은 "옆에 범인이 없다."라고 진술하였으므로 3번도 범인이 된다. 8번은 시민인데 "옆에 범인이 있다."라고 진술하였으므로 9번은 시민이므로 7번은 범인이 된다. 그러므로 범인은 2, 3, 7번이고 나머지는 모두 시민이 된다.

㉡ 모두가 "옆에 범인이 있다."라고 진술하면 시민 2명, 범인 1명의 순으로 반복해서 배치되므로 옳은 설명이다.

㉢ 다음과 같은 경우가 있음으로 틀린 설명이다.

1	2	3	4	5	6	7	8	9
○	○	○	○	○	○	○	×	○
범인	시민	시민	범인	시민	범인	시민	시민	시민

18. ②

중국집 : 90×15−0.3×15×100=900

한식집 : 100×12−0.2×12×100=960

분식집 : 80×15−0.15×15×100=975

편의점 : 70×18−0.2×18×100=900

영어학원 : 80×18−0.3×18×100=900

태권도학원 : 90×12−0.1×12×100=960

분식집의 효용이 가장 높고, 한식집과 태권도학원이 960으로 같다. 음식점 2개를 입주시킬 경우 20만원의 효용이 추가로 발생하므로 분식집과 한식집을 입주시킨다.

19. ②

② 시제품 B는 C에 비해 독창성 점수가 2점 높지만 총점은 같다. 따라서 옳지 않은 발언이다.

20. ④

① 배출 시간은 수거 전날 저녁 7시부터 수거 당일 새벽 3시까지인데 일요일은 수거하지 않으므로 토요일 저녁 8시에 쓰레기를 내놓은 甲은 규정을 준수했다고 볼 수 없다.

② 공동주택에서 음식물 쓰레기를 배출할 경우 음식물 전용용기에 담아서 배출해야 한다.

③ 스티로폼은 별도로 묶어서 배출해야 하는 품목이다.

⑤ 저녁 7시부터 새벽 3시까지 배출해야 한다.

21. ⑤

⑤ A기관 : 53 ÷ 28 = 약 1.9대, B기관 : 127 ÷ 53 = 약 2.4대, C기관 : 135 ÷ 50 = 2.7대이므로 C도시철도운영기관이 가장 많다.

① 휠체어리프트는 C도시철도운영기관이 가장 많다.

② (53 + 127 + 135) ÷ 3 = 105이므로 100개보다 많다.

③ A기관 : 895 ÷ 240 = 약 3.7대, B기관 : 1,329 ÷ 349 = 약 3.8대, C기관 : 855 ÷ 237 = 약 3.6대이다.

④ 265 ÷ 95 = 약 2.8대 455 ÷ 92 = 약 4.9대 135 ÷ 50 = 2.7대이므로 에스컬레이터가 가장 많다.

22. ③

③ 3분기에는 B회사의 수익이 분기별 증감 분포표에 따라 바뀌게 되므로 다음과 같은 수익체계표가 작성될 수 있다.

		B회사		
		X제품	Y제품	Z제품
A회사	P 제품	(4, −2.4)	(5, −1.3)	(−2, 7.5)
	Q 제품	(−1, −1.6)	(3, 2.8)	(−1, 10.5)
	R 제품	(−3, 6)	(11, −3.9)	(8, −1)

따라서 Q제품과 X제품을 판매할 때의 수익의 합이 -1-1.6=-2.6억 원으로 가장 적은 것을 알 수 있다.

① R제품, Y제품 조합에서 Q제품, Z제품의 조합으로 바뀌게 된다.

② X제품은 R제품과 함께 판매하였을 때의 수익이 6억 원으로 가장 크게 된다.

④ 3분기의 수익액 합이 가장 큰 제품은 Z(7.5 + 10.5 − 1 = 17)제품이다.

⑤ B회사가 Y제품을 판매할 때의 양사의 수익액 합의 총합은 5-1.3+3+2.8+11-3.9=16.6억 원이며, Z제품을 판매할 때의 양사의 수익액 합의 총합은 22억 원이며, X제품을 판매할 때의 양사의 수익액 합의 총합은 2억 원이 된다.

23. ③

사고 후 조달원 / 사고 전 조달원	수돗물	정수	약수	생수	합계
수돗물	40	30	20	30	120
정수	10	50	10	30	100
약수	20	10	10	40	80
생수	10	10	10	40	70
합계	80	100	50	140	370

수돗물은 120가구에서 80가구로, 약수는 80가구에서 50가구로 각각 이용 가구 수가 감소하였다. 정수는 100가구로 변화가 없으며, 생수는 70가구에서 140가구로 증가하였다.

따라서 사고 전에 비해 사고 후에 이용 가구 수가 감소한 식수 조달원의 수는 2개이다.

24. ③

화살표로부터 시작해서 9를 빼고 5를 곱한 값이 짝수가 되어야 2로 나누었을 때 정수가 된다. 따라서 (?)의 수는 홀수가 되어야 한다. 그러므로 짝수는 일단 정답에서 제외해도 된다.

보기의 번호를 대입하여 계산해 보면 된다.

① $11-9=2$, $2\times5=10$, $10\div2=5$, $5-4=1$, $1+12=13$, $13\div3=4.3333$ (×)

② $12-9=3$, $3\times5=15$, $15\div2=7.5$ (×)

③ $13-9=4$, $4\times5=20$, $20\div2=10$, $10-4=6$, $6+12=18$, $18\div3=6$, $6+7=13$

④ $14-9=5$, $5\times5=25$, $25\div2=12.5$ (×)

⑤ $15-9=6$, $6\times5=30$, $30\div2=15$, $15-4=11$, $11+12=23$, $23\div3=7.666$ (×)

25. ④

통화량을 x, 문자메시지를 y라고 하면

A요금제 → $(5x+10y)\times\left(1-\frac{1}{5}\right)=4x+8y=14{,}000$원

B요금제 → $5{,}000+3x+15\times(y-100)=16{,}250$원

두 식을 정리해서 풀면

$y=250$, $x=3{,}000$

26. ②

근무지 이동 지침을 보면 본관 1층의 인사팀 10명은 그대로 있어야 한다.

그리고 별관은 40명이 넘으면 안 된다. 본관 내 이동은 없으므로 2팀만 별관으로 보내면 된다.

2개 팀이 별관으로 가야 하는데 한 층에서 한 팀만 가야 하므로 가능한 조합은

지원팀 16명과 기획2팀 21명 / 기획1팀 16명과 기획2팀 21명 / 지원팀 16명과 영업3팀 23명 / 기획1팀 16명과 영업3팀 23명이 된다.

본관 1층에서는 지원팀 또는 기획1팀이 이동하게 되면 26명이 근무하게 되고,

본관 1층이 26명으로 제시된 것은 ①②만 해당한다.

본관 2층에서 만약 기획2팀이 이동하게 되면 영업1팀 27명만 근무하게 되고, 이렇게 두 팀이 이동하면 본관 3층은 변함없이 53명이 근무하게 된다.

또한 별관은 두 팀의 인원수 합이 37명 또는 39명이 되므로 ②가 가장 가능한 인원수가 된다.

27. ④

㉠ 평균 한 사람당 12,000원이므로 총 금액은 12000×7=84,000원

㉡ 진표가 음료수 값까지 더 냈으므로 이 값을 제외한 금액은 84000−24000=60,000원

㉢ 친구 6명이서 나누어내므로, 60000÷6=10,000원

28. ④

㉠ 8월 8일 서울 날씨를 보면 예측 날씨가 '비'이지만 실제 날씨는 '맑음'이었다.

29. ③

먼저 표를 완성하여 보면

응시자 / 면접관	갑	을	병	정	범위
A	7	8	8	6	2
B	4	6	8	10	(6)
C	5	9	8	8	(4)
D	6	10	9	7	4
E	9	7	6	5	4
중앙값	(6)	(8)	8	(7)	−
교정점수	(6)	8	(8)	7	−

㉠ 면접관 중 범위가 가장 큰 면접관은 범위가 6인 B가 맞다.

㉡ 응시자 중 중앙값이 가장 작은 응시자는 6인 갑이다.

㉢ 교정점수는 병이 8, 갑이 6이므로 병이 크다.

30. ①

남자의 평균 점수를 x라 하면, $\frac{75x+25\times76}{100}=73$

$\therefore x=72$점

31. ①

LOOKUP은 LOOKUP(찾는 값, 범위 1, 범위 2)로 작성하여 구한다.

VLOOKUP은 범위에서 찾을 값에 해당하는 열을 찾은 후 열 번호에 해당하는 셀의 값을 구하며, HLOOKUP은 범위에서 찾을 값에 해당하는 행을 찾은 후 행 번호에 해당하는 셀의 값을 구한다.

32. ③

INDEX(범위, 행, 열)이고 MOD 함수는 나누어 나머지를 구해서 행 값을 구한다.

INDEX 함수=INDEX($E$2:$E$4, MOD(A2−1, 3)+1)

범위 : $E$2:$E$4

행 : MOD(A2−1, 3)+1

MOD 함수는 나머지를 구해주는 함수=MOD(숫자, 나누는 수), MOD(A2−1, 3)+1의 형태로 된다.

A2의 값이 1이므로 1−1=0, 0을 3으로 나누면 나머지 값이 0이 되는데 0+1을 해줌으로써INDEX($E$2:$E$4,1)이 된다.

번호 6의 김윤중의 경우

INDEX($E$2:$E$4, MOD(A7−1, 3)+1)

6(A7의 값)−1=5, 5를 3으로 나누면 나머지가 2

2+1=3이므로 3번째 행의 총무팀 값이 들어감을 알 수 있다.

33. ③

FREQUENCY(배열1, 배열2) : 배열2의 범위에 대한 배열1 요소들의 빈도수를 계산

*PERCENTILE(범위, 인수) : 범위에서 인수 번째 백분위수 값

함수 형태=FREQUENCY(Data_array, Bins_array)

Data_array : 빈도수를 계산하려는 값이 있는 셀 주소 또는 배열

Bins_array : Data_array 를 분류하는데 필요한 구간 값들이 있는 셀 주소 또는 배열

수식 : {=FREQUENCY(B3:B9, E3:E6)}

34. ③

A=1, S=1

A=2, S=1+2

A=3, S=1+2+3

…

A=10, S=1+2+3+…+10

∴ 출력되는 S의 값은 55이다.

35. ②

DSUM(데이터베이스, 필드, 조건 범위) 함수는 조건에 부합하는 데이터를 합하는 수식이다. 데이터베이스는 전체 범위를 설정하며, 필드는 보험실적 합계를 구하는 것이므로 "보험실적"으로 입력하거나 열 번호 4를 써야 한다. 조건 범위는 영업2부에 한정하므로 F1:F2를 써준다.

36. ④

이순신 장군이 지은 책을 검색하는 것이므로 많은 책들 중에서 이순신과 책이 동시에 들어있는 웹문서를 검색해야 한다. 따라서 AND 연산자를 사용하면 된다.

37. ③

이 대리가 수집하고자 하는 고객정보에는 고객이 연령과 현재 사용하고 있는 스마트폰의 모델, 좋아하는 디자인, 사용하면서 불편해 하는 사항, 지불 가능한 액수 등에 대한 정보가 반드시 필요하다.

38. ⑤

정보활용의 전략적 기획(5W2H)

㉠ WHAT(무엇을?) : 50 ~ 60대 고객들이 현재 사용하고 있는 스마트폰의 모델과 좋아하는 디자인, 사용하면서 불편해하는 사항, 지불 가능한 액수 등에 대한 정보

㉡ WHERE(어디에서?) : 사내에 저장된 고객정보

㉢ WHEN(언제까지?) : 이번 주

㉣ WHY(왜?) : 스마트폰 신상품에 대한 기획안을 작성하기 위해

㉤ WHO(누가?) : 이 대리

㉥ HOW(어떻게?) : 고객센터에 근무하는 조 대리에게 관련 자료를 요청

㉦ HOW MUCH(얼마나?) : 따로 정보수집으로 인한 비용이 들지 않음

39. ②

ROUND(number,num_digits)는 반올림하는 함수이며, ROUNDUP은 올림, ROUNDDOWN은 내림하는 함수이다. ROUND(number,num_digits)에서 number는 반올림하려는 숫자를 나타내며, num_digits는 반올림할 때 자릿수를 지정한다. 이 값이 0이면 소수점 첫째자리에서 반올림하고 −1이면 일의 자리 수에서 반올림한다. 따라서 주어진 문제는 소수점 첫째자리에서 반올림하는 것이므로 ②가 답이 된다.

40. ④

VLOOKUP은 범위의 첫 열에서 찾을 값에 해당하는 데이터를 찾은 후 찾을 값이 있는 행에서 열 번호 위치에 해당하는 데이터를 구하는 함수이다. 단가를 구하기 위해서는 열에 대하여 품목코드를 찾아 단가를 구하므로 VLOOKUP 함수를 사용해야 한다.

찾을 방법은 TRUE(1) 또는 생략할 경우, 찾을 값의 아래로 근삿값, FALSE(0)이면 정확한 값을 표시한다.

VLOOKUP(B2,$B$8:$C$10,2,0)은 'B8:C10' 영역의 첫 열에서 ST-03에 해당하는 데이터를 찾아 2열에 있는 단가 값인 3000을 구하게 된다.

따라서 '=C2* VLOOKUP(B2,$B$8:$C$10,2,0)'은 15*3000이 되어 결과값은 45,000이 된다.

41. ④

'공간정보'에 대한 설명이다. 최근 정보화 패러다임 변화를 반영하고 국가정보화 기본 방향에 부합하도록 2015년 12월 수립된 '제2차 국토교통 정보화 기본계획 (2016~2020년)'에 따라 국토교통부는 공간정보 융·복합 제공, 안전관리 강화, 지능형 교통체계 구축 등을 목표로 정보화 사업을 추진하고 있다. 공간정보는 재난 시에 국가와 국민을 보호할 수 있는 매우 중요한 정보로 향후에도 그 수요가 꾸준히 증가할 것으로 예상된다.

42. ②

㉠ 1번 기계와 3번 기계를 오른쪽으로 180도 회전시킨다.
㉡ 3번 기계와 4번 기계를 오른쪽으로 180도 회전시킨다.
㉢ 2번 기계와 3번 기계의 작동상태를 다른 상태로 바꾼다. (운전→정지, 정지→운전)

43. ③

㉠ 2번 기계와 3번 기계를 오른쪽 방향으로 180도 회전시킨다.
㉡ 3번 기계와 4번 기계를 오른쪽 방향으로 180도 회전시킨다.
㉢ 2번 기계와 3번 기계의 작동상태를 다른 상태로 바꾼다. (운전→정지, 정지→운전)

44. ④

㉠ 3번 기계와 4번 기계를 오른쪽으로 180도 회전한다.
㉡ 모든 기계의 작동상태를 다른 상태로 바꾼다.(운전 → 정지, 정지 → 운전)
㉢ 2번 기계와 3번 기계의 작동상태를 다른 상태로 바꾼다. (운전 → 정지, 정지 → 운전)

45. ②

㉠ 2번 기계와 3번 기계를 오른쪽으로 180도 회전한다.
㉡ 3번 기계와 4번 기계를 오른쪽으로 180도 회전한다.
㉢ 1번 기계와 3번 기계를 오른쪽으로 180도 회전한다.

46. ②

인간의 개별적인 지능과 창의성, 상호학습을 통해 새로운 지식과 경험은 빠른 속도로 축적되고 학습되지만, 기술개발에 참가한 엔지니어의 지식은 문서화되기 어렵기 때문에 다른 사람들에게 쉽게 전파될 수 없다. 따라서 연구개발에 참가한 연구원과 엔지니어들이 그 기업을 떠나는 경우 기술과 지식의 손실이 크게 발생하여 기술 개발을 지속할 수 없는 경우가 종종 발생하기 때문에 기술 혁신은 지식 집약적인 활동으로 보아야 한다.

47. ①

know-how는 특허권을 수반하지 않는 과학자, 엔지니어 등이 가지고 있는 체화된 기술을 말한다. know-why는 어떻게 기술이 성립하고 작용하는가에 관한 원리적 측면에 중심을 둔 개념이다.

48. ⑤

㉢의 내용은 기술관리자에게 요구되는 능력이며, 기술경영자에게는 시스템에만 의존하기보다 기술의 성격 및 이와 관련된 동향, 사업 환경 등을 이해하여 그에 따른 통합적인 문제해결과 함께 기술혁신을 달성할 수 있는 능력이 요구된다.

49. ③

기술개발의 결과물은 상품 개발로 이어져 완성된 물품을 통한 기술수출이 이루어지까지는 상당한 기간이 지나야 하기 때문에 장기간의 시차가 발생하게 된다.

따라서 우리나라의 경우, 기술무역의 적자를 그대로 보기보다는 상품무역의 흑자와 연계하여 판단하는 것이 실질적인 기술무역 현황을 파악할 수 있는 방법이 되고 있다.

50. ④

기술능력이 뛰어난 사람은 주어진 한계 속에서, 그리고 제한된 자원을 가지고 일한다.

SEOWONGAK
(주)서원각